São Jorge

O Santo Universal

RIZZARDO DA CAMINO

São Jorge

O Santo Universal

MADRAS®

Editor:
Wagner Veneziani Costa

Produção e Capa:
Equipe Técnica Madras

Revisão:
Silvia Massimini Felix
Renata Brabo

Dados Internacionais de Catalogação na Publicação (CIP)
(Câmara Brasileira do Livro, SP, Brasil)

Camino, Rizzardo da
São Jorge: o santo universal/Rizzardo da
Camino. – São Paulo: Madras, 2013.

ISBN 978-85-370-0832-2

1. Jorge, Santo, m. 303 2. Jorge, Santo,
m. 303 – Culto 3. Jorge, Santo, m. 303 - Simbolismo I. Título.

13-01414 CDD-235.2

Índices para catálogo sistemático:
1. São Jorge: Biografia 235.2

MADRAS EDITORA LTDA.
Rua Paulo Gonçalves, 88 — Santana
CEP: 02403-020 — São Paulo/SP
Caixa Postal: 12183 — CEP: 02013-970
Tel.: (11) 2281-5555 — Fax: (11) 2959-3090
www.madras.com.br

Este “ensaio” é dedicado a Juliano Haesbaert da Camino, o neto amado que enceta as primeiras aventuras infantis em busca de forças para participar da vida.
Os angúrios para que viva feliz, sempre mais feliz, para alegria dos pais e conforto dos avós.

São Jorge
Auguste Macke (1887-1914)
Galeria do Estado – Munique – Alemanha

Índice

Introdução

No momento em que nos interessamos em conhecer um pouco mais e com maior profundidade a respeito de São Jorge, propusemo-nos a encetar a morosa e ingrata jornada da pesquisa literária, primeiramente no Brasil.

Os primeiros passos dados já nos desiludiram, pois encontramos, de autores nacionais, cerca de uma dezena de pequenos opúsculos, todos aparentemente iguais, embora escritos em épocas diferentes e divididos em planos opostos.

Um grupo apresenta São Jorge como heroico mártir da Igreja Católica Romana, e o outro, como orixá da corrente do Candomblé e da Umbanda.

Algumas outras obras tratavam São Jorge de modo muito superficial, dedicando-lhe leves referências.

A busca que encetamos em todas as bibliotecas públicas das capitais brasileiras resultaram de acanhado proveito, pois os "livretos" preciosos continham como base a *Flos Sanctorum*, que em seu quarto volume – na edição supervisionada pelo padre José Antônio da Conceição Vieira, editada em 1869 – apresenta limitações, apenas descrevendo a lenda da matança do dragão, alguns martírios e a devoção.

Nessas pequenas "biografias", a lenda é apresentada com acentuadas variações, bem como quanto aos eventos que envolveram o mártir santo da Capadócia.

Nas obras *africanistas* e *folclóricas,* a lenda referindo a luta com o dragão não é comentada; raros são os trabalhos que tecem superficiais considerações, sem maiores comentários e revelação do simbolismo.

Consultamos enciclopédias, dicionários, livros de história universal, obviamente estrangeiros, com escasso proveito. Essas obras, contudo, nos informaram a riqueza dos trabalhos existentes na Alemanha, Itália e França.

Fomos à Biblioteca Nacional de Paris onde, após nos identificarmos como *escritor,* pudemos ter acesso à dependência própria em que se situa o índice do acervo. Submetemo-nos a uma longa entrevista quando preenchemos uma ficha contendo nossas pretensões, e foi-nos dito que retornássemos após decorrido um mês, o que para nós era impossível.

Idêntico comportamento encontramos em Berlim e colônia, quando nos foi apresentada uma longa lista de livros biográficos específicos sobre São Jorge, mas que não nos eram úteis naquele momento, e eis que não tínhamos condições de selecionar o material desejado para fotocopiar, tanto pela escassez de tempo como porque necessitaríamos de um intérprete.

Na Itália, em nenhuma livraria encontramos qualquer obra sobre São Jorge, como ocorrera em Londres, mas na Biblioteca do Vaticano, aquela acessível ao público (fora do perímetro oficial do Estado da Santa Sé), encontramos em uma sala do primeiro andar, atirados a um canto, no assoalho, uma vintena de grossos, empoeirados e arcaicos livros que falavam sobre São Jorge e demais santos da época.

Mesmo com a boa vontade do sr. Lunardelli, pouca valia para nós era aquele acervo, por certo preciosíssimo, porque, fora as obras escritas em latim antigo e italiano arcaico, nada restava de maior interesse que resumisse a vida do santo, a não ser a obra a respeito dos santos extravagantes, que inserimos neste ensaio.

Garantiu-nos o cônego que nos orientou indicando o endereço da Biblioteca que, além do vulgarmente conhecido, pouco adiantaria folhear aquelas obras, que para o Vaticano de nada valiam, tanto que se encontravam relegadas a um monturo, pois sequer interessava colocá-las e catalogá-las nas estantes.

A versão considerada *oficial*, nós a tomamos como ponto de partida para nosso estudo, que visa a iniciarmos uma nova fase com o intuito de entregar a ideia aos jovens escritores, para que, dispondo eles de mais tempo, cheguem a nos premiar com o fruto de seu trabalho e inteligência.

Nosso propósito envolve, apenas, o interesse de *codificar* o que se encontra disperso, e sobre *esses fragmentos* dissertar, dar a nossa opinião, interpretar, contatar com os símbolos e sentir de perto, talvez, os fluidos que o mártir destinou a nós; daí considerarmos nosso trabalho como simples *ensaio.*

Em Londres pouco encontramos. São Jorge *inglês* tem uma versão diferente, pois não é soldado romano, e depois da vitória sobre o dragão casa com a princesa libertada e passa a residir na Inglaterra, onde constitui família e lhe nascem quatro filhos homens.

Colocamos essa versão inglesa como apêndice, notícia e resumo.

Em toda parte onde estivemos, Europa, África, Oriente Médio, América, visitamos as capelas e Igrejas dedicadas a São Jorge e ficamos surpresos pela quantidade de localidades levando o nome de São Jorge.

A iconografia é soberba e supera a obra literária. A pintura, as esculturas, gravuras, os desenhos, os próprios ícones em panos ou madeira surgem como *testemunhos vivos* da presença do santo, como a dizer: "Estou aqui".

Em Atenas, sobre o morro mais alto da cidade, está a Igreja de São Jorge; sua imagem está reproduzida em um grande quadro de metal, uma gravura em prata e ouro, belíssimo e comovente.

Em outra Igreja, na mesma Atenas, existe um altar dedicado ao santo, ostentando uma imagem pintada em quadro.

Os grandes pintores do Renascimento, afora Leonardo da Vinci e Michelangelo Buonarotti, realizaram obras impressionantes em torno da lenda; torna-se curioso constatar a seriedade dessas obras-primas e do motivo de eles se preocuparem tanto com São Jorge.

No Brasil e em Cuba temos o Jorge africano, com a denominação de orixá; no Brasil, Oxóssi e Ogum. Contudo, a reprodução desses orixás não é comum, pois nos terreiros e nas casas as imagens usadas são as clássicas da Igreja Católica.

O magnífico Carybé apresenta-nos em desenho estilizado um apreciável conjunto de orixás, inclusive, obviamente, Oxóssi e Ogum.

Francisco Lisboa, o Aleijadinho, deixou-nos um São Jorge infantil, esculpido em madeira e que se encontra no Museu Nacional de Ouro Preto. Afora esse trabalho, não temos nenhum orixá esculpido que possa lembrar São Jorge.

Esses *momentos imaginativos* dos artistas, como Uccello, Van Der Weyden, Rafael e outros tantos, revivem a personagem mítica e, assim, nos dão a certeza de que retrataram ou reproduziram não uma personagem mitológica e lendária, mas sim alguém que realmente viveu.

A devoção a São Jorge no Brasil vem fenecendo, pois a Umbanda e o Candomblé, com seu folclore colorido e barulhento, pouco a pouco substituíram São Jorge por Oxóssi e Ogum; embora os cultos africanistas sejam assistidos e tenham a participação de católicos, os místicos orixás assumiram a hegemonia das cerimônias; se os católicos *sentem em Ogum* a presença de São Jorge, esse sincretismo não é participado pelos que cultivam a religião – os dirigentes das seitas africanistas.

Gostaríamos de *embelezar* este ensaio com as reproduções dos quadros de pintores célebres que possuímos, mas isso, infelizmente, se torna impraticável dado o elevado custo dos fotolitos.

Procuramos frequentar as festas que se celebram no dia 23 de abril, tanto nos terreiros e casas como nas Igrejas, quais sejam as três únicas existentes no Brasil: a catedral de Ilhéus, a do Rio de Janeiro e a de Porto Alegre.

Nos cultos africanistas, a personagem é devidamente encarnada no *cavalo* costumeiro – no norte, Oxóssi e no Centro e sul, Ogum –, mas pouco vimos a respeito do santo e sua história.

Nas Igrejas, escassas *novenas,* e o cerimonial obedece à liturgia tradicional, sem que na homilia o sacerdote tenha feito referências maiores do santo.

Nossa observação, e com tristeza: constatamos que pálidas são as homenagens e devoções para aquele que deu sua vida para *confessar* ao Senhor e repudiar o culto idólatra.

Nossa formação espiritual tem raízes evangélicas; reconhece a existência e vida dos santos e neles os exemplos a seguir.

Não o invocamos, contudo São Jorge está sempre presente em nossa mente; uma forma *sui generis* de atrair seu *poder,* sua *força,* sua *memória.*

Questionamo-nos, sempre, quando excursionamos em alguns centros espíritas, ou nas reuniões que admitem a migração das almas, a reencarnação, se os santos também seguem essas leis cármicas e, se o fazem, em quem reencarnam?

O Dalai Lama do Tibete e os sacerdotes superiores sempre reencarnam após alguns anos em alguém, mas nem sempre entre os filhos do Tibete; o último reencarnou em um menino espanhol que apresenta as características e atitudes do espírito que o possui, tendo sido, junto com seus pais, levado ao Templo do Dalai para receber adequada educação.

Como São Jorge reencarnaria, e que personalidade assumiria?

Perdoe-nos o leitor essas divagações. Eis que cremos possam encontrar certas justificativas e certas propriedades, pois a maioria que nos irá apreciar, seja por lazer, seja por curiosidade, deverá ser de adeptos, devotos, apreciadores de São Jorge, sejam católicos, africanistas, evangélicos, anglicanos ou espíritas.

O lançamento de um livro, mesmo que seja *um ensaio,* sempre é uma *demanda,* e quem *vence demanda* é São Jorge...

Temos nos dedicado à literatura maçônica, já lançamos dezenas de livros; escrever sobre São Jorge, certamente, causará estranheza.

A Maçonaria tem cunho e fundamento, especialmente no que se refere aos Graus Filosóficos. Na época cavaleiresca, portanto, o cavaleiro Jorge poderia representar, com acerto, um maçom da época, considerando que a Maçonaria já existia bem acentuada, haja vista o que a história nos informa a respeito do imperador Numa Pompilio.

No entanto, não encontramos ligações concretas, posto que o pai de Jorge poderia ter sido seguidor da Arte Real.

A Maçonaria esteia-se, por sua vez, em inúmeras lendas, que por necessidade vital de proteção ocultavam a realidade.

Nosso livro sobre *Lendas Maçônicas* demonstra que toda lenda parte de um princípio verídico; a lenda difere da ficção, pois esta *é* integralmente fantasiosa.

São Jorge, *esse grande desconhecido,* tem um culto diverso daqueles que a Igreja dedica aos demais santos, pois, enquanto esses são invocados para que intercedam junto ao Senhor, São Jorge é invocado para que *pessoal e isoladamente* atue de forma direta, *protegendo* o devoto que o invoca.

As posições e os espaços que os santos ocupam diferem muito da doutrina cristã, pois o cristão *espiritualizado,* que aceita Jesus Cristo como seu Senhor, concorda que Ele atua *de dentro para fora;* Ele *faz habitação* ou *morada* dentro do homem que o *confessa,* e é Ele quem pede ao Pai o necessário para que a criatura humana seja feliz.

Em resumo, é Cristo quem *ora em nós;* é Ele quem *balbucia,* por meio dos lábios do homem, a prece confortadora para que este receba as benesses desejadas.

Nós aceitamos que São Jorge, lendário ou real, está dentro de nós a combater o dragão, em luta incessante.

Não será uma reencarnação dentro de nós, a nos retirar a individualidade ou a personalidade, mas uma *encarnação* de seu potencial *guerreiro* para dar ao homem as forças necessárias para o embate contra a *besta* e a *resistência* contra a tortura, partida daqueles que pretendem tudo dominar, impondo sua vontade, nem sempre oportuna ou desejada.

Se nós, em um momento de imperiosa necessidade, assumirmos uma atitude corajosa de enfrentar e vencer o mal, bastará *invocar* de dentro de nós a presença do *guerreiro vencedor de demandas.*

Esses são princípios, fruto de uma longa experiência, que em nada ofuscam o potencial crístico; ao contrário, reforçam-no, porque São Jorge não abriu mão de sua fé, mantendo-a íntegra, apesar das pressões sofridas.

Para compreender o comportamento de Jorge, foi necessário descrever os locais que foram palco dos diversos acontecimentos, porque a natureza imprime na personalidade marcas indeléveis. A Capadócia tem tradição: foi uma potência independente antes de passar a província romana.

O aspecto político assume relevância, porque Jorge, posto sob o peso do conquistador, anuiu em servir no Exército Romano, significando que o conquistador era considerado justo e, portanto, aceito.

A vida de Diocleciano e a sua sabedoria em governar é deveras curiosa, pois dividiu o poder formando uma tetrarquia, embora fosse a coluna mestra daquela organização de governo.

Ele apresenta uma faceta curiosa, com o culto a Apolo e a tendência ao *amor romano,* em uma tentativa de conquistar Jorge de forma integral, porém mostra-se frágil em permitir as pressões dos sacerdotes.

Sua conversão ao Cristianismo, nos últimos anos de seu ostracismo voluntário, quando se recolheu à vida privada para cultivar suas *alfaces,* demonstra que foi preciso retornar à natureza para encontrar sua fé.

Diocleciano era filho de escravos. Muitos detalhes não são revelados, porque não se trata de escrever sobre esse imperador impetuoso (sua biografia ainda não foi apresentada), o que se conhece são as consignações históricas genéricas. Foram fixados os fatos de maior importância sob o ponto de vista da conquista, do governo, da bravura e da preocupação em deixar seu nome para a posteridade.

Muitos imperadores romanos deixaram arcos arquitetônicos até hoje admirados: colunas, obeliscos, enfim, uma marca que desejavam que fosse eterna. Napoleão, com seu Arco do Triunfo, imortalizou sua passagem pela Europa.

Diocleciano, no entanto, quis deixar um sinal de sabedoria administrativa; uma legislação que pudesse ser modelo para os que lhe seguiriam o poder.

Um exemplo disso foram os editos, pretendendo revolucionar a economia. Por curiosidade, nosso país *seguiu* seu exemplo em um fracassado propósito de *congelar preços* e regulamentar aquilo que por natureza não pode ser colocado em uma camisa de força.

O cultivo das *alfaces,* por sua vez, é um símbolo que significa a preocupação para as coisas simples, mas úteis.

Quando Diocleciano foi chamado de volta para resolver uma crise política, ele não argumentou que não aceitaria por ser idoso, mas apenas apresentou uma realidade definida, com o convite à comitiva para que fosse admirar *suas alfaces*. Era a obra de que se orgulhava, obter da natureza um resultado positivo, belo, que lhe enchia de orgulho.

Nossa preocupação foi também apresentar o Cristianismo ainda primitivo e puro.

Quando o sacerdote maior do Templo de Apolo informara a Diocleciano que os culpados de certa crise eram os justos, foi pelos mesmos definido que esses justos eram os cristãos, e era certo que onde eles se encontrassem não laboravam em erro, nem ofendiam e a todos beneficiavam.

Os cristãos de hoje são os mesmos justos dos séculos III e IV? Obviamente que não. Quando alguém possa, por raro acaso, defrontar-se com um justo sendo cristão, por certo será candidato à beatificação!

O Cristianismo na época das perseguições ainda era o primitivo, alimentado pelos relativamente recentes ensinos do mestre de Nazaré.

Não temos dúvida de que Jorge poderia ser arrolado entre aqueles justos. Ele tivera o desejo de, primeiramente, *vencer o mal* com o embate com o dragão. Vencido o *mal espiritual,* que poderia significar a dúvida no poder de Deus, Jorge cumpriu a *exigência cristã,* de *confessar* a Jesus Cristo.

Naquela época, bastava afirmar a crença em Jesus para ser preso e morto.

A crença em Deus, o Ser Supremo, acima do próprio Júpiter, não era castigada porque esse era o deus dos israelitas, a quem os romanos respeitavam.

A intolerância dos sacerdotes era quanto à divulgação do Cristianismo que *noticiava* a encarnação de um Deus invisível, mas poderoso.

Os gregos, em seus templos, deixavam um lugar vazio com uma inscrição curiosa: "ao Deus desconhecido"; assim eram os romanos, que trouxeram da Grécia a maioria de seus deuses, embora rebatizando-os com outros nomes.

A preocupação de Jorge, afora aquele episódio referente à resistência aos ataques à sua virilidade, fora de publicamente *confessar* sua fé, mesmo que lhe custasse a vida.

Quando ele, já prisioneiro, fez o milagre da restauração da vida de um boi de um colono, e este retornando para agradecer foi preso e morto, sucumbiu com alegria; era o modo mais simples de agradecer a Deus, ter encontrado a realidade espiritual.

Do mesmo modo, Jorge que estava "liberto" da dúvida, eis que *matara o dragão,* agora desejava alcançar a glória celestial, que era a "promessa evangélica".

Jorge, de certo modo, precipitou os acontecimentos, *provocando a ira do imperador,* com sua rebeldia e com a demonstração do poder divino que tinha em suas mãos.

Por diversas vezes, deu a entender a Diocleciano que se curvaria às suas exigências e *sacrificaria* Apolo, mas era um caminho de desafio, porque no momento ajustado provocava maiores confusões ainda, que culminaram com a destruição do Templo de Apolo.

Os próprios milagres de Jorge podem ser vistos sob outro prisma, pois cada um deles objetiva a vitória sobre uma fraqueza, em uma preparação para a purificação integral.

A não ser pelo *amor* que a imperatriz[1] lhe dedicava, não se conhece qualquer ponto frágil sentimental que envolvesse paixão; a própria princesa que salvara das garras do dragão e que foi descrita como encantadora não atraiu o desejo carnal de Jorge.

A versão inglesa dá outro destino, tendo Jorge apenas como um herói que não sucumbiu a qualquer tortura, mas foi considerado santo por outros milagres feitos, como se nota na referida lenda.

Os milagres de Jorge não são repetições dos milagres evangélicos, posto que em alguns pontos possam se assemelhar, como a ressurreição de um morto e o retorno à vida de um animal.

Não consideramos, em si, de muito valor a relação dos milagres descritos em sua biografia, ponto de partida para o estudo.

Foram fatos que merecem ser analisados com muita profundidade, porém, pela escassez de detalhes, permanecem no campo do mistério onde convém que fiquem.

A semelhança com Osíris egípcio é enriquecida com o poder do Cristianismo.

Temos lido várias obras sobre a vida dos santos e notamos que os milagres que realizaram, de certa forma, são pueris e dizem respeito exclusivamente ao bem-estar de alguém que sofria.

O *milagre espiritual* não necessita de uma comprovação física, do restabelecimento de algo perdido, mesmo que isso tenha sido a vida, mas envolve uma situação muito mais elevada que avança para o infinito e a eternidade a que envolve, não a pessoa presente ao ato, mas o complexo de múltiplas reencarnações, de vidas passadas, no emaranhado quase inexplicável do comportamento dos *genes* da espécie humana.

Jorge desejava sair do plano terra para alcançar o plano celestial. Voltaria ao plano terra, quando invocado, não como reencarnação humana, mas como ente angélico.

1. É duvidosa a existência dessa imperatriz.

Gostaríamos de escrever muito sobre a corte celestial, para buscar definições e confirmar a viabilidade de esses seres alados, cada um em sua específica hierarquia, *ingressarem* no homem, destruindo o dragão (como fez o arcanjo Gabriel) que o domina.

Esse dragão não deve ser *expulso,* mas destruído.

Embora os pintores célebres tenham separado a montaria do cavaleiro em diversas de suas obras, São Jorge, não o concebemos em sua integridade como *cavaleiro;* o misto homem-animal, que é justamente o composto humano, um ser duplo, animal-espiritual.

Tivemos a preocupação de situar o culto a São Jorge nas diversas modalidades, para esclarecer que esse culto, totalmente deturpado, é reflexo do Cristianismo atual, em que a mensagem do Divino mestre assume contornos psicológicos divorciados da verdadeira mensagem.

É o homem quem se preocupa em organizar o culto aos seus santos, apresentando-os segundo sua própria concepção, seu desejo e conhecimento, em vez de deixar correr por vias naturais a fé que deve nortear esses cultos.

A conclusão a que chegamos, após prolongados estudos, é de que o culto a São Jorge traduz mais um saudosismo que uma realidade.

Possa o presente e modesto trabalho despertar mais seriedade a esse culto, o retorno à inspiração fecunda dos primeiros tempos do Cristianismo. A fé perseguida, a confissão no poder de Deus e a integral libertação do dragão que persiste em cada ser humano.

Na Bahia, no Pelourinho, existia, onde é hoje o Museu Jorge Amado, um acervo de objetos e figuras do Candomblé, incluindo, em tamanho natural, manequins vestidos como se apresentam os orixás, o que nos causou emoção e admiração.

Ao vê-los em conjunto, na forma como estavam expostos, sente-se a *força* da religião africanista.

Nos diversos terreiros, inclusive o da mãe Menininha, e casas de religião, nos cultos umbandistas e em todas as expressões, como as da Macumba, obviamente, encontramos motivação para que, de forma muito séria, meditássemos a respeito desses cultos, aparentemente tão estranhos.

Mas o toque mais acentuado recebemos quando da visita às três Igrejas dedicadas a São Jorge existentes no Brasil: Ilhéus, no extremo norte; Rio de Janeiro, a Igreja na Rua da Alfândega; e Porto Alegre, na Avenida Bento Gonçalves.

Os altares dessas três Igrejas impressionam porque, mesmo obedecendo a um só estilo convencional da Igreja Católica, ali estava a imagem do santo.

São Jorge, embora estático, sem vida, empoeirado, às vezes de cores desbotadas, com seu cavalo de aparência muito artificial, lá estava como sendo *presença,* para recordar aos devotos que tempos atrás, muito longe, existira *alguém* que se preocupara com sua própria alma e aceitara a mensagem divina, confessando-se cristão.

Mesmo que se invoque o segundo mandamento que proibia o culto às imagens, a contemplação daquelas estátuas não significava, em momento algum, qualquer ato de idolatria.

Lá estava, apenas, a reprodução tosca e imperfeita, feita por mãos humanas, do santo guerreiro, que desde o ano 303 perturba aqueles que entenderam seu comportamento.

O Cristianismo, mesmo decorridos 2 mil anos do nascimento de seu idealizador, nos trouxe uma concepção filosófica e psicológica totalmente estranha, sem qualquer vínculo com o Velho Testamento, que é a lei e a história do povo hebreu e a saga de seus sacerdotes e reis; portanto, o conceito de idolatria, a partir da confecção da primeira imagem, passou a ser reexaminado.

Moisés, ao descer do Monte do Sinai, encontrou o povo adorando um bezerro de ouro, contrariando assim a novel lei recebida de Jeová.

Os santos nos altares existem não para ser adorados, idolatrados ou para substituir conceitos frágeis da religião. Lá estão para *lembrar* a existência do que representam.

Certamente, o vulgo e o ignorante, por falta de esclarecimento, dão sua homenagem e buscam seu conforto junto *a uma estátua,* em vez de, recordando o santo, reduzir de si mesmo, de dentro de si, o Espírito existente, harmônico e confortador.

Durante longos anos estivemos para produzir este ensaio em profundas meditações, e conseguimos, mercê o Senhor, entender o suficiente para que nosso trabalho possa, paralelamente, ser também uma mensagem de fé e equilíbrio, de bom senso e de exame de consciência.

Cremos, com isso, ter feito *nossa parte.*

Seguindo o estilo dos demais livros, introduzimos para efeitos didáticos as NÓTULAS, que contêm partes complementares históricas e que servem de ilustração e melhor compreensão; algumas curiosidades e passagens úteis para o bom entendimento.

O APÊNDICE contém reproduções que, se inseridas no ensaio, se tornariam monótonas para a leitura.

O leitor observará certas *repetições,* partes curtas, porém de todo necessárias; extremamente fácil seria suprimi-las, mas para efeitos didáticos o chamamento à memória se impõe, embora possa parecer redundância e defeito. Este livro, como já dissemos, não passa de um ENSAIO, e este permite inovações literárias.

Teria sido *interessante* reproduzir as obras de nossos escritores, colocando-as no apêndice para comprovar que durante os dois últimos séculos, periodicamente, surge alguém inclinado a renovar os conceitos que o povo possui a respeito da vida dos santos.

Como nos referimos no início, São Jorge é apresentado sob dois aspectos: o da Igreja e o do Candomblé.

Esse comportamento é repetido com Santo Antônio, Santa Bárbara, a própria Virgem e outros santos de destaque.

No entanto, as obras que referem São Jorge como o orixá Oxóssi ou Ogum limitam-se a apresentá-lo como a entidade que *baixa* no terreiro, e a obra se restringe, quase exclusivamente, a apresentar cânticos, oferendas e orações, sem a análise da personalidade que deu origem àquelas crenças.

Por outro lado, as obras de origem católica silenciam sobre a existência dos orixás e, se algumas fazem leves referências a eles, o intuito é de crítica, em uma tentativa de informar que São Jorge é de propriedade da Igreja.

No tempo de Diocleciano, as manifestações espiríticas denominavam-se de *necromancia* e de *magia,* e cremos que essas práticas, embora perseguidas pelos romanos, são *as mesmas* que em nossos dias receberam outro nome e outra classificação.

Portanto, subsistem dois interesses atuais: o de restabelecer o Cristianismo primitivo e o de restaurar as manifestações espiríticas, que sempre, em todos os tempos, existiram.

Porém a Igreja nos apresenta estudos de um São Jorge ingênuo e primário. A Umbanda e o Candomblé, de um São Jorge que participa de um conjunto de orixás, que com *extrema facilidade* e imediatismo desce em *qualquer* terreiro, em determinado médium, possuindo o dom da *ubiquidade.*

A essa altura, os leitores já terão observado quão difícil se torna dissertar sobre tema tão invulgar e quão arriscado se apresenta criticar aquilo que, na aparência, estaria totalmente definido.

Porém, muito e muito mais se há de falar e descrever sobre assuntos dessa natureza, que são necessários, porque o passado, se nos afigura longínquo e definido, aflora sempre, inovando-se e despertando interesse, pois sempre temos oportunidade de *complementar* nossa formação espiritual.

As *ligeiras* notícias apresentadas sobre os 30 temas que compõem este ensaio obviamente comportariam, cada um deles, um trabalho maior, seja de pesquisa, seja de análise. No entanto, nosso propósito restringe-se em participar daquele *ciclo* a que nos referimos, de periodicamente alguém chamar a atenção sobre o santo guerreiro, sem vulgarizar sua história e sem menosprezar seus feitos.

Discorremos com brevidades sobre a escravidão no Brasil. Indubitavelmente, os negros deram uma contribuição soberba na formação de nosso povo e de nossa pátria; obras de fôlego foram escritas, e ainda comporta o assunto estudos atraentes. Nosso propósito não foi o de escrever sobre o escravo, mas simplesmente dizer de sua influência no culto a São Jorge.

Omitimos referir nosso indígena, apesar de sua participação na formação da raça brasileira e de sua luta para resistir ao conquistador. Nada tiveram a ver os índios com o culto a São Jorge.

Não se confunda a presença dos *caboclos* e suas manifestações religiosas, até hoje, com suas lendas e tradições.

Os cultos do Candomblé, da Umbanda e demais correntes assimilaram a dos caboclos, portanto não se poderá afirmar que esses caboclos tivessem cultuado São Jorge.

O presente *ensaio* poderá transformar-se, oportunamente, em concretização de uma obra mais completa, de certa forma mais erudita, eliminados os aspectos defeituosos, para que o Brasil possa vir a conhecer São Jorge como uma personagem realmente existente.

Biografias de São Jorge

As biografias sobre Jorge da Capadócia, seja como personagem histórico, seja na condição de santo da Igreja, obviamente são em número incontável, no entanto chegam ao leitor brasileiro apenas escassas notícias, quase todas inspiradas na versão do *Flos Sanctorum*, uma espécie de biografia *oficial* da Igreja.

Entre elas, dispomos do trabalho de Ernest Hello, publicado em Paris no ano de 1924, de Guido Battelli, publicada um ano depois, e de Alfonso de Villegas de Toledo, publicada no ano de 1741. Esses trabalhos não são exclusivos sobre São Jorge, eis que se preocupam com a biografia de outros santos.

O ponto central e fulcro dessas biografias não é a parte mais conhecida, ou seja, do embate entre Jorge e o dragão, mas sim do sacrifício que o santo suportou em mãos do imperador Diocleciano, sem esmorecer até o fim, culminando com sua decapitação.

Muitas foram as provas suportadas e cada qual tem uma interpretação esotérica, pois nem todas visavam à morte do revoltoso jovem. As provas a que foi submetido eram muito bem dosadas com o interesse de preservar sua vida, caso contrário, teria sido cômodo para o imperador castigar seu comandado com a pronta decapitação, evitando, com isso, o aumento do proselitismo cristão, pelo exemplo de uma fé robusta e incentivadora, para a conversão de um sem-número de pessoas, sejam romanos ou não.

Foi necessário, embora em rápidas linhas, descrever a região de origem de Jorge e o governo de Diocleciano, para compreender qual a influência sobre a personagem que o meio ambiente e os costumes desempenhavam na época.

Notamos uma Capadócia ainda hoje não totalmente desenvolvida, com seus penhascos e suas belíssimas planícies formadoras de um espírito de liberdade forjado pelo agressivo montanhoso, pleno de dificuldades, e o ambiente tranquilo da cultura agrícola, dos rebanhos que propiciavam abundância de recursos para uma família abastada e nobre, uma nobreza oriental e não romana, isenta dos vícios já predominantes de uma Roma decadente.

O pai de Jorge, no vigor de sua higidez, homem sadio e desenvolto, embora não o necessitasse, entregou-se à curiosidade de pertencer ao Exército Romano que na época era a atração indiscutível para todos. Não que isso lhe significasse proveito pecuniário, mas a aventura de conhecer outros povos e lutar dentro do que parecia uma superorganização militar.

O Exército Romano intervinha nas lutas intestinas, ou seja, a acomodação dos próprios romanos e dos que já haviam sido conquistados e subjugados, sempre à espreita de uma oportunidade para a conquista ou reconquista do poder e as lutas contra os bárbaros, aqueles que não se deixavam conquistar.

O Exército Romano não lutou contra os cristãos, eis que esse povo, denominado de *justo,* não empregava armas para sua autodefesa. O Cristianismo organizava-se com muita lentidão, pois nos locais dominados pelos israelitas a perseguição era constante, e de parte dos romanos o interesse visava, exclusivamente, à proteção da religião oficial.

Diocleciano não se limitava a reprimir o Cristianismo, mas outras manifestações religiosas, como a dos maniqueus,[2] e do que os bárbaros poderiam infiltrar entre os domínios romanos.

O povo hebreu mantinha sua fé e não era molestado pelos romanos, pelo fato de que o Judaísmo somente interessava aos próprios hebreus, que não faziam proselitismo de sua fé e não lhes interessava a conquista dos pagãos.

Durante quase três séculos, o Cristianismo desenvolvia-se com certa segurança, eis que vários imperadores que antecederam Diocleciano toleravam essa nova fé, dado o acanhamento dos próprios cristãos, muito prudentes em suas manifestações.

O Cristianismo tinha dois modos de propagar-se, seja pelos peregrinos que iam visitar os lugares santos, seja pelos romanos que encetavam as perseguições. Aqueles que nunca haviam ouvido falar da nova fé tinham a curiosidade despertada e se informavam junto aos próprios

2. Maniqueus: Membros de doutrina denominada de Maniqueísmo, fundada por Manes na Pérsia, no ano 267, tendo como princípio a trindade formada por Deus, pelo Bem e pelo Mal.

soldados; muitos deles, cautelosamente, eram cristãos e o entusiasmo os impelia ao proselitismo.

A sociedade romana era devassa; não seria aqui propício evidenciar os excessos dos manjares faustosos, das bebidas alcoólicas e da libertinagem sexual.

Tão devassa era a época em que Diocleciano foi eleito imperador que este tratou como primeira medida afastar-se de Roma e estabelecer sua capital bem longe daquela sociedade que desprezava. Estabeleceu a capital nas proximidades de Bizâncio, na Ásia Menor.

Compreende-se, portanto, por que Jesus o pudera encontrar e por que os eventos passaram-se nas proximidades da Síria da qual a Capadócia fazia parte. Muitos confundem os acontecimentos da vida do santo como se tivessem acontecido em Roma.

Não há notícia de que Jorge tivesse estado alguma vez em Roma. Também, não há registro de que houvesse contado com os demais césares que compunham o governo romano: Galério, na Europa Oriental, e Maximiano, na Europa Ocidental.

O pai de Jorge, sem que se conhecesse com exatidão seu nome, mostrou-se hábil soldado, dadas sua nobreza e posses, pois era homem abastado, seu posto no Exército Romano era de destaque; obviamente, não participava dos combates de frente, do corpo a corpo, dos embates iniciais, mas fazia parte do comando.

Estudando-se a organização militar romana, vemos quão complexa e perfeita era, tanto que essa organização muito bem disciplinada era a grande responsável pelos êxitos obtidos.

Nada se sabe a respeito desse idealista também cristão, apenas que morreu em um combate, em circunstâncias desconhecidas, mas não a ponto de sua morte ter chegado até Jorge.

O exemplo do pai, sua bravura, certamente foram fatos decisivos para Jorge continuar a carreira militar da família, que havia sido honrada para ingressar em um Exército vencedor, glorioso e respeitado. A prova da admiração foi, sem dúvida, o desejo realizado de Jorge para filiar-se àquelas forças armadas extraordinárias.

Diz a lenda que Jorge apresentou-se pessoalmente a Diocleciano, que o acolheu de imediato.

Talvez a realidade tenha sido outra, pois não era fácil aproximar-se de um imperador que aspirava encarnar o próprio Júpiter e que, para sua segurança pessoal e a do Império, era rodeado de eficiente guarda.

De início, temos um fato que não pode deixar de ser evidenciado, e que mais tarde é confirmado pelo biógrafo Simeão Metrafaste. Diz respeito ao porte físico de Jorge, sua juventude e sua garbosidade. Tratava-se de um *jovem encantador,* no sentido de sua beleza fisionômica.

Diocleciano teria sentido *estranha atração* junto àquele estrangeiro de aspecto tão belo, de descendência nobre e posição econômica estável. Jovem que contava com muitas posses na Palestina, eis que, ao decidir ingressar na vida militar, abandonou a Capadócia, onde pouco lhe restava, pois sua mãe também falecera, mudando-se ele, seus haveres, servos e escravos para a Palestina.

Essa mudança tinha razões de ordens espirituais, pois desejava viver nas proximidades dos lugares santos.

De imediato, o imperador o fez cônsul de cavalaria, posto que equivalia ao de capitão.

A cavalaria era um corpo de grande importância, pois os cavaleiros seguiam para as manobras, ocupações, trabalho e guerra, acompanhados por servos, escravos e alguns animais selecionados para a troca. Quem galgasse um posto de comando deveria possuir renda suficiente para levar uma vida de relativa comodidade.

Certamente, os soldados romanos recebiam soldo, e todo o Exército, alimentação; mas as armas, armaduras, os utensílios e apetrechos eram de responsabilidade privativa de quem exercia posto de destaque.

A premiação imediata que Diocleciano deu a Jorge visava a um futuro interessante.

O imperador não desconhecia que Jorge era cristão; quando ele se apresentou a Diocleciano, dado seu temperamento de jovem *justo,* honesto e valoroso, não lhe permitiria ocultar sua fé, mormente porque a propagava entre seus pares.

Nem todas as biografias relatam, detalhadamente, o episódio do embate com o dragão. Esse ocorrera antes de Jorge alistar-se no Exército Romano, e é o único feito relatado que demonstra o valor e a fé do filho da Capadócia.

O fato que deu *fama* a Jorge foi sua luta e vitória com o dragão, evento que vem descrito por todos os seus biógrafos, com nuanças diversificadas, com nomes dos lugares e personagens, também sem uniformidade.

Entendemos que certos aspectos são irrelevantes; saber qual o nome exato do reino de onde a *donzela* procedia, o nome do rei ou daquela virgem tem tanta importância como o nome do dragão.

A lenda pode ser dividida em partes para facilitar seu desenrolar e a interpretação dos símbolos.

Temos, inicialmente, a figura do jovem Jorge com seu cavalo branco; nisso todos concordam, porque empresta maior garbosidade ao cavaleiro, mais dignidade e uma posição econômica estável; o cavalo branco sempre foi um animal raro, porque, ainda hoje, é muito difícil encontrar um que apresente pelo imaculadamente alvo.

O jovem, sobre um cavalo imaculado, bem trajado, com uma capa esvoaçante como querem alguns pintores da Renascença, representava a *pureza*.

Não está definido como trajava Jorge; alguns informam que estava a caminho para encontrar-se com o imperador Diocleciano a fim de participar de seu Exército; portanto, é improvável que se encontrasse com armadura, como quer Rafael em seu célebre quadro.

Por outro lado, é possível que o jovem, possuindo bens substanciais, tivesse adquirido equipamento guerreiro para que, ao se apresentar ao imperador, pudesse melhor impressioná-lo.

No entanto, não cremos que o Exército Romano não exigisse certa uniformidade de trajes em seus corpos; pensar que cada oficial pudesse exibir suas posses e se apresentar com armaduras ou equipamentos ricos apenas para competir seria descrer na disciplina romana que primava pela organização.

Por outro lado, para enfrentar a terrível fera, talvez Jorge devesse preparar-se, armando-se não só com a tradicional espada, mas com a lança e a armadura, para defender-se das agressões que o dragão, obviamente, infligiria.

Poderia esse aspecto ser contraditório, porque Jorge estava ignorando o drama que envolvia o rei daquele reinado e sua filha, prestes a ser devorada pelo monstro.

Há duas versões a respeito; uma em que Jorge, ao passar pelo local, notou encostada a um penhasco a moça trêmula e chorando; vendo-a tão bela e aflita, Jorge aproximou-se inquirindo de seu desespero e dos motivos por que se encontrava em lugar tão ermo e só.

Ao ser cientificado, eis que surge o dragão, dando-lhe Jorge luta sem trégua, até vencê-lo.

A outra versão informa que Jorge, ao passar pelo país, tomou conhecimento de que um dragão afligia o povo e que, para acalmá-lo e evitar que invadisse a cidade, lhe eram oferecidas ovelhas e outros animais para seu alimento; terminados os rebanhos, ou exigindo o dragão sacrifícios humanos, a cidade passou a lhe entregar jovens, até que chegou a vez da filha do rei.

Este, aflito, não queria entregar a própria filha e tudo fez para evitar a desgraça, mas o povo ameaçava incendiar o palácio e até matar toda a família real.

Jorge, penalizado, ofereceu sua valentia dispondo-se a eliminar o dragão; então o rei o teria preparado, dando-lhe armas e equipamentos.

Qual a importância dessa indumentária?

O significado esotérico seria a *preparação* para o combate contra o mal; não apenas uma preparação física, mas psicológica e espiritual.

Se nos ativermos ao fato de que Jorge, antes do embate, dirigiu uma prece a Deus, veremos que houve de sua parte essa preparação.

Ninguém poderá *ir à luta* desprevenido e sem o adequado preparo; assim é a instrução, quando na mocidade devem os jovens estudar para situar-se profissionalmente, com a finalidade de *enfrentar* a vida.

Ao examinarmos a iconografia, encontraremos pintores que representam Jorge nas mais estranhas formas; alguns o pintam com semblante formoso; outros até dando a impressão de homem maduro; nem todos o reproduzem como cavaleiro portando armadura, e esta vem apresentada, também, da forma mais variada possível, sempre obedecendo à orientação da época da pintura, pois temos quadros desde o ano 1200 até 1550 e alguns quadros em mosaicos nas igrejas orientais.

Os próprios dragões ora são animais de pequeno porte, ora maiores que o cavalo de Jorge. Os cavalos ora são robustos, ora elegantes.

A luta, de forma generalizada, desenvolveu-se estando Jorge na montaria, mas temos autores que apresentam o santo de pé, no solo, enfrentando o dragão com lança e espada.

Cada pintor em sua criatividade, contudo, imprimia à sua obra não apenas um objeto, uma figura, um animal, mas colocava em seu trabalho sua própria filosofia, sua interpretação, o significado do símbolo.

Ao apreciarmos nos museus e nas galerias de arte essas obras, não nos chama a atenção apenas a beleza da pintura e os matizes das cores: a fisionomia dos retratados, seus gestos, seu modo de ser revelam situações que devem ser interpretadas.

Os pintores e escultores medievais *viviam* sua obra, seja para interpretar o *desejo* de seus mecenas, seja para distinguir sua própria personalidade.

No Louvre, ficamos extasiados diante do quadro de Bernado Martorell, com o martírio de São Jorge em uma cena de flagelação. Um Jorge sofrido, sem qualquer traço de beleza em seu rosto, a significar que perdera toda garbosidade, menos a fé, esta representada pela auréola dourada em torno de sua cabeça.

Em nossa constante preocupação de ter em mãos e visualizar essas pinturas, pudemos *conviver* com esses extraordinários artistas do pincel, das tintas e da alma.

Pudemos, assim, apreciar não só o que poderia ser Jorge, mas aqueles que conviveram com sua personalidade e seu destino.

A impressão que todos têm é de que os pintores da Idade Média e da Renascença apresentaram um São Jorge cavaleiro; quanto aos quadros representando São Jorge sem o cavalo, são em grande número, talvez se equilibrando com o São Jorge cavaleiro.

A influência bíblica é manifestada nesses quadros, pois a armadura traduz o conceito de São Paulo sobre a fé. A capa e os véus esvoaçantes que traduzem o *movimento* significam a brevidade da luta. Essas capas e véus são reproduzidos em cores diferentes, ora na cor púrpura, ora cinzenta, em conotação com a cor do dragão. Nem todas as figuras apresentam essas capas e esses véus, como os *penachos* do capacete.

O *manto protetor* significa a assistência espiritual; vemos em um quadro um anjo nos céus armado com espada, possivelmente Gabriel, vindo em auxílio disposto a lutar, eis que a espada está em riste.

As armas manejadas por Jorge são a lança, a espada e o machado; ora vem representado somente com a lança que atinge o dragão, ora o enfrenta apenas com um pequeno machado, e há momentos em que Jorge maneja a espada.

Temos uma pintura em que o cavalo está todo arranhado pelas agudas garras do dragão e verte muito sangue; em outras, em maior número, o cavalo está incólume.

Jorge nunca está ferido.

Ignoramos o tempo de duração da luta, a destreza de Jorge, a intervenção divina; enfim, os detalhes do embate não aparecem, mas os pintores, oportunos intérpretes, deixam transparecer que não foi luta rápida nem fácil.

A valentia de Jorge ficaria comprometida se a luta fosse desigual; ele, todo-poderoso, subjugando um frágil dragão.

Para suprir essas omissões, os pintores se obrigaram a meditações prolongadas, a questionar tudo, a observar os costumes e avaliar quão *medonho* e *terrível* seria o dragão, uma vez que representava todas as forças do mal.

O animal, montaria de Jorge, era garboso, eis que vindo da Palestina, os árabes primavam na criação de belos cavalos, fama que conservam até nossos dias.

Qual a importância daquele cavalo no simbolismo daquele embate?

No Cristianismo, temos aspectos múltiplos: Jesus foi carregado, quando na fuga para o Egito, em um modesto jumento; sua entrada triunfal em Jerusalém também o foi sobre um jumento.

Já São Paulo, quando de sua conversão, estava a cavalo.

Os quatro cavaleiros do Apocalipse, cada um montava um cavalo de cor diferente.

Quem montava o cavalo branco era o vencedor e vem assim descrito no livro do Apocalipse, capítulo 19, versículos 11 a 16:

> "E vi o céu aberto, e eis um cavalo branco, e quem nele vinha montado chamava-se o Fiel, o Verdadeiro. Julga o combate com justiça. Seus olhos brilham como chamas de fogo, e traz muitos diademas na cabeça e inscrito um nome que ninguém conhece, senão ele só. Traja uma veste ensanguentada; seu nome é Verbo de Deus. Seguiam-no os exércitos celestes, montados em cavalos brancos, vestidos de alvinitente linho. Saía-lhe da boca uma espada aguda com que ferisse os povos. Governá-los-á com cetro de ferro e pisará o lagar da ira veemente de Deus Todo-Poderoso. Na veste, à ilharga, leva escrito o nome: rei dos reis, Senhor dos Senhores."

Essa comparação nos induz a pensar no significado do cavalo branco. Mantém-se, todavia, em profundo mistério, que um dia por certo será revelado.

Na época de Jorge, o Apocalipse já fora escrito, pois se calcula que tenha sido no ano 70, por João Evangelista, mas não havia divulgação do mesmo, tanto pelo profundo esoterismo que encerra, como pelas naturais dificuldades de leitura. Somente depois que a Igreja se organizou, com o papado, o poder, enfim, como *empresa,* é que teve farta divulgação; no entanto, somente depois de Guttemberg, com a impressão da Bíblia, é que o Livro Sagrado pôde atingir os povos.

Todavia, podemos afirmar que o cavaleiro que monta o cavalo branco é o vencedor, e Jorge foi um vencedor em todos os sentidos.

Napoleão Bonaparte preferia a montaria branca, ainda que por absoluta necessidade montasse outros pelos.

Para Bonaparte, o cavalo branco representava o vencedor, e seus biógrafos, como as obras de pintura de sua época, punham muito interesse em destacar esse detalhe.

Napoleão foi homem vaidoso e observava com cuidados especiais os detalhes de sua roupa, suas armas e, obviamente, sua montaria. Apesar de não enfrentar a luta nas posições de frente, mantinha as armas adequadas, mais como complementação ornamental de seu uniforme que para defesa.

Seus generais primavam também, seja para acompanhar o *condottiere,* seja por vaidade, em caprichar no aspecto físico, mas deixando a montaria branca como primazia para seu chefe.

No embate com Jorge, o dragão assume as posições mais variadas; ora se enrosca nas pernas do cavalo, ora se ergue, ora rasteja, mas sempre toma a iniciativa do ataque.

Expele de sua boca chamas, e das narinas, odores pestilentos. Trata-se de uma figura aterrorizante e sobrenatural quando expele fogo, pois nenhum animal tem essa propriedade.

O fogo é elemento purificador porque destrói as impurezas, e Jorge foi atingido por esse fogo, e, beneficiado no embate, saiu vitorioso e purificado.

Não se tem notícias de algum herói que tenha enfrentado o mal personificado em uma besta. O próprio Jesus, quando foi tentado por Satanás, este se apresentou dócil, insinuante, na tentativa de captar o interesse do Senhor, fazendo-lhe propostas atraentes.

O papel que Jorge desempenhou não foi exclusivamente o de jovem herói e intrépido, pronto a defender uma donzela dos perigos.

Na aparência, houve tão somente o afastamento do perigo imediato e da subjugação de um animal feroz, consequência de um ato de bravura, perícia e força. Mas, no conteúdo completo da lenda, Jorge enfrentava o inimigo da Igreja, naquele momento do Cristianismo.

Inspirado em seus princípios religiosos, pleno de fé, Jorge encontrou um terrível obstáculo, não ao seu caminho, mas na trajetória de seu próximo.

Houve a disposição para a luta, eis que Jorge era vigoroso, bem compleiçoado e atrevido, como soam ser os de sua idade.

Aquele embate resultou relativamente fácil. Foi necessário, contudo, como preparação, elevar uma prece a Deus e ter certeza da proteção divina, tão bem representada pelo pintor que colocou um anjo armado como protetor, ficando na expectativa, pronto a intervir.

Jorge jamais fracassaria naquela luta, porque seu destino estava pontilhado de eventos que interessavam a toda uma comunidade, como era o da época: o Cristianismo.

Jorge retirou do embate a primeira lição; combateria com denodo, venceria *aquele* dragão, mas muitos outros teria pela frente!

Ele próprio viria a sucumbir pela espada, ao combater o último dragão, representado por Diocleciano, o último imperador romano que perseguiu o Cristianismo.

As forças do mal, representadas pelo lago de onde surgia o dragão, permaneceram intactas, pois as águas poluídas pelo pestilento animal estavam a abrigar de forma oculta os acontecimentos futuros.

Temos o ponto central do drama que é a donzela a ser sacrificada. Ela representa a Igreja cristã nascente.

De nada valeu o povo daquele reinado entregar ao dragão primeiramente as ovelhas, e depois seus filhos. Essas ovelhas e essas crianças representam os dóceis e frágeis cristãos primitivos, presas fáceis para os pagãos.

Jesus se apresenta como o Cordeiro de Deus. Escolheram esse animal por sua docilidade, candura e simplicidade. Não poderia haver melhor símbolo para representar o Nazareno, ele que veio à luz em uma manjedoura, cercada pelos animais domésticos, eis que inserida dentro de uma estrebaria.

O rei, pai daquela donzela, representa o bispo, ou seja, o chefe da grei, que não conseguia manter junto a si e a salvo os cristãos que permaneciam desprotegidos.

O rei encontrou um meio para salvar sua Igreja. Não importa se Jorge apareceu por uma questão de inspiração, de premonição ou a mando de forças espirituais.

O fato real é que surgiu e salvou a filha daquele rei. O desespero do monarca significa a preocupação da Igreja em lutar desesperadamente para salvar o rebanho e, mesmo que parecendo inútil qualquer outro esforço, a providência divina aparece no momento certo.

Podemos lembrar o que aconteceu com Abraão que, ao iniciar o sacrifício de seu filho Isac, quando erguia o cutelo para cortar a jugular do menino, eis que ouviu o balido de uma ovelha que havia se emaranhado nos arbustos existentes ao redor, isso no Monte Moriá, onde mais tarde foi construído o Grande Templo de Salomão e hoje, onde estão as duas maiores mesquitas do mundo.

Não só o rei buscava os meios para escapar daquele transe, mas toda a população de seu reino exigia uma atitude para acalmar o dragão.

Ninguém supunha a possibilidade de o dragão ser destruído. O povo – aqueles que já tinham perdido a fé – aprontava-se para destruir, pelo fogo, todo o reino, eis que não mais confiava que pudesse haver um milagre.

Com o aparecimento de Jorge, a fé daqueles súditos reacendeu-se.

Na realidade a fé jamais perece, pode tornar-se como pequena brasa encoberta de cinzas e que nem mais dá calor, mas basta reativá-la que surge luminoso, retornando a ela, o fogo.

Jorge não matou de imediato o dragão, feriu-o mortalmente e de tal forma o debilitou que pediu à donzela que desatasse seu cinto para que com ele envolvesse o pescoço do animal e pudesse puxá-lo.

Totalmente submisso, reconhecendo no vencedor seu senhor, o dragão acompanhou os passos da donzela que, percorrendo longo caminho, adentrou na cidadela e parou no centro da praça.

A multidão e o rei, atônitos, não atinavam sobre o que estava acontecendo; o pai, sobremodo alegre, excessivamente alegre por retornar a ver sua filha que julgava já vítima do dragão, correu para abraçá-la.

Mas foi preciso que Jorge esclarecesse o sucedido; o povo, cautelosamente, homem a homem, se aproximou; o animal agonizava e seus extertores causavam muito temor.

Notando o medo que dominava todos, Jorge, com um golpe de espada, decepou a cabeça do monstro.

Muitas lendas giram em torno daquela matança; que o sangue da fera curava as feridas; que seus órgãos nobres, ingeridos, tinham propriedades miraculosas; enfim, cada pessoa interessada retirava do dragão alguma coisa e levava.

O Demônio tem essa particularidade; todos o temem, mas ao mesmo tempo todos têm o desejo de possuir dele alguma coisa, e a principal são os prazeres pecaminosos, diríamos em linguagem religiosa.

O mal representado pelo dragão, todavia, não fora vencido e ele guardou sua vingança, quando com a mesma espada Jorge foi decapitado a mando de Diocleciano.

Jorge não aceitou premiação alguma pelo feito, rejeitou toda oferta. Sempre, o povo e os poderosos, desejam premiar o benfeitor, porque equivale a um pagamento que acalma e tranquiliza toda consciência. A Igreja andou muito mal quando entendeu de criar as *indulgências* que tanto mal causaram, porque serviram para o endurecimento dos corações. O mal feito era *pago* ou com sacrifícios ou com bens. Essa anomalia sempre existiu porque faz parte da natureza do homem.

Jorge, satisfeito por ter sido instrumento de Deus, prosseguiu em seu intento, dirigindo-se à Nicomédia, a nova capital do Império, com a finalidade de se alistar no Exército Romano, seu propósito e seu ideal.

Aqui temos, exclusivamente, a vontade do homem jovem e impetuoso e não se vislumbra qualquer ato que pudesse envolver um plano religioso, afinal Jorge não era um apóstolo nem um missionário, apenas um predestinado; teria alguma missão específica? Teria sido ele o elemento escolhido para pôr um fim à perseguição dos cristãos? Como seu sacrifício teria convencido Diocleciano a cessar aquelas cruentas perseguições?

Não temos registro da data em que Jorge foi nomeado cônsul de cavalaria, e muito menos de quando teve início sua atuação junto ao Senado Romano.

Sabe-se que a sede do Senado era Roma, porém, quando Diocleciano escolheu a Nicomédia para nova, capital, que levou consigo alguns senadores fiéis e, assim, ocorriam situações caóticas quando o Senado em Roma pretendia legislar para todo o Império.

Desconhecem-se as *aventuras* guerreiras de Jorge do Exército e se ele, alguma vez, participou de alguma batalha; o que *é* certo e inquestionável é que durante 25 anos Diocleciano conseguira um período de paz; algumas escaramuças sempre existiam, mas nunca um confronto sério.

Diocleciano morreu velho, mormente para a época, e teria falecido no ano 313, portanto 40 anos após a morte de Jorge. As datas, todavia, não são precisas, mas tem-se como certo que Jorge foi morto na flor da idade, então permanecera soldado por pouco tempo.

Nos relatos de seus biógrafos, das referências sobre os diálogos mantidos entre Jorge, Diocleciano e seus ministros, entende-se que o jovem já era benquisto entre seus companheiros.

Quando lhe foi perguntado, em plena *consulta,* qual seu nome, respondeu: “Meu nome é cristão, mas meus companheiros me chamam de Jorge”.

Esse relacionamento, bastante íntimo, comprova que Jorge era portador de uma personalidade comunicativa, e de certo modo atraía sobre si atenções especiais, seja pela maneira de trajar, face às suas posses, seja pelos criados e escravos que o acompanhavam, seja pela *proteção* recebida do imperador.

Os costumes romanos eram dissolutos; o homossexualismo era conhecido como o *amor romano,* e ninguém escapava daquelas situações.

Aqui não tem lugar analisar esses aspectos sob o ponto de vista científico ou moral, mas apenas referir um fato histórico por demais conhecido; basta compulsar a literatura especializada da época.

O imperador Adriano, que reinou de 117 a 138, teve um governo próspero e uma vida íntima tumultuada dividindo seus *onores* entre donzelas e mancebos; a escritora contemporânea, Marguerite Yourcenar, em seu grande romance *Memórias de Adriano,* nos revela essas facetas, e podemos afirmar que, em “sua quase generalidade, os imperadores romanos não tinham pejo algum de, publicamente, manterem junto a si mancebos de bela aparência para a satisfação de suas lascívias”.

Entramos em um terreno muito delicado, mas sem qualquer propósito de atingir a masculinidade de Jorge.

Diocleciano, ao receber Jorge, repetimos, de imediato sentiu por ele forte atração e o cobriu de favores.

Seu biógrafo, Simão Metafraste, no livro *Legendário das Vidas dos Santos, Denominados de Extravagantes,* na parte sobre São Jorge, nos abre o caminho para aceitarmos esse comportamento de Diocleciano.

Já o atender, de imediato, os desejos de Jorge nos causa espécie; ignora-se qual tenha sido essa convivência e se Jorge foi de imediato incorporado no Exército, ou se, embora cônsul de cavalaria, permaneceu junto ao imperador, fazendo parte de sua corte.

Temos uma passagem na referida biografia, que é muito ilustrativa, a saber:

> "Dias depois, o imperador fez conduzir São Jorge à sua presença e, fingindo ser-lhe muito amigo, começou a lhe fazer muitas carícias, pedindo-lhe que se satisfizesse a sacrificar ao deus Apolo e lhe prometeu, sobre sua cabeça, de fazê-lo homem de muita importância de seu Império".

Mais adiante, prossegue o biógrafo:

> "O imperador julgou que Jorge quisesse sacrificar-se, motivo por que desceu de seu trono e o abraçou e lhe fez infinitas carícias".

A reação de Jorge a esse comportamento não foi de repelir as carícias, apenas se limitou a dizer:

> "De que modo, ó imperador, depois de tantas torturas, me fazes agora tantas carícias e ofertas? Por que não as fizestes antes?"

Depreende-se que esses rasgos de afetos surgiram naqueles momentos e que, antes, nada tivesse acontecido.

O objetivo de Diocleciano era obrigar Jorge a *sacrificar* ao deus Apolo.

Apolo ou Febo era também o deus do amor; o que significava *sacrificar a Apolo,* senão a entrega incondicional do corpo ao imperador?

As intenções, o desejo e mesmo a paixão que Diocleciano alimentava sobre Jorge talvez fossem resultado de uma longa expectativa face à resistência do jovem aos ataques de tão poderosa personagem.

Jorge, submisso após ter sofrido tantas torturas, deixou-se *acariciar;* talvez esse *sacrifício* visasse à preparação do grande golpe que era a destruição do Templo de Apolo.

Surge então uma questão também muito delicada, que diz respeito aos propósitos de Diocleciano: o interesse do imperador era afastar Jorge do Cristianismo porque estava se tornando um líder, pondo em perigo a religião oficial, ou teria sido, exclusivamente, o interesse de conquistá-lo para seus desejos carnais?

Jorge foi decapitado porque destruiu o Templo de Apolo ou porque se negou a *sacrificar* a esse mesmo deus?

Não podemos esquecer que Diocleciano reinou por mais dez anos após a morte de Jorge.

Pela decapitação, não lhe adveio mal algum, pois seu império foi o dos mais fecundos, comprovando ser um governador capaz, sábio e que conduziu o Império com grande habilidade e prosperidade.

Não se há de cogitar do castigo *post mortem*; a história nos diz que Diocleciano, caso raro entre os imperadores, morreu de morte natural.

Os martírios de São Jorge estão aliados ao que se denominou o reinado de Diocleciano, caracterizado pelo martírio dos cristãos; obviamente, a lenda cabia perfeitamente dentro daquela época.

O ano certo não está consignado e oscila entre 290 e 303, pois se noticia que aqueles martírios teriam durado sete anos.

Foram em número de sete, talvez um por ano, os martírios impostos.

Certamente, essas formas de tortura não teriam sido exclusivamente de invenção do imperador, mas sugeridas por seus acólitos.

Houve algumas torturas que, para ser levadas a efeito, necessitavam um longo período de preparação, como a *roda* e as *chinelas de ferro* (ou sapatos, botas, ou sandálias, segundo cada versão).

A primeira providência de Diocleciano foi lançar Jorge à prisão e mantê-lo a *ferros,* prática usual que consistia em prender os pulsos ou tornozelos com um anel de ferro, fechado a golpes de marreta, presos a uma longa corrente fixa na parede do calabouço.

Ignora-se por quanto tempo Jorge permaneceu a ferros, certamente por um longo período que precederia ao primeiro castigo.

As torturas imaginadas, todas poderiam ser fatais, dada a crueldade que as envolviam; essa penalização certamente decorria da *teimosia* de Jorge em sustentar sua fé. Sem dúvida, durante aquele período de cárcere, Jorge teria sido solicitado a abandonar o Cristianismo e teria sido visitado por mensageiros do imperador, ou levado à sua presença. Não era hábito conduzir um prisioneiro ao palácio; mas com Jorge o caso poderia ser diferente, dado o *afeto* que Diocleciano desejava demonstrar para conquistar o jovem.

Por outro lado, se foram sete os anos de provações, Jorge amadurecia; os pintores Albrecht Dürer e um mestre de "Messkirch" o representam com feições de pessoa não tão jovem.

Diocleciano, por sua vez, também envelhecia.

A primeira penalização foi manter Jorge no calabouço, deitado no chão, e sobre seu peito, colocada uma pedra de muito peso, que comprimindo seu corpo lhe causaria dificuldade para respirar e um grande sofrimento.

Simboliza essa tortura o *peso* de quem escolhe um caminho árduo, como era na época o Cristianismo; dissera Jesus que seu fardo não era leve; suportar a perseguição significava não tanto uma dor, mas um peso, sob o qual somente se resistiria caso a fé fosse mantida e o auxílio celestial viesse em seu socorro.

Aquele peso Jorge suportou e, embora quase desfalecido pela dificuldade de respiração, demonstrou ao imperador que se tratava de uma pessoa de físico forte.

Essa primeira prova, como se poderia aceitar, fazia parte das grandes iniciações; hoje a Maçonaria, em seu simbolismo, exige dos neófitos algumas provas que são semelhantes às inflingidas a Jorge; nas iniciações dos misteriosos cultos antigos, essas provas, por sua vez, se assemelham.

Se Jorge, com o episódio da morte do dragão, revivia as lendas de Perseu, Siegfried, Osíris e outros, as *provas* a que foi submetido repetiam as provas iniciáticas já conhecidas naqueles tempos.

Suportar a primeira prova deu a Jorge o ânimo que estava enfraquecendo; vencida a primeira etapa, que sempre resulta a mais mortificante, pôde Jorge preparar-se para o que se seguiria. Eis que a ira de Diocleciano aumentava, diante da resistência de seu bravo Capitão.

A segunda prova, também precedida de um longo período de prisão, necessária para que pudesse restabelecer-se, consistia em submetê-lo a um sofisticado engenho, imaginação de alguma mente doentia. Tratava-se de amarrar Jorge sobre uma roda do tamanho proporcional a um corpo humano para que comportasse o corpo estendido, braços para trás sobre a cabeça e pulsos amarrados a um raio da roda; o corpo curvo, amarrado pelo pescoço, peito, ventre, coxas e, por fim, pés, ficando o corpo em uma posição, de *per si*, incômoda, e com o passar das horas, insuportável.

Se não bastasse isso, a roda seria movimentada sobre algumas tábuas estendidas no solo, em um trajeto de ida e volta, passando a roda nas tábuas, comprimindo o corpo de Jorge sob seu peso.

Também essa trajetória era dolorosa, amassando as carnes e podendo quebrar os ossos. No entanto, eram inseridas nas tábuas pontas de facas e ganchos de aço, sobre os quais as carnes se rasgavam. Jorge foi colocado na roda totalmente despido e, assim, nem sequer as vestes poderiam amenizar a dilaceração das carnes. Jorge verteu muito sangue com a movimentação da roda, sangue que salpicava até os que presenciavam aquela tortura.

Em torno desse espetáculo aglomerava-se muita gente, pois a cena era apresentada à vista de todos como exemplo para que ninguém ousasse aceitar o Cristianismo.

Essas gotas de sangue, atingindo os circunstantes, curavam-lhes os males e, assim, todos os beneficiados louvavam Deus e confessavam desejar ser batizados pelo santo.

O fato de Jorge *batizar* é revelado pelos pintores, especialmente Vittorio Carpaccio.

O simbolismo desse martírio, com a roda giratória, diz respeito à divulgação pelo mundo do Cristianismo, propagado com sacrifício, dor e sangue.

As pontas dilaceradoras simbolizam o engenho humano que não poupa os que seguem ao Senhor.

Diocleciano, temeroso de que Jorge sucumbisse àquele horror que não imaginava tão cruel e cujos resultados foram negativos, pois foi compelido a mandar matar todos os que haviam se confessado cristãos (e não eram poucos), determinou o retorno de Jorge à prisão, pretendendo que os médicos da Corte lhe dispensassem cuidados.

Essa aparente morte, contudo, teve um momento glorioso de ressurreição. Os anjos celestiais vieram socorrer o santo.

Contudo, quem desatou o mártir não foram os verdugos, mas um anjo do Senhor que o amparou até o cárcere.

Daquele momento em diante, Jorge passou a ser *venerado* por aqueles que tinham assistido ao seu drama; a voz correu célere, e dezenas de pessoas iam vê-lo no cárcere suplicando-lhe favores, orações e presenciando a realização de *milagres*.

Restabelecido integralmente, após um longo período em que o imperador o deixou em paz, Jorge fortalecia a Igreja com seu exemplo e sua palavra de fé.

A terceira prova e o terceiro tormento consistiu na colocação de Jorge em um forno de cal.

A cal já era conhecida, e com ela devidamente calcinada, ou seja, queimada, construíam-se as edificações, os rebocos, a argamassa, os afrescos, os ladrilhos, enfim, a parte principal da construção; vemos em Pompeia as ruínas dos palácios ainda apresentando esses artifícios que davam acabamento interno aos banheiros, corredores e colunatas, portanto pelo menos alguns séculos antes de Diocleciano.

A pedra calcárea, retirada das minas, é colocada dentro de fornalhas e queimada.

Em uma dessas fornalhas, Jorge foi colocado e, como Daniel bíblico, foi visto em companhia de anjos, permaneceu três dias e seu corpo, esperavam todos, deveria transformar-se em cinzas.

Há uma segunda versão que descreve essa cal como *cal virgem,* ou seja, a *queima da cal* por meio da água, transformando-se em uma massa pastosa branca; essa cal é *ardente,* pois destrói a carne até os ossos; por sua vez, a *queima da cal,* apesar de ser feita com a pedra queimada já esfriada e água fria, desprende grande calor.

De qualquer forma, ambos seriam mortais.

Porém Jorge saiu incólume, purificado e mais robustecido em sua fé que antes.

Simboliza o *batismo do fogo,* se nos ativermos ao primeiro caso, e ao batismo da água, no segundo caso.

É a prova da terra, pois a cal faz parte da natureza; o corpo humano contém grande parte de água e de cal; a água, obviamente, é representada por todos os líquidos existentes no corpo, e a cal, nos ossos que são formados em sua totalidade desse mineral.

Esse tormento foi realizado fora da cidade, nos locais onde se preparava a cal; após os três dias, Diocleciano o fez retirar temendo que, se o deixasse por mais tempo, seu corpo se desintegraria.

Surpreso com a nova manifestação do poder de Deus, o imperador manteve, ainda, recluso a Jorge.

Essas experiências estavam abalando Diocleciano, que começava a se preocupar com a veracidade do que proclamavam os cristãos, tanto que, no término de seus dias, pôde converter-se ao Cristianismo e arrepender-se do que fizera.

Os algozes engendraram um quarto suplício. Foram preparadas sandálias de ferro, ou sapatos, ou botas. Eis que os biógrafos divergem nesse aspecto (dentro destas, pontas agudas).

As sandálias foram aquecidas, quase a ponto de ficarem rubras, e Jorge foi obrigado a calçá-las e com elas andar; não conseguia suportar aquele tormento nos pés, mas os verdugos o instavam a correr, quer amparando-o, quer dando-lhe pauladas.

Jorge recordava as palavras de São Paulo a respeito da corrida para a vitória, a fim de receber a coroa de louros.

Fez a vontade dos verdugos e corria; as sandálias esfriaram e o mal cessou; caíram-lhes dos pés e estes apresentavam um leve sangramento e pequena coloração rósea, mas sem qualquer sinal de que o tormento tivesse lhe feito algum mal.

Jorge retornou espontaneamente ao cárcere, seguido pela multidão a quem abençoava, fazendo-lhe o sinal da cruz.

Muitos choravam comovidos; lançavam-se aos seus pés que beijavam e, assim, se erguiam restabelecidos de suas enfermidades e aflições.

Esse martírio simboliza a *dureza* da jornada para o cristão, que para os incrédulos pode parecer de sacrifício e de perigos, a ponto de perder os pés.

Eram as *sandálias do pescador;* Pedro as sacudira para que até o pó da cidade que o desprezara não o acompanhasse.

A integridade do cristão, mesmo transpondo os percalços do caminho, é assegurada pela fé.

O tempo passava e a perseverança de Jorge irritava sobretudo os sacerdotes do Templo de Apolo, que instavam o imperador a terminar com aquele comandante militar que, todavia, ainda não fora despido de seu cargo e era cada vez mais admirado e respeitado.

Diocleciano supunha que, passando o tempo, Jorge nada mais significaria para o Cristianismo.

Porém, as pressões eram insuportáveis e Diocleciano, chamando Jorge à sua presença, quis dar-lhe mais oportunidades e insistiu em conquistar os *favores* daquele jovem teimoso.

Era preciso dar um exemplo aos seguidores de Jorge, que já se mostravam bastante atrevidos.

Reuniu em praça pública o povo e fez chicotear Jorge, amarrado a um pelourinho, com o dorso nu.

A cada chicoteada, Jorge entoava louvores a Deus, cantava, proferia preces, dirigia-se aos que presenciavam a tortura, animando-os, e, apesar de ter as mãos amarradas, postas atrás de si, com sua cabeça fazia o sinal da cruz; grande parte da multidão ficava de joelhos e acompanhava os cânticos e louvores.

Diocleciano resolvera assistir àquele castigo e retirou-se, apressadamente, porque sentia certo perigo à sua pessoa; aquela multidão poderia se insurgir e quiçá trucidá-lo. Reforçou a guarda e recolheu-se ao palácio, preocupadíssimo.

As chicoteadas se prolongaram e do corpo de Jorge o sangue saltava; as riscas dos látegos formavam macabros desenhos que a todos compungiam. O santo, porém, não parecia sentir o tormento. O corpo, entretanto, não suportou a violência dos dois verdugos que batiam e desfaleceu.

Foram contar a Diocleciano que Jorge morrera; o imperador censurou o tribuno que lhe foi levar a notícia, pois havia ordenado que a tortura não fosse levada ao extremo. Ficou pesaroso e a consciência gritava e vislumbrava um Deus poderoso que poderia castigá-lo.

Os sacerdotes exultaram, finalmente Jorge deixava de existir; Apolo vencera.

Um sexto suplício foi preparado, visto que Jorge *milagrosamente* saiu do pelourinho, desatado, sem que os verdugos tivessem intercedido; as cordas caíram sozinhas, e ele, sorrindo, retornou à prisão seguido pela multidão que desejava ser por ele batizada.

Diocleciano mandou chamar Atanásio, que era o mago da Corte, o hábil vaticinador que sempre estava pronto para servir ao seu imperador. À boca pequena dizia-se que Atanásio era cristão, mas que, temendo Diocleciano, ocultava essa sua condição.

Foi recomendado a Atanásio que preparasse uma poção venenosa, com elementos mortíferos, mas que, além de causar a morte, proporcionasse à vítima uma agonia atrás.

Como se tratasse de um tormento que na aparência seria sem violência, Atanásio deu a Jorge a tigela com a poção, na presença do imperador e no palácio, com toda a Corte reunida.

Jorge inseriu o veneno como se fosse uma agradável bebida e, ironicamente, pediu uma segunda dose que lhe foi dada.

A bebida foi ingerida como se fosse água cristalina, sentindo-se Jorge perfeitamente à vontade e satisfeito.

Diocleciano duvidou do efeito da bebida e, chamando um escravo, deu-lhe para beber um pequeno resto que Jorge deixara na tigela; o escravo, tão logo ingeriu a bebida, caiu ao chão contorcendo-se em dores e morreu após breve agonia.

Todos ficaram atônitos. Na Corte não havia cristão algum e o milagre causou espanto, formando um murmúrio de incredulidade.

Atanásio disse que Jorge usava de artes mágicas e que conhecia o contraveneno; era um mistificador e um encantador.

O tormento anterior, o das chicoteadas, simboliza o flagelo da carne, necessário para que o corpo, sofrendo, fortaleça a alma.

A cada chicotada corresponde uma *provação* que deve ser superada e vencida galhardamente. A dor não deve interferir a fé, pois a dor pertence aos sentidos, e a fé, ao espírito.

A poção amarga e venenosa significa a bebida da sorte; se doce, dá boa sorte; se amarga, dá má sorte; Jorge transformou a bebida amarga em néctar saboroso; é a prova da fé.

Em algumas iniciações, como a da Maçonaria, existe a prova da *Taça Sagrada* que simboliza, justamente, a fé naquilo que se vai fazer, nos propósitos até então anunciados com os quais o neófito concorda.

Jesus sorveu fel e vinagre, quando um soldado romano lhe colocou na boca uma esponja embebida: foi a prova sobre a vida, basta estarmos no mundo para que essa bebida nos seja oferecida.

Quantas vezes a ingerimos; frequentemente o fazemos inconscientemente, e quando nos damos conta essa bebida se traduz em uma experiência gloriosa.

A dor, a tortura, o sacrifício servem de têmpera para nosso procedimento humano; é da natureza do homem sofrer, como o é, o de vencer o sofrimento.

Jorge suportou a penúltima prova em uma demonstração de que nem sempre o que ingressa em nosso organismo nos pode fazer mal. Se tivermos fé, mesmo do tamanho de um grão de mostarda, será suficiente para vencermos o poder maléfico de qualquer veneno.

Chegada a sétima, última e fatal prova, o imperador decidira, fortemente pressionado pelos sacerdotes, pôr fim à vida daquele a quem dedicara amor e ódio.

As precedentes torturas poderiam pôr em risco a vida de Jorge, mas Diocleciano sabia, perfeitamente, que podia contar com a robustez do físico jovem e, por que não, da proteção divina; seja por arte de encantador, de necromancia, magia ou poderes espirituais, Jorge se safaria daquelas provas anteriores, terríveis, mas que em nada resultaram, nem para abater o ânimo nem para ferir o corpo.

Os sacerdotes sabiam que de nada valeria manter Jorge encarcerado, pois seria um incentivo ou atrativo para aqueles que aspiravam abraçar o Cristianismo; outras torturas para induzir Jorge a *sacrificar* ao deus Apolo certamente seriam inócuas.

Somente a vida interessava àquele grupo de profissionais da religião que, perdendo o amparo oficial, corriam o risco de perderem sua posição de respeito e temor.

Como sempre na Antiguidade e, ainda hoje, o sacerdote possui a arma psicológica da ameaça de um *castigo;* até a vinda do Senhor em glória, chamada de *fim do mundo,* anunciada há séculos, lhe dão um significado de *vingança.* O Senhor viria para *castigar* os pecadores e *premiar* os fiéis.

A sentença de morte foi exigida por meio da decapitação; assim, não poderia haver *milagre* nem arte de magia. Nada jamais foi dito que um decapitado pudesse retornar à vida; nem sequer a grande série dos *milagres* realizados pelos justos, nem os descritos pelos discípulos e apóstolos, revelavam que, algum dia, um decapitado retornasse à vida; nem São Paulo escapou daquele modo de eliminação.

Jorge, desafiado por Atanásio, rogara a Deus que lhe desse o poder de ressuscitar a um homem que se encontrava no depósito de mortos, em uma caverna afastada da cidade; mas aquele defunto apresentava seu corpo inteiro; ressuscitado, diante do imperador, passou a louvar a Deus e pedir a Jorge suas orações e intercessão. O milagre foi considerado obra de necromancia.

Até aquele momento, o êxito de Jorge encontrava explicações, e mesmo com o retornar à vida (um defunto), não convencera o imperador de que Jorge atuava por forças sobrenaturais e divinas.

Obviamente, as sucessivas vitórias de Jorge deixavam Diocleciano entusiasmado e acentuava-se o desejo de preservar aquele mancebo da morte definitiva.

Fê-lo conduzir à sua presença, quando passou a acariciá-lo na tentativa de conquistá-lo.

São os momentos que o mundo oferece aos predestinados ao sacrifício, na tentativa de, agradando-os, afastá-los da fé.

São como os *inimigos* de um governo: para neutralizá-los, são-lhes oferecidos cargos vantajosos; a cobiça é fator de corrupção, e assim, os opositores desaparecem.

Jorge questionou a Diocleciano do porquê não agira com ele de forma meiga e carinhosa, antes de encarcerá-lo e submetê-lo às torturas.

Diocleciano desculpou-se: talvez culpasse seus sequazes e mesmo os sacerdotes.

Jorge aproveitou a oportunidade para demonstrar o poder de Deus e, assim, convencer o próprio imperador da realidade do Cristianismo.

Suportando as *carícias,* aceitou acompanhar o imperador para *sacrificar-se* ao deus Apolo.

Chegado ao Templo, dialogou com a estátua.

Temos aqui um quadro curioso, pois Jorge *dera vida* ao inanimado e pusera nos lábios de Apolo a palavra.

Apolo falou e demonstrou ser submisso a Jorge.

Esse aspecto bem analisado nos dá outras perspectivas, a viabilidade de corporificar o ser inanimado; talvez aquele fosse o milagre maior produzido por Jorge.

Apesar de a estátua confessar que era *o próprio Demônio,* ela fora vivificada e os sacerdotes, atônitos, respeitaram ainda mais o deus Apolo, pois jamais o viram e o ouviram falar.

O deslumbramento durou pouco, pois a estátua quebrou, esfacelou-se e atirou-se ao chão, destruída.

As demais estátuas, posto que mudas, tiveram igual destino.

Os sacerdotes passaram a temer Jorge e não podiam suportar que ele continuasse a merecer a proteção de Diocleciano porque, certamente, substituiria a fé nos ídolos e destruiria a casta sacerdotal.

Atiraram-se contra Jorge e pretenderam trucidá-lo.

Não fora a pronta interferência dos soldados a mando do imperador, Jorge teria sucumbido dentro do Templo de Apolo. Pediram a Diocleciano a morte de Jorge e a obtiveram.

Rolou a cabeça e o povo emudeceu; Diocleciano retirou-se entristecido; os sacerdotes trataram de restaurar o Templo destruído e a vida normalizou-se. O sacrifício de Jorge fez com que os cristãos passassem a ter prudência; todos se calaram, temerosos de perder a própria vida.

A cabeça de São Jorge foi cuidadosamente conservada pelos cristãos que cuidaram do sepultamento de seu corpo.

No ano 742, por determinação do papa São Zacarias, foi trasladada para o diaconato chamado Velo de Ouro, na Itália, onde ainda se encontra.[3]

Por longos anos, durante o reinado de Constantino, Roma encetou um profundo trabalho de *restauração* do Cristianismo e de abolição do Paganismo.

Não foi um trabalho fácil. Pacientemente, Constantino venceu todas as resistências e esse trabalho demonstrou ter sido vitorioso, porque, de Constantino em diante, o Cristianismo pôde desenvolver-se com tranquilidade.

A memória de Jorge perdurou, pois ele foi o marco para que cessassem as cruentas perseguições aos cristãos; sua morte estancou o período crucial e não se têm notícias de que Diocleciano, nos restantes anos de seu reinado, prosseguisse em sua insidiosa campanha.

Houve, obviamente, fatos cruéis contra os cristãos, mas não perseguições programadas, pois Diocleciano ficara profundamente abalado

3. É o que se diz na Itália, todavia não conseguimos uma confirmação segura de que, realmente, essa cabeça seja conservada.

com o fim que não desejava dar àquele mancebo que tanto o impressionara e a quem tinha dado tantas oportunidades para abandonar sua fé cristã.

Diocleciano, no leito de morte, apelou a São Jorge e converteu-se ao Cristianismo. Foi quem preparou seu substituto para que desse liberdade à nova fé.

As primeiras manifestações quanto a rememoração do santo decorreram dos *primeiros milagres* que surgiam, após invocado Jorge, nas situações de desespero daqueles que buscavam sua proteção.

Séculos se passaram, e Jorge permaneceu *vivo* na memória do povo, que nem sempre manteve o respeito necessário quanto à sua pessoa.

Seus restos mortais foram seguidamente violentados, com o traslado constante, de um lado para outro, a ponto de surgirem contradições e dúvidas; hoje não se pode afirmar que a *materialidade* de Jorge existe; talvez não mais existam relíquias que possam reacender uma lembrança daquele que em vida comoveu a tantos.

Seus feitos passaram para a história, mesclados com fantasias absurdas, empanando em muito seu trabalho.

Seu culto, no mundo inteiro, permaneceu estável e é invocado como se invocam os santos, mas no Novo Mundo, especialmente no Brasil e em Cuba, diante de um sincretismo surgido para proteger interesses de *grupos,* especialmente de negros escravos africanos, a memória de São Jorge foi agredida.

Seria um novo dragão apocalíptico a necessitar de um novo combate para a defesa do Cristianismo? Não o Cristianismo vigente, mas o Cristianismo primitivo.

Podemos hoje separar Jorge de suas armas e de sua montaria, e com simplicidade nos deter em sua personalidade de homem santo que se deu em holocausto para provar sua firmeza na *confissão* de que Jesus Cristo era Deus?

Talvez possamos programar no futuro, e que seja próximo, a restauração de um culto, longe da idolatria, do fetichismo e do folclore, à memória de quem soube, tão galhardamente, nas primeiras fases da organização da Igreja cristã, marcar presença com a finalidade de testemunhar a força divina e dar início à cessação de uma estúpida perseguição.

Causa muita estranheza a notícia de que Jorge *batizava* os que, envolvidos pela emoção por assistirem aos seus tormentos, desejavam confessarem-se cristãos.

O batismo daquela época era ainda por *imersão,* ou seja, o sacerdote acompanhava o neófito e dentro de um rio procedia a cerimônia, fazendo com que todo o corpo imergisse, e assim, fosse simbolicamente lavado e purificado, para transformar-se em uma nova criatura.

Certas religiões da atualidade, como os batistas, os pentecostais, os da Assembleia de Deus e algumas outras, mantêm a tradição e em seus templos dispõem de recipientes apropriados para *imitar* as águas do rio, do mar ou do lago.

Como demonstra Vittorio Carpaccio em seu quadro pintado no século XIV, Jorge batizava aspergindo apenas água sobre a cabeça do neófito, segurando com sua destra uma tigela de barro.

A *evolução* do batismo continua sendo motivo para críticas e dissertações; a Igreja Católica hoje batiza por *aspersão.*

O batismo, em sua *evolução,* também alterou a idade própria para a cerimônia; os filhos dos cristãos devem ser batizados dentro dos primeiros dias de vida; essa norma não encontra apoio nos Evangelhos, mas em nada pode perturbar a vida futura do cristão.

No entanto, a Igreja permite o batismo para os adultos, quando estes ou não foram batizados na infância, ou passaram a ingressar na fé católica, oriundos de outras doutrinas.

Jorge atribuiu-se a condição de sacerdote sem ter sido ordenado, ou pelo menos sem a permissão papal, que na época já dirigia a grei cristã.

Entendemos, no entanto, que Jorge tenha recebido essa *missão,* seja *diretamente* do Senhor que lhe apareceu quando se encontrava preso no calabouço, seja *secretamente* por algum bispo a mando do papa.

O batismo *in extremis* é permitido a todo cristão, mesmo sendo leigo. Cada um de nós tem conhecimento de algum fato semelhante, quando o recém-nascido atingido por prematuro mal perece sem que os pais tenham a oportunidade de solicitar ao seu dirigente espiritual o batismo.

Reunida a família, a pessoa mais idosa, trazendo, caso possível, da pia batismal de sua igreja um pouco de água, esparge-a sobre a cabeça da criança; caso não tenha essa *água benta,* toma a que lhe pareça mais pura.

Obviamente, se São Jorge tinha a convicção de que Jesus, o Cristo, fizera nele *morada,* revestido dessa *autoridade, seu Cristo interior* seria o batizador.

A tendência de todos nós ao presenciarmos algo que nos impressiona é o de *participar* daquele evento, seja por emoção, seja por obediência a um estranho impulso, seja por predestinação, o fato é que *somos atraídos* pelo inusitado, pelo fenomenal, pelo misterioso.

Compulsando a história dos santos, verificamos como nos locais em que essas criaturas produziram milagres prontamente são erguidos, inicialmente oratórios e capelas, para mais tarde se erigirem igrejas e até catedrais, porque aqueles lugares passaram a ser *santificados.*

Ignora-se onde Jorge foi decapitado, mas, se fosse sabido, certamente lá já existiria um templo.

A humanidade está sedenta por se aproximar das coisas santas e de presenciar o poder divino, pois dele se afasta para entregar-se ao poder humano, esquecendo-se de que a própria natureza *é* fruto de um milagre e que traz a presença de Deus.

Os movimentos ecológicos não passam da restauração desse fato, e no fundo são movimentos religiosos.

Queira ou não, o homem sente a necessidade de se aproximar de seu Criador.

Os exemplos que temos, embora os devamos *ressuscitar* do passado periodicamente, nos fazem bem.

A evocação de São Jorge, embora passados tantos séculos, nos leva a outros páramos e nos inflamam de fé e satisfação, por entendermos que esses mártires e santos do passado, embora aparentemente tão distantes, se encontram junto e confortadoramente a nós.

É chegada a oportunidade de *restaurar* a real história de São Jorge, por meio de um estudo sério; de pacienciosa pesquisa com a colaboração da própria Igreja, porque cremos que nosso dever seja o de honrar aqueles que deram sua vida por uma causa tão justa e cujos resultados, somados os feitos de todos os que pereceram insidiosamente, hoje estamos usufruindo.

Devotos de São Jorge, meditem profundamente sobre qual o melhor caminho para glorificá-lo, obviamente sem cair na adoração de sua imagem, mas invocar seu espírito protetor, para que a vida possa nos ser mais amena e promissora, em uma preparação para a nova fase que nos espera.

Sem menosprezar as correntes doutrinárias africanistas, seja da Umbanda, do Candomblé, da Macumba ou outras expressões, busquemos definir a presença de um orixá, conhecendo-lhe todos os seus aspectos para que o sincretismo, tão necessário na época da escravidão para a proteção dos grupos alienígenas negros, não venha a perturbar a fé que os devotos de São Jorge possuem.

Tudo é lícito, mas nem tudo convém, é o dito evangélico tantas vezes repetido.

Prossigam os seguidores das religiões africanistas com seus cultos, mantendo sua fé; prossigam os que aceitam a presença espiritual de São Jorge em suas devoções, porque é necessário que o homem do terceiro milênio possa espiritualizar-se a tal ponto para o aproveitamento da oportunidade das coisas vindouras, misteriosas, sim, mas plenamente acessíveis.

Vida de São Jorge

(ponto de partida)

A vida de São Jorge Mártir, escrita por Simeão Metafraste e por Pasierate, familiares do mesmo santo, referida por Lippomano.

Aos 23 de abril

Promete Jesus Cristo em São Mateus que: *quem o confessar e dele não se envergonhar na Terra, Ele não se envergonhará, da mesma forma, nos céus; isso o confessará diante dos santos, anjos e deverão ser recebidos na presença do padre eterno, a quem pedirá que reconheça esse mérito.*

Isso abrange todos os mártires; todos confessaram a Jesus Cristo na terra como não se envergonharam de confessar que Ele morreu crucificado.

Em particular ocorreu com São Jorge, cavaleiro ilustríssimo que na presença de Diocleciano e de todo o Senado Romano, onde tratavam da conveniência de perseguir os cristãos e apagar da superfície da terra o nome de Cristo, o que foi consenso de todos, este, sozinho, tomou a defesa da honra de Deus, contra todos, confessando que Jesus Cristo é Deus verdadeiro.

Repudiou o decreto e deliberação consumados, pelo que veio a perder sua vida com tormentos atrozes e cruéis.

A vida e o martírio desse santo foi escrita por Simeão Metafraste junto com Pasierate, esse familiar do mesmo santo que esteve presente em todos os episódios.

Do que dizem esses dois escritores, teceremos uma grinalda para que os desejosos de padecer por Jesus Cristo a coloquem sobre a cabeça, recordando os padecimentos e cruéis tormentos sofridos por São Jorge.

Diocleciano, embora possuindo o Império Romano, por ser homem astuto e sagaz, desejava o crescimento de seu Estado e tornar-se famoso nos séculos vindouros.

E, para conseguir isso, pareceu-lhe necessário obter o favor e o auxílio de seus deuses.

Tomava, ordinariamente, seus conselhos e lhes oferecia grandes e solenes sacrifícios.

Certa feita, em decorrência de um assunto de relevante importância, pediu conselho a um ídolo que demorou muitos dias para lhe responder, mas ao fim lhe disse que a causa da demora e até da falta de resposta, inclusive respostas falhas, eram resultado da presença, no Império, dos justos.

Isso foi o que respondeu o ídolo por meio de seu sacerdote, para depois se calar.

O imperador sentiu-se na obrigação de saber quem eram esses "justos" em seu Império.

Foi-lhe dito que eram os cristãos, porque era certo que onde estes estivessem não laboravam em erro nem ofendiam e a todos beneficiavam, e isso significava ser justo, e estes eram os cristãos.

Diante desse esclarecimento, Diocleciano aproveitou a ocasião para consumar a décima perseguição contra a Igreja, mantendo-se cruel como sempre fora.

Rapidamente as prisões lotaram-se em todo o Império, de gente cristã; foram libertados, para lhes dar lugar, os ladrões, os homicidas e os adúlteros.

Assim a vida era suprimida aos que a mereciam e eram perdoados os que deveriam merecer mil mortes.

Porém, de nada adiantava a morte de infinitos cristãos por toda a parte; quanto mais morriam, mais surgiam.

Por causa disso, Diocleciano convocou uma reunião geral com a presença de todos os senadores, dos principais do povo, dos capitães em destaque de seu Exército.

Diocleciano informou-os do motivo da convocação, que era a tomada de posição contra os cristãos, que ou deviam ser deixados livres ou perseguidos.

Procurou que cada pessoa presente opinasse; muitos falaram e cada qual deu seu parecer.

Por fim, o imperador descobriu o veneno que havia em seu peito e disse que o Império Romano pereceria caso não fossem todos os cristãos banidos, seja fazendo-os morrer ou encontrando outra solução.

Eu, disse ele, sou desse parecer porque assim disseram os oráculos, porém, unamo-nos e os façamos morrerem todos.

Ninguém ousou contradizer o imperador que refletia em seu semblante o desdém e a ferocidade que possuía em sua alma; todos concordaram com seu parecer.

Encontrava-se presente naquela consulta Jorge, cavaleiro ilustríssimo, nascido na Capadócia.

Jorge havia perdido seu pai em uma guerra em que fora combater em favor do Império Romano; fora habitar com sua mãe em uma cidade da Palestina, onde possuíam bens.

Jorge era cristão desde a infância; chegada a idade de manejar as armas, falecida sua mãe, resolveu ser soldado, assim como fora seu pai.

Entregou a administração de sua casa e de todos os seus haveres a um fiel amigo.

Munido de apetrechos apropriados e de alguns serviçais, buscou o imperador Diocleciano, a quem pôs a par de sua condição de nobre e pessoa abastada, apresentando-lhe o desejo de servir em seu Exército.

O imperador, vendo-o jovem e de boa presença, feições belas, saudável, o fez seu tribuno de uma companhia de cavalaria.

Jorge já havia demonstrado ser homem valente e ousado, pois, passando pela cidade de Beirute, tinha matado um terrível dragão, que fazia danos naquele país, ganhando assim fama imortal.

Pelo cargo que possuía, encontrava-se presente àquela consulta, convocada contra os cristãos, como se disse.

Tendo, pois, compreendido o que havia sido deliberado e que após o terceiro dia retornaria para, juntos, subscreverem a deliberação final e para executar como se deveria proceder a perseguição contra os cristãos, Jorge decidiu libertar seus escravos e distribuir seus bens entre seus serviçais e os pobres.

Do que possuía na Palestina, outorgou procuração para a venda dos bens cujo resultado seria aplicado em obras pias.

Realizadas essas providências, apresentou-se na consulta, no terceiro dia, e vendo que todo o Senado confirmava o que havia sido ordenado na consulta anterior, que tratara do modo a ser procedido para a perseguição aos cristãos, ergueu-se, permanecendo de pé, com semblante sereno e com voz elevada, e falou deste modo:

"Por que razão, ilustríssimo imperador, ilustre Senado, generosos e nobres cavaleiros, mudando vosso costume de observar e manter as leis justas, agora ordenais uma lei tão injusta e perniciosa contra os cristãos, que são gente virtuosa, santa, justa e digna de veneração e respeito? Quereis vós, talvez, que eles adorem vossos ídolos? E se esses não são deuses, por que quereis que sejam adorados? O que vós adorais são deuses cegos e nada fazem. Só Jesus Cristo com seu eterno Pai e com o Espírito Santo é o verdadeiro Deus que se deve adorar, pelo qual todas as coisas são feitas e governadas.

Muito melhor seria que, deixando vossa cegueira, abrísseis os olhos e adorásseis Jesus Cristo, do que perseguir os cristãos e querer, pela força, que adorem vossos falsos deuses."

Cada um da consulta quedou-se estupefato e atônito pela livre manifestação de Jorge.

Olhavam o bom cavaleiro e ao mesmo tempo olhavam o imperador, aguardando a resposta que ele daria.

O imperador, inflamado de cólera e desdém, acenou a um de seus grandes favoritos, o cônsul chamado Magnésio, para que respondesse a Jorge.

Magnésio pediu a Jorge que se aproximasse e depois perguntou-lhe:

"Quem és tu e como te chamas?".

Jorge respondeu:

"Meu primeiro e principal nome é o de cristão, e aqueles que me conhecem me chamam de Jorge. Nasci na Capadócia, sou nobre e tenho cargo de tribuno de cavalaria no Exército do imperador".

Prosseguiu, então, Magnésio:

"Quem dispôs que tu falasses assim livremente e com tamanha audácia?"

"*A verdade*", respondeu Jorge.

"O que é a verdade?", continuou o cônsul.

Respondeu Jorge:

"A verdade é Cristo que vós, idólatras, perseguis".

"Portanto, tu és cristão", disse Magnésio.

Respondeu Jorge:

"Eu sou servo de Jesus Cristo, e nele me confiando quis testemunhar sobre a verdade no meio desse famoso colégio".

Entre todos os presentes formou-se um murmúrio e alguns opinavam.

O imperador determinou que todos se calassem e, depois, dirigindo-se a Jorge e conhecendo perfeitamente quem ele era, falou-lhe do seguinte modo:

"Eu não sei, ó Jorge, que loucura é essa tua para me contradizer, sabendo aquilo que já fiz por ti, porque sabendo de tua nobreza, de teu sangue, e vendo tua generosidade e destreza, te honrei com fazer-te tribuno e pensava, ainda, dar-te incumbências maiores, propósitos estes que tu agora alteraste.

Aconselho-te como pai e admoesto-te como senhor, que tu deixes essa tua maléfica opinião e adores nossos deuses, caso não queiras perder aquilo que até agora ganhaste, e junto, a vida."

Respondeu Jorge:

"Deus queira que tu, imperador, aceites o conselho, que por teu bem te dá teu fiel servidor que é este: que deixando de adorar os falsos deuses, adorasses Jesus Cristo, verdadeiro Deus, o que seria a saúde do Império, bem como das almas".

O imperador não deixou Jorge prosseguir, determinando que fosse conduzido à prisão e colocado a ferros e depois lhe fosse colocada uma pedra sobre si, a qual, se bem não lhe tirasse a vida, o atormentaria grandemente.

Permaneceu o soldado de Cristo nesse tormento até o dia seguinte, quando foi apresentado ao imperador, que, notando o abatimento do santo em consequência da tortura, disse-lhe:

"Dize-me, Jorge, estás hoje mais ajuizado que ontem? Porque os sofrimentos costumam transformar os loucos em sábios".

"Não penses", disse o santo, "que essa diminuta pena seja bastante para me fazer mudar de propósito, busca outras maiores e verás se eu terei ânimo de suportá-las".

Foi necessário pouco esforço para incitar o imperador, pois já imaginara nova tortura terrível, que serviria ao mesmo tempo como advertência aos que pudessem estar de acordo com a conduta de Jorge.

Consistia a tortura em uma grande roda contornada de pontas de aço; sobre essa roda fez amarrar o mártir, totalmente despido, com cordas fortes que apertavam de tal forma a penetrar até os ossos.

Fez colocar algumas tábuas no chão, cheias de facas erguidas ao alto por meio de grampos de ferro e pontas de aço.

A roda com o mártir nela amarrado girava, passando sobre as tábuas cheias de facas e pontas que lhe rasgavam a carne.

Vertia tanto sangue do corpo do mártir que atingia e manchava os que se encontravam perto.

Esse tormento era tão cruel e repelente que bastaram poucas voltas da roda para que o santo perdesse os sentidos e parecesse morto.

O imperador assim entendeu, pois disse em voz alta dirigindo-se a Jorge:

"Onde está agora teu Deus? O que significa ele não ter te livrado desse tormento?".

Dito isso, retirou-se alegre a sacrificar ao deus Apolo, por quem julgava beneficiado.

Apenas partiu o imperador, ouviu-se um grande trovão no céu, descendo uma voz que dizia:

"Não duvides, Jorge, meu servo, tem constância, porque muitos por tua causa e exemplo receberão minha fé".

Depois disso, apareceu naquele local um anjo, que em presença de todos o libertou da roda, pensando-lhe as feridas, restabelecendo-o integralmente, pronto para sofrer novos tormentos por amor a Deus.

Levantou-se de imediato um murmúrio e tumulto entre o povo que exclamava: "Grande e poderoso é o Deus dos cristãos!".

Jorge, vendo-se liberto e são, não só guiado pelos ministros da justiça, como por vontade própria, foi ao encontro do imperador; durante o trajeto na estrada, cantava aquele verso de Davi, que diz:

"Eu te exalto, Deus, meu rei, por todos os séculos dos séculos".

Chegado ao Templo de Apolo, quando o imperador o viu, ficou confuso e assustado, pois não podia crer que aquele fosse Jorge.

Jorge disse-lhe:

"Eu sou Jorge, não te admires porque Jesus Cristo me defendeu da morte e libertou-me de tua tortura".

Presenciando isso, dois outros tribunos, chamado um Anatólio e o outro Protolco, que inicialmente eram cristãos, porém haviam renegado a fé por temor, confessaram em alta voz fidelidade ao verdadeiro Deus.

Ouvindo o imperador essas vozes, assim de improviso, mandou que fossem afastados e decapitados.

Todos esses acontecimentos chegaram aos ouvidos da imperatriz Alexandra, esposa do mesmo Diocleciano que, da mesma forma, confessou a Cristo publicamente como verdadeiro Deus.

Isso causou tanta raiva e desprezo ao imperador, que determinou a um de seus cônsules que conduzisse a imperatriz ao seu palácio para que aguardasse o que seria decidido. Logo depois, fez atirar Jorge em um forno de cal ardente, onde permaneceu durante três dias, ao fim dos quais saiu como o ouro do fogo, mais limpo e purificado, sem qualquer lesão e com melhor aspecto ainda, não sem grande confusão dos idólatras e com muita raiva de Diocleciano, que, insatisfeito de causar ao santo tantos martírios, fez trazer um par de calçados de ferro, dentro dos quais havia diminutas, porém agudas, pontas de aço.

Os sapatos foram aquecidos em uma fogueira e, depois, colocados nos pés de Jorge.

Jorge fez uma devota oração a Deus, pedindo-lhe forças para suportar aquela tortura que sentia ser terrível.

Tendo-lhe os ministros colocado aqueles sapatos, obrigaram-no a caminhar, auxiliando-o com empurrões e pauladas.

Dizia o santo a si mesmo: "Anda, Jorge, corre galhardamente, assim receberás o prêmio da beatitude".

Foi liberado o santo daquele tormento, ainda milagrosamente, porque os sapatos se resfriaram e seus pés não sofreram ofensa alguma do fogo e das pontas agudas.

Os gentios atribuíram tudo aquilo à arte mágica, dizendo que Jorge era um encantador.

O imperador depois o fez chicotear com tanta crueldade que somente isso bastaria para lhe tirar a vida.

Porém, o santo cantava e louvava a Deus com alegria, sem demonstrar estar sentindo qualquer dor.

Depois disso, o imperador chamou um mago denominado Atanásio para que preparasse uma bebida mortal que fizesse Jorge morrer de imediato com dores cruentas, como o mago assegurava.

Foi dada a bebida ao santo, que a bebeu toda sem lesão ou dano algum.

Face o que o glorioso mártir afirmava, de que Jesus Cristo o libertaria daquela tentativa de morte, e que isso era pouco diante de sua potência, pois seus servos faziam igual, chegando a ressuscitar os mortos em virtude de seu nome, o imperador, aconselhado pelo mago, disse a Jorge que, se ele ressuscitasse alguém, aceitaria ser verdadeiro o que afirmava.

O santo, posto de início se alterasse um pouco, dizendo que eles não eram dignos de ver semelhante maravilha, por sua descrença, apesar de tudo, julgando que isso serviria para que alguns se convertessem a Deus, aproximou-se de uma gruta que estava nas cercanias, na qual eram depositados muitos corpos perecidos e orou a Deus, suplicando que por sua glória e Honra ressuscitasse um daqueles defuntos.

Assim foi feito; eis que na presença de todos saiu da gruta um homem, vivo e sorridente, exclamando em alta voz que Jesus Cristo era o verdadeiro Deus.

Atirou-se, depois, aos pés de São Jorge e o agradeceu pela vida recebida por seu intermédio.

Pouco serviu para o imperador aquele milagre, pois ficou mais obstinado e endurecido, tomando cada fato com má vontade e dizendo que Jorge operava por arte de necromancia.

Assim, porém, não reagiu Atanásio, que confessou ser cristão e se juntou ao ressuscitado, suplicando-lhe que orasse por ele.

O imperador fez logo decapitar os dois, temendo que por causa deles muitos se convertessem ao Cristianismo.

Fez conduzir novamente São Jorge à prisão, onde compareceram muitas pessoas de várias condições, cada qual em busca de remédio para suas almas, confessando serem cristãos, rogando-lhe que orasse a Deus por eles.

Muitos enfermos foram até o santo, ficando curados no momento em que sobre eles Jorge fazia o sinal da cruz.

Entre tantos, chegou um colono chamado Glicério que estava aflito porque lhe morrera um boi.

O santo, que por ser muito caridoso desejava ajudar os pobres tanto nas coisas pequenas como nas grandes, disse ao colono que retornasse à sua casa porque seu boi estava vivo. O bom homem acreditou e chegando à sua casa e visto o milagre, posto fosse pessoa simplória, retornou à prisão gritando e dizendo que desejava ser cristão.

Esse fato chegou ao imperador, que determinou que aquele colono fosse morto. O colono aceitou aquela morte com satisfação, por amor de Jesus Cristo.

Dias depois, o imperador fez conduzir São Jorge à sua presença e, fingindo ser-lhe muito amigo, começou a lhe fazer muitas carícias, pedindo-lhe que se satisfizesse a sacrificar ao deus Apolo, e lhe prometeu, sobre sua cabeça, fazê-lo homem de muita importância de seu Império.

Dizia-lhe que assim procedia não porque necessitasse dele, mas porque o amava e lhe desgostava que pudesse perder a vida na flor da idade.

A isso respondeu o mártir:

"De que modo, ó imperador, depois de tantas torturas, me fazes agora tantas carícias e ofertas? Por que não as fizeste antes?"

"Desculpa-me", disse Dioclécio, "que o desdém me tornasse cruel. Eu te reabilitarei se tu vieres comigo ao Templo de Apolo e lhe fizeres sacrifício".

"Vamos ao Templo", respondeu Jorge.

O imperador julgou que Jorge quisesse sacrificar, motivo por que desceu de seu trono e o abraçou e lhe fez infinitas carícias.

Começou por fazer publicar pela cidade que Jorge se convertera à sua religião e não queria mais ser cristão, com a finalidade que todos o soubessem e se alegrassem da aquisição do valente cavaleiro pela defesa do Império.

Os idólatras louvaram o imperador que tão bem soubera conduzir as coisas com Jorge, pois o havia reduzido àquele final, e gritavam em altos brados: "Seja agradecido, Apolo, vencedor de Cristo, Apolo vencedor contra o Crucifixo".

Juntou-se o santo ao imperador, e todos os congregados foram ao Templo de Apolo e logo que foi aprontada a almofada onde se ajoelhariam e o fogo para ser lançado o incenso, todos aguardaram que Jorge se sacrificasse e o adorasse.

Porém, Jorge erguendo-se, de pé, sem qualquer sinal de reverência, falou ao ídolo Apolo:

"Apolo, és tu deus? Queres ser adorado pelos homens?".

O Demônio, que se encontrava próximo à estátua, falou de modo a ser ouvido por todos e disse:

"Eu não sou Deus, nem os que estão em minha companhia. Um só é Deus verdadeiro, que criou todas as coisas, cujo filho é Jesus Cristo. Nós éramos seus anjos e, porque o ofendemos, nos expulsou do céu e nos tornamos demônios".

Disse então Jorge:

"Se, portanto, vós não sois deuses, por que enganais os homens, querendo ser adorados por eles? Como ardes por estares em minha presença sabendo que sou servo daquele que dizes ser Deus".

Dito isso, o santo fez o sinal da cruz contra o ídolo e logo se ouviu um grande rumor e tumulto de demônios que ululavam e se lamentavam, e o ídolo Apolo caiu por terra e se pulverizou junto a outros que se encontravam naquele Templo.

Os sacerdotes, inicialmente muito alegres, que se haviam reunido para assistirem àquele sacrifício, presenciando aquele quadro, agruparam-se em torno de Jorge com furor e puseram as mãos em cima e diziam ao imperador que o fizesse de imediato morrer, se não queria ver Roma destruída.

O imperador, que estava aterrorizado, com muito desdém disse ao santo mártir:

"Maldito enganador, esse é o sacrifício que tu desejavas fazer ao deus Apolo?".

Respondeu Jorge:

"De que modo queriam que eu lhe fizesse sacrifício, se ele mesmo confessou não ser deus, mas demônio?".

"És um mago, um encantador", disse o imperador, "e como tal te farei logo matar".

Nesse momento, a imperatriz Alexandra saiu do palácio acompanhada da guarda que Diocleciano havia colocado, a qual a deixara sair. Passando por entre a multidão, ingressou no Templo de Apolo e, chegada onde estava Jorge, atirou-se aos seus pés suplicando que ele orasse a Jesus Cristo por ela, pois o confessava como Verdadeiro Deus.

Isso causou a Diocleciano maior raiva e fúria, porque passou a dizer que Jorge havia enganado a imperatriz e a ambos odenou que lhes fosse cortada a cabeça.

Foram de imediato conduzidos ao local do martírio, Jorge para um lado e a imperatriz para outro, e ambos se entregaram à oração.

O santo suplicava a Deus que perdoasse todos aqueles que aderiam ao martírio e ao que lhe daria a morte.

A imperatriz em sua prece pediu que Deus a ajudasse para que não desanimasse no martírio, e assim Deus a atendeu, pois, enquanto orava, passou desta vida, o que foi para Jorge grande alegria, vendo já salva e em segurança aquela senhora que lhe quis fazer companhia em sua morte. Jorge temera que, vendo erguer-se à sua frente a espada, recuasse e mudasse de decisão.

Simultaneamente, a oração de Jorge foi ouvida porque alguns daqueles que participavam de sua morte se converteram e morreram católicos.

São Jorge foi decapitado no dia 23 de abril, pouco depois do meio-dia, que naquele ano correspondia à Sexta-Feira Santa, quando a Igreja celebra a Paixão de Jesus Cristo, ao qual oraremos que por intercessão de seu glorioso santo nos dê sua santa glória, amém.

*

Deve-se advertir que, entre as vidas dos santos que o papa Pelágio considerou apócrifas, uma delas foi aquela de São Jorge, mas não é esta aqui escrita (como diz o douto Lippomano) porque em todo o Oriente onde viveu o santo se possui minucioso relato de seu martírio, em todas as Igrejas lia-se sua vida, na maneira que aqui está escrita, cujas afirmações procederam seja de Pasicrate, que escreveu a vida desse santo, como de outros escritores que se encontram presentes, os quais retornados, depois, à Capadócia e à Palestina, sua pátria, confirmam cada evento.

Foi a morte de São Jorge em torno do ano 290, no tempo do referido Diocleciano. A cidade onde Jorge padeceu não é mencionada pelos autores, mas Usuardo diz que se chamava Diospoli, que se situa na Pérsia.

Capadócia

Situa-se na parte interior da Ásia Menor, fazendo parte hoje da República da Turquia.

Desde o mundo helênico, a região é conhecida como Lídia (na parte do litoral, Frígia e Mísia no interior) e Capadócia, nas montanhas próximas à Armênia.

Turquia vem da raiz turca *Turk,* que significa *terra dos salteadores* ou *terra dos que atacam.*

O nome Turquia, segundo outros autores, derivaria do mongol *turkut,* com o significado de *forte.*

A Capadócia limita com a Armênia, o Antitauro e com Tauro de Cilícia; com Licaone, Galácia e o Ponto.

O Rio Kuzilirmak, antigo Halys, atravessa toda a região e desemboca no Mar Negro. Outros rios menores alimentam pequenos lagos, sendo o principal o Tusgol.

Na parte ao pé dos montes, encontramos bosques de carvalhos e pinheiros; vê-se muitos trechos de pastoreio e plantações, sendo cultivados cereais, tabaco e algodão.

Em direção ao oeste e ao sul, após as áreas agrícolas, surgem as estepes, que abrigam as tribos nômades de turcos e curdos que se dedicam à criação de cabras, cavalos e camelos, fabricando tapetes e exportando lã.

Na planície de Cesaréa, hoje Kayseri, prosperam trigo, algodão, videiras, frutas e papoulas, de onde, da resina, é extraído o ópio.

As montanhas são vulcânicas e cobertas de neve.

A Cilícia é o centro mais importante da Capadócia.

A região é muito antiga. Na Capadócia pré-grega, na parte central da Península anatólica, estabeleceram-se os hititas.

Arqueologicamente já era notada no terceiro milênio a.C. sob a influência dos assírios.

As notícias históricas nos revelam uma Capadócia que teve três períodos definidos: pré-grego, helênico e romano.

Fixou-se a Capadócia pré-grega na parte central da Península anatólica, muito antes dos hititas, segundo revelações encontradas nas cerâmicas na colina denominada Kul Tepe, próxima à antiga Cesareia. Não se confunda Cesareia com a cidade de igual nome situada em Israel.

As notícias escassas nos vêm por meio dos objetos encontrados nas escavações.

A região era habitada por uma população anatólica e dividida em pequenos estados, mais ou menos independentes, regidos por sistemas monárquicos.

O desenvolvimento dessa região deve ter ocorrido durante o terceiro milênio a.C., época de sua penetração comercial, cultural e política de parte dos assírios.

Os assírios localizaram-se nos lugares de mais fácil acesso, pois seu interesse era estabelecer o comércio entre Assur, sua capital, e a Ásia Menor.

A dúvida que existia quanto ao povo que desenvolveu a Capadócia, atribuído aos babilônios, ficou definitivamente esclarecida com o encontro das tábuas de cerâmica, onde, com caracteres cuneiformes, apresentavam o dialeto próprio da região, assimilado pelos assírios.

Os assírios governavam com absoluta independência, dominando toda a região, preservando sua raça sem se misturarem com a população indígena.

A população indígena obedecia às leis emanadas dos inúmeros reinados, leis que não atingiam os assírios.

A colônia assíria mais importante era Kanish, cujas ruínas ainda subsistem.

Outras colônias menores foram criadas em Zalpa, Wakshusuana e Shamukha.

Torna-se muito difícil estabelecer até que ponto a cultura indígena influenciou a assíria.

No entanto, toda a região foi influenciada pela cultura vinda da Mesopotâmia, portanto a população da Anatólia forçosamente abrangia origens as mais diversas e de muito difícil unificação.

A autoridade suprema das colônias era o Káruin, que governava com independência do poder do príncipe de Assur.

O calendário assírio-capadócio tinha a semana de cinco dias.

No que diz respeito à religião, a divindade principal era Assur, o mesmo nome da capital da Assíria, que possuía uma esposa, Istar.

Assur portava uma espada, emblema sobre o qual eram feitos os juramentos.

No Kárum era exercida toda a administração das colônias e sua sede era no Bit Kárim, o palácio municipal que abrigava o complexo comercial e em especial do cobre.

A sociedade comercial denominava-se de Ellatum e tinha uma chefia chamada *Nosso Pai.*

O comércio mais importante era o do cobre, do chumbo, de tecidos, peles, cerâmicas, óleo e objetos de adorno.

Os pagamentos eram feitos com prata e ouro e havia, embora de forma rústica, um serviço postal; o crédito já era conhecido.

Ignora-se como essas colônias desapareceram, pois não existem notícias precisas. O hiato que se nota vem interrompido no ano 1800 a.C. com a presença dos hititas que se instalaram na Capadócia, onde estabeleceram seu vasto Império.

A monarquia hitita desaparece ao redor do ano 1200 a.C. com a invasão dos povos provenientes do norte.

No século VI a.C. vamos encontrar a Capadócia incorporada ao reino da Lídia, que caiu sob o poder dos persas.

O grande rei no século IV a.C. foi Abrocomas, seguindo-se Ariarate. Nessa época, a Capadócia foi dividida em duas: Capadócia do Tauro e Capadócia Pôntica.

O Reino Helênico

Como referimos, reinou em Capadócia Ariarate I, que paticipou da expedição de Artaxerses III ao Egito e que, durante a expedição de Alexandre Magno na Ásia, parece ter participado de uma guerra a serviço de Dario.

Surgem notícias de que nessa época a língua mais difundida passara a ser o aramaico.

Ariarate reinou longo tempo, conservando a Capadócia em seu poder, até que, já com 82 anos de idade, foi vencido por Perdica que o crucificou junto com todos os seus parentes.

A Capadócia foi governada, após Ariarate, por Eumene, que morreu no ano 316 a.C, a mando de Perdica; depois, por Nicanor, morto em 312 a.C.; a seguir, por Amintas, morto em 301 a.C., logo por Antígono.

Algumas dinastias indígenas ressurgiram, e assim Mitridate apoderou-se da Fortaleza de Kimiata, fundando a Capadócia do Ponto.

Ariarate II apoderou-se da Capadócia Táurica.

Morto Antígono, a Capadócia passou sob o poder de Lisimaco, que por sua vez foi substituído por Seleuco I.

O verdadeiro proclamador da independência da Capadócia foi Ariaramne ou Ariamne, filho de Ariarate II, que obteve o reconhecimento da independência de parte de Antioco II da Síria, no ano 256 a.C.

Ariaramne associou-se com o filho de Ariarate, que casou com Stratônica, filha de Antioco, estabelecendo fortes vínculos de parentesco.

Ariaramne fez imprimir sua efígie nas moedas, substituiu a língua aramaica pela grega, obedecendo à influência da civilização Helênica.

Com a morte de Ariaramne, substituiu-o seu filho, que já lhe era associado com o nome de Ariarate III; foi o primeiro da dinastia que usou o nome de rei.

Morreu no ano 220 a.C., deixando seu reino a seu filho, ainda menor, Ariarate IV, que se revelou o soberano de maior eficiência da dinastia. Casou com Antióquides, filha de Antioco III, o Grande.

Seguindo uma tradição, já na época antiga, o casamento trouxera para a Capadócia grande progresso, e com essa aliança pôde combater os romanos.

Após um período de derrotas e vitórias, foi realizada a pacificação com os romanos, que passaram a aliados.

Houve um período de tranquilidade, e assim foram preservados contra a ameaça dos bárbaros orientais.

As lutas prosseguiram, seja porque a Capadócia evoluía, passando a ser cobiçada, seja pela necessidade de expansão.

Os reinados ao redor de Capadócia lutavam entre si, cada um deles buscava a aliança de Ariarate IV sem êxito.

No entanto, Farnace, rei do Ponto, dava início a guerras de conquistas, invadindo os reinados próximos, o que obrigou a Capadócia a se definir e aliar-se a Eumene de Pérgamo, seu genro, invadindo o Ponto e obrigando Farnace a devolver os reinos conquistados e pagar alto preço em talentos de ouro.

No ano 172 a.C. Ariarate mandou a Roma um filho para ser educado. Nesse período, os romanos, diante da política confusa existente, passaram a desconfiar da fidelidade de Ariarate, o que causou certa insegurança; porém, esse fato – que poderia significar um rompimento – foi superado, havendo a reconciliação.

Na época, a Capadócia estava dividida em dez províncias, a saber: Melitene, Cataônia, Cilícia, Tiamitide, Gausauritide, Laviansene, Sargaransene, Saravene, Chamanene e Morimene.

Ariarate IV foi o primeiro soberano da Capadócia que usou um sobrenome. Em suas moedas é denominado de Pio, que traduz uma *piedade* religiosa e um sentimento altruísta. Esse sobrenome passou para os demais reis sucessores, tanto na Capadócia como na Síria e em Pérgamo.

Sucedeu a Ariarate IV um de seus filhos, Ariarate V, que embora não fosse primogênito era o mais indicado a prosseguir o excelente reinado paterno. Isso ocorreu no ano 163 a.C. Tratava-se daquele filho educado em Roma, garantindo assim a continuidade da aliança com os poderosos romanos.

Ariarate V refugou a oferta dos sírios para casar com a irmã do rei Demétrio I, o que lhe valeu imediata inimizade.

O primogênito, filho de Ariarate IV, de nome Oroferne, que havia sido prejudicado na sucessão, homem culto e educado na Grécia, aliou-se a Demétrio I e tomou o reinado de Capadócia.

O comportamento de Oroferne ao apossar-se dos bens dos nobres de seu reino e o de lançar mão das riquezas do Templo de Zeus causaram grande mal-estar entre seus súditos.

Seu irmão, Ariarate V, aliando-se a Atalo II, rei de Antioquia, derrubou-o do trono, retomando o poder, tendo dos romanos o reconhecido como único rei da Capadócia.

Seu reinado imitou a grandeza do pai, com a helenização do país. Fundou a cidade de Ariaratéa, que se transformou em uma das maiores metrópoles da região.

No ano 130 a.C. Ariarate V encontrou a morte na guerra contra Aristônico.

Os romanos, em consideração à fidelidade do rei morto, auxiliaram seus filhos e, após alguns incidentes, estabeleceu-se como rei Ariarate VI, que casando com Laodice, irmã de Mitridate VI, rei do Ponto, com ele se aliou, tendo um reinado inexpressivo.

Morto o rei, assassinado por um nobre da Capadócia, sucedeu-lhe o primogênito Ariarate VII, que, por ser ainda menor, reinou sob a regência de sua mãe Laodice.

Seu reinado foi muito difícil e cheio de lutas, envolvendo Mitridate VI, que culminou em mandar matar o rei, usurpando o trono da Capadócia e impondo como soberano um neto seu de 8 anos de idade.

Prosseguindo as lutas, mercê o esforço de Górdio, o mesmo nobre que assassinara Ariarate VI, foi recolocado no trono o segundo filho de Ariarate VI com o nome de Ariarate VIII. Pouco durou esse restabelecimento, pois o rei morreu no ano 96 a.C. no exílio, forçado por Mitridate. Com isso, a descendência masculina dos Ariarates findou.

Assim, nos anos 256 a 96 a.C. houve sete reis de Capadócia, reinado que durou 160 anos, segundo o historiador Diodoro Sincello.

Entrementes, Laodice buscou junto aos romanos apoio, apresentando uma criança que seria filho de Ariarate VI, filiação que foi contestada por Mitridate.

O Senado Romano ordenou a Mitridate que abandonasse a Capadócia e decretou a República; contudo, os nobres da Capadócia pediram permissão de nomear um rei, pedido que foi aceito, e levado ao trono um nobre de origem persa de nome Oriobarzane I.

Essa nova dinastia reinou por três gerações, do ano 95 ao ano 36 a.C. O período da nova dinastia se destacou pelas graves agitações que suportou.

Mitridate não se resignou em perder a Capadócia e, aliando-se a Tigrane, rei da Armênia, invadiu o reino, pondo em fuga Ariobarzane, que se homiziou em Roma. Porém, os romanos reagiram e colocaram no poder Górdio, na condição de regente, isso no ano 93 a.C.

Os romanos entregaram o poder a Cornéio Silla, que desfez o exército de Górdio.

Entramos assim em um período de guerras mitridáticas.

Regressado Silla a Roma, Mitridate e Tigrane, ainda aliados, reconquistaram a Capadócia por meio dos generais Bagoas e Mitraas, que expulsaram a Ariobarzane, restaurando no trono Ariarate IX.

O soberano expulso obtivera novamente a intervenção de Roma, que enviou Aquílio junto com o exército do procônsul Lúcio Cassio, para recolocar Ariobarzane no poder.

Porém, pouco durou essa restauração; Mitridate, em renhida luta, expulsou novamente Ariobarzane, já que se afastara o Exército Romano; com essa reconquista, Mitridate apossou-se de grande parte da Ásia Menor.

No entanto, a situação não se definiu; eis que os romanos voltaram e venceram, novamente, Mitridate.

O Exército Romano era invencível, porém após suas intervenções devia retirar-se para reconcentrar-se em Roma a fim de atender outras necessidades; ausente o Exército Romano, a presa se tornava fácil.

Do ano 77 até 67 a.C. houve sucessivas lutas, até que o general Pompeu chamou Ariobarzane, vencido que foi Mitridate na batalha de Nicópoli.

O reino da Capadócia teve, então, momentos de engrandecimentos.

No ano 47 a.C., após muitas lutas intestinas, César passou pela Ásia Menor para combater Farnace, restabelecendo a harmonia entre os irmãos Ariobarzane e Ariarate.

Ariobarzane III assinalou no reverso de suas moedas sua presença, prática que prosseguiu por seus sucessores Ariarate e Arquelau.

Em 41 a.C. foi posto no trono Ariarate X, que reinou durante seis anos, quando foi assassinado, extinguindo-se com ele a dinastia de Ariobarzane, no ano 36 a.C.

O romano Antônio colocou no trono Arquelau, filho do famoso general homônimo.

No ano 20 a.C., reinando Tibério em Roma, Arquelau, velho e mentalmente enfermo, foi destituído do reino de Capadócia; com sua morte ocasionada pela malária, a Capadócia passou definitivamente à província Romana.

A Capadócia Romana

Apesar das alternadas dominações romanas, essas foram sempre para apoiar ora um, ora outro rei ou dominador.

Roma, sob o império de Tibério, conquistou toda a Capadócia, encarregando Germânico de supervisionar a nova província.

A Capadócia teve organização diversa do costume romano, eis que permaneceu dividida em dez distritos, governados por dez governadores locais.

A chefia geral foi dada a um procurador imperial romano com a finalidade puramente administrativa, pois Roma não dispunha de um Exército específico para permanecer naquela província.

Em caso de necessidade, a Capadócia deveria servir-se do Exército Romano estacionado na Síria.

Essa situação perdurou até o ano 70 da era cristã, quando Roma sediou a XII Fulminata, exército composto de uma Legião. Posteriormente foi acrescida de uma outra, a XV Apollinaris; com essa força militar expressiva, a Capadócia foi juntada à Galácia.

Posteriormente, Trajano separou as duas províncias.

No período do comando Romano a Armênia passou a fazer parte da Capadócia; outras províncias menores do Ponto foram reunidas à Capadócia, como a Licaônia.

A Capadócia, portanto, tinha a Galácia ao poente; o Tauro, ao meio-dia, e que a dividia da Cilícia e da Síria; o Rio Eufrates ao nascente e o Ponto e o mar ao setentrião.

Os romanos não desejaram dominar lugares difíceis, deixando o governo aos povos indígenas, aos quais davam apoio e socorriam em caso de necessidade.

A província passou a ser considerada como base estratégica militar, que, além das duas legiões romanas, abrigava corpos auxiliares e tropas indígenas irregulares.

Chegamos ao ano 137 da era cristã.

Mazaca era a capital, rebatizada por Augusto com o nome de Cesareia.

O território era ocupado em sua maior parte, em seus vilarejos, por colonos e pastores, que cultivavam a terra por conta de poderosos proprietários.

Posteriormente, a província, por ordem de Diocleciano, foi fracionada em sete províncias menores.

Essa era a Capadócia onde São Jorge nascera e se fizera homem.

O Líbano

O Líbano, hoje república, situa-se na Ásia Ocidental, região do Oriente Médio, pertencendo ao mundo árabe.

Compõe-se de duas regiões: a litorânea, com uma estreita faixa de 190 quilômetros de comprimento e 56 quilômetros de largura, banhada pelo Mediterrâneo, e a região da Cordilheira do Líbano.

Essa região montanhosa abrange quase a totalidade do país; na fronteira com a Síria vê-se a Cadeia do Antilíbano; na parte oeste está o Mar Vermelho.

As montanhas cobrem-se de neve, destacando-se o Monte Hermon, na fronteira síria, onde surge o Lago Qaraoun alimentado pelas águas do Rio El Litani.

As principais cidades são: Trípoli, Beirute, Saida (Sidon), Sour (Tiro) e Jbeil (Biblos).

Entre o litoral e as montanhas, surgem planícies aluviais com solo fértil.

O Líbano possui uma área florestal apreciável contendo os célebres cedros do Líbano, hoje sob proteção do governo; videiras, oliveiras, figueiras e palmeiras, entre as quais a *phoinix,* de onde derivou o nome de Fenícia dado à região.

No Mediterrâneo surge a baía de SÃO JORGE, que é o padroeiro da cidade.

Beirute *é* denominada de *Mãe das Cidades* ou *Morada da Alegria.*

Seu porto considera-se a porta mediterrânea para o Oriente Próximo e o mundo árabe.

Beirute foi fundada pelos fenícios; o Líbano abrangia Israel e a Jordânia.

Os semitas povoaram Beirute em torno do ano 3000 a.C. A população foi formada por vários povos: fenícios, gregos, romanos, maometanos *e* francos.

Os fenícios fundaram empórios, feitorias e colônias, empreendendo sua frota de navios, viagens ao redor do mundo então conhecido, ou seja, do continente europeu, asiático e africano.

Na parte industrial, os libaneses desenvolveram o processo da fabricação do vidro e dos corantes extraídos de uma concha denominada de *murex,* tingindo de púrpura os tecidos que eram considerados artigos de grande luxo.

Foram fundadas inúmeras colônias, como Gades (Cadiz), na Península Ibérica; Utique e Cartago, na Tunísia; Panorme (Palermo), na Itália; Patos em Chipre e muitas outras.

Inventaram o alfabeto composto de 22 letras.

Venceram, sofreram e participaram de múltiplas lutas; não puderam resistir à conquista de Alexandre, o Grande, em 334 a.C.

Os gregos foram substituídos pelos romanos, que estabeleceram no território a província da Síria.

Os turcos em 1516 estabeleceram o Império Turco; os egípcios, por sua vez, ocuparam aquela importante e cobiçada província em 1832, sendo expulsos em 1840 pelos britânicos.

Em 1864, foi fundada a província do Monte Líbano, sob governo cristão, passando a ser um país autônomo, mas que conseguiu sua independência apenas no ano de 1931, separando-se da França, e em 1945 foi proclamada, finalmente, a República.

Líbano provém da palavra fenícia *Djebel Lubnan,* que significa *Monte Branco.*

Sem maior importância na época dos fenícios, Beirute não tinha expressão maior, até que se iniciaram as lutas pela sua conquista.

A cidade foi destruída no ano 138 a.C. e, posteriormente, foi reedificada pelos romanos no ano 15 a.C., passando a ser denominada *colônia Julia Augusta Felix Berytus,* e mais tarde de *Antoniana.*

Teve grande desenvolvimento por meio de Herodes, o Grande, Herodes Agrippa I e Herodes Agrippa II, que a adornaram com suntuosos edifícios, teatros, termas e aquedutos.

No ano 529 foi destruída por um terremoto.

Na época romana, o Líbano fazia parte de Jerusalém e, portanto, era facilmente atingível pelos discípulos e apóstolos, como se depreende do que narra o Livro dos Atos.

Lemos na Primeira Epístola de Pedro, capítulo I, versículos 1 e 2:

"Pedro, apóstolo de Jesus Cristo, aos estrangeiros dispersados no Ponto, Galácia, Capadócia, Ásia e Bitínia. Eleitos, segundo a preciência de Deus Pai, em santificação do Espírito para a obediência e a aspersão do sangue de Jesus Cristo: graça e paz vos seja multiplicada".

Indubitavelmente, a propagação do Cristianismo partindo de Jerusalém atingiu, em primeiro lugar, as partes limítrofes, seguindo depois para o centro da Europa, fixando-se em Roma, abrangendo não só a Ásia, como toda a costa mediterrânea da África.

O Líbano na atualidade limita com o Mediterrâneo, Síria, Jordânia e Israel, e possui uma superfície de 10.170 quilômetros quadrados.

Sua capital, desde 1920, é Beirute e a religião tem garantida a liberdade de culto, predominando os maronitas, do rito católico, os gregos ortodoxos e os protestantes e muçulmanos que se subdividem em sunitas, drusos e chutas.

A língua predominante é o árabe, seguindo-se o francês.

Já foi considerado, o Líbano, como tendo sido o Jardim do Éden, pelas belezas naturais, mas hoje, como todo mundo lamentavelmente sabe, o Líbano está sendo desfruído pelas guerras, mormente a civil, que bombardeia Beirute e tem dentro de seu território forças militares estranhas, inclusive acampamentos dos palestinos que constantemente enfrentam embates com os israelenses.

É de se lembrar que a luta entre São Jorge e o dragão ocorreu justamente nos arredores de Beirute e é de se perguntar se outro dragão, igualmente pernicioso, não se localizou naquelas lindas terras para atormentar um povo tão pacato e amante da paz.

O culto a São Jorge é mantido em todo o Líbano, e inúmeras Igrejas lhe são dedicadas.

A influência do elemento territorial na formação da personalidade de Jorge, compreendendo a Capadócia, a Lida, a Palestina e o Líbano, é inquestionável, merecendo sim uma análise apropriada para conhecer-se qual a região que mais influenciou a bravura e o sacrifício do santo.

Beirute foi um estágio importante, porque ali Jorge conscientizou-se de que havia um *opositor* a ser combatido, e que a ele, tão somente a ele, como acontecera ao deus Hércules, cabia cumprir os desígnios misteriosos de seu destino.

A lenda não se detém em referir maiores detalhes a respeito de Beirute, a não ser informar a existência de uma cidadela, com palácio real, corte e súditos, demonstrando que se tratava de um povo que se dedicava às lides agrícolas e pastoris.

Jorge não aceitou, diz a lenda, os favores que o rei desejava retribuir-lhe, nem mesmo receber a donzela que salvara como esposa.

Torna-se difícil fundir as duas lendas, a apresentada pelo Oriente Médio e a apresentada pela Inglaterra.

Como está descrita no apêndice do presente ensaio, nota-se que poderia ser aceitável, mas a lenda inglesa abstrai os tormentos e o sacrifício imposto na defesa do Cristianismo, enquanto a versão inglesa dá Jorge morto, pelos ferimentos recebidos na luta contra o dragão.

Um estudo comparativo entre as duas lendas não nos esclarece a ponto de formarmos uma só lenda.

Para os devotos e para os escritores (seus biógrafos), preferível é manterem-se presos à lenda tradicional que envolve Diocleciano, martírios, traumaturgia e decapitação.

Estradas e Caminhos na Palestina, nos Primeiros Séculos

PALESTINA: No passado, em sentido geográfico, a Palestina era um lugar estratégico.

Egípcios, assírios, caldeus, medo-persas e gregos beneficiaram-se com as vantagens proporcionadas por essa estratégia, porém os romanos, muito mais ativos, locupletaram-se à vontade. Pelo território da Palestina passavam as grandes estradas, que levavam a toda parte do mundo, certamente da época, e possuindo, os romanos, a Palestina, tinham nas mãos a *chave* do Oriente Médio.

Quando Alexandre, o Grande, conquistou e helenizou o mundo, a Palestina sentiu a influência desse poder.

A luta dos macabeus visava mais à cultura grega do que com o cruel Ptolomeu Epifanes.

Roma acabou dominando o Oriente Médio, e a Palestina foi entregue ao poder dos romanos, no ano 63 a.C.

De Pompeu a Herodes, o Grande, a Palestina foi governada pelo procônsul romano que residia na Síria.

Seus limites abrangiam: Idumeia, Samaria, Galileia e Decápolis; algumas cidades gozavam de certa liberdade, que lhes fora outorgada, ainda, pelos gregos.

Em cada uma das quatro regiões existia um governador indicado pelos romanos. Não havia união na pátria dos hebreus; cada uma das regiões agia independentemente da outra e isso prejudicava a todas.

Quando Herodes, o Grande, foi indicado pelo imperador Augusto, rei da Palestina, decidiu de imediato unir o país. Seu poder e prestígio o conseguiram. A Palestina, que não passava de um aglomerado de cidades, tornou-se uma confederação respeitada.

Seus limites sob Herodes iam: ao norte, de Dã até o rio do Egito ao sul; a leste, toda a Transjordânia, incluindo Pereia, Itureia, Traconites, Auranites e Betânia e, ao oeste, o Mar Mediterrâneo.

As pequenas e grandes cidades da Palestina todas ficaram debaixo da mão forte de Herodes.

Foram estabelecidos centros fortificados em cidades como: Hebrom, Eleuterópolis, Heródium, Massadá, Jerusalém, Gezer, Gofna, Samaria, Megido, Giscaia, Jericó, Fasaelis, Alexandrium, Arquelais, Citópolis, Tiberíades, Cafarnaum, Corazim e Maquerus.

Esses lugares, ou eram fortificados com altos muros, ou com contingentes militares.

Herodes, o Grande, foi reconhecido como um dos maiores administradores de Israel desde os tempos de Salomão.

Sucederam Herodes, o Grande: Herodes Arquelau, Herodes Antipas, Herodes Filipe, Herodes Agripa I, Herodes Agripa II. Jesus nasceu no apogeu do reinado de César Augusto e iniciou seu ministério na segunda década do governo de Tibério César. Nasceu no ocaso do grande reinado de Herodes, cujo domínio, por meio de seus descendentes, estendeu-se até a destruição de Jerusalém, no ano 70.

*

MONTES LÍBANOS: Em hebraico o nome é Ha-lebanon, procedendo da raiz LBN que significa *ser branco;* em árabe *é* Gebel-el-lignan, que quer dizer *branco,* por causa da neve que cobre seus picos durante todo o ano. Os assírios o chamavam de Labian ou Labnanu; os hiteus, de Niblani; os egípcios, de RBRN; e os cananeus, de LBNN. Essas duas últimas palavras, por não conterem vogais, são de difícil pronúncia.

Diz-se erradamente *Monte Líbano,* quando o certo é referi-lo no plural, pois se trata de uma cordilheira que corre de noroeste para nordeste, paralelamente ao Mediterrâneo em uma extensão de 170 quilômetros.

Limita ao sul com o Nahr-el-Qasimyah, ou El-Litani, que é o Rio Leontes; ao norte, com o Nahr-el Kebi, o antigo Rio Eleutoros. Os montes começam na altura de Beirute e vão até Trípoli. Os árabes conferem aos Líbanos uma importância tão grande ao afirmarem que: "Os Líbanos têm na cabeça o inverno, em seus lombos a primavera, em seu seio o outono e o verão repousam na orla do mar a seus pés".

A altura média da cordilheira está entre mil e 3 mil metros sobre o mar.

Destacam-se três picos principais: Gebel Makrnal, com 3.126 metros; o Dahr El-Dubas, com 3.066 metros; e o Dahr El-Kutib, com 3.063 metros.

Os flancos ocidentais dos Líbanos chegam até o Mediterrâneo, deixando uma estreita faixa costeira, planície onde os cananeus plantaram suas importantes cidades.

Na época antiga, compreendendo os três primeiros séculos cristãos, densas florestas de cedros e ciprestes cobriam as encostas da grande serra dos Montes Líbanos.

As precipitações pluviais que têm início no mês de novembro e se estendem até o mês de março originam numerosas fontes e muitos riachos que se precipitam tanto para leste como para oeste, fertilizando as terras.

A mão do homem formou em muitas partes do Líbano jardins maravilhosos, e no passado os bosques existentes eram em grande número.

Desses, ainda existem em nossos dias dois, sendo o principal o Bsharreh, situado a sudeste de Trípoli.

As ricas terras do Líbano produzem com abundância, afora os legumes e verduras, muitas amoras, figos, maçãs, damascos, nozes e trigo.

Os cedros do Líbano foram grandemente usados, especialmente para a construção de barcos e para as edificações.

O cedro é apresentado como símbolo de majestade e força e de orgulho terreno.

A madeira do Líbano, tanto os cedros como os ciprestes, foi usada em grandes e suntuosas construções do passado, tanto no Oriente Médio como no Egito, Mesopotâmia, Síria e Palestina.

A transação mais célebre foi feita entre Hirão, da Fenícia, e Salomão, de Israel, de madeira para a construção da Casa do Senhor em Jerusalém.

Os fenícios, entre as múltiplas mercadorias de seu fabuloso comércio, negociavam madeira do Líbano.

Toda a riqueza dos cedros do Líbano foi consumida; hoje subsistem apenas algumas centenas de cedros centenários, dos quais 12 são gigantescos e são denominados de *Os Doze Apóstolos de Jesus.*

*

O Líbano era ocupado por três povos: os drusos, os maronitas e os metuales.

Os drusos descendem do povo de Cuta e se fixaram no Líbano depois da ocupação de Israel pelos assírios.

São extremamente belicosos ainda hoje. Perseguiam os vizinhos e por pouco não exterminaram os maronitas.

Os maronitas são rivais dos drusos; seus costumes são modestos e dedicam-se à agricultura, à criação de ovelhas, e cultivam o bicho-da-seda. Desse povo maronita provinha São Jorge. Os metuales são os mais numerosos, irrequietos e belicosos; pertencem à seita denominada de chiita, semelhantes aos maometanos; são inimigos dos cristãos. Porém, para defender sua pátria, os três povos conseguem unir-se.

*

ESTRADAS E CAMINHOS DA PALESTINA: Se hoje as estradas significam um meio necessário e mesmo vital para o trânsito, na Antiguidade assumiam importância muito maior, porque se destinavam aos pedestres e à cavalaria; os carros, meio de transporte incômodo e lento, não tinham significado maior.

Na Palestina existiam dois tipos de estradas: DRAH ou NATIB, que era um caminho mais largo e mais regular, próprio para o trânsito de tropas, tanto para a guerra como para o comércio. O segundo caminho denominava-se DEREK, e era o trajeto *trilhado* pelos pés dos homens e dos animais, em especial pelos camelos.

Por pequeno que fosse o povoado, possuía seu *trilho* que levava à estrada maior.

Os romanos, com finalidades militares, construíram muitas estradas, as melhores existentes e algumas até *macadamizadas;* destas ainda restam trechos.

A VIA MARIS, designada em hebraico de Derek Ha-Yam, saía de Damasco e dirigia-se a Tolemaida, no Mediterrâneo. Entrava em Israel pela ponte Benat Ya-Qub, ao sul do Lago de Hula, passando próximo a Cafernaum, cruzando a Planície de Genesaré, subindo o Wadi-el-Haman, seguindo ao sul até o Tabor, atravessando todo o Esdraelon, tocando

Megido, chegando a Tolemaida, o grande porto, de onde as naves partiam para Roma.

Mais tarde os romanos aprontaram um porto em Cesareia, que era a capital política do Império no Oriente Médio.

Uma parte dessa famosa Via Maris era pavimentada e os romanos cobravam pedágio.

A ESTRADA DO CENTRO: As estradas do centro eram duas: saindo uma de Jerusalém dirigindo-se para o sul, passando por Belém, chegava em Hebrom, onde se bifurcava, um ramal descia para Gaza e alcançava a Estrada da Costa. A outra estrada do centro saía de Jerusalém dirigindo-se para o norte, passando por Betel, Siquem, Citópolis e Cafarnaum, até se encontrar com a Via Maris.

Em Bete-Seã, cruzando o Rio Jordão, unia-se à Estrada do Leste. De Siquem saía um ramal para Cesareia, passando por El-Ganim.

ESTRADA DA COSTA: Saía do Egito, seguindo por uma região deserta e percorrendo cerca de 120 quilômetros atingia o Mediterrâneo, na altura de Gaza; continuava pela costa até Ascalon, Jamia, Jope, Cesareia, Tolemaida e Tiro e terminava em Sidom.

Essa estrada era usada sobremodo pelos militares. Por ela passavam os exércitos egípcios, sírios, babilônicos, assírios, romanos, sarracenos e por último os franceses.

Ao chegar em Jope, um ramal deixava a estrada real e seguia para Jerusalém, passando por Lida, onde se bifurcava: um caminho dava para Jerusalém, na porta de Damasco, passando por Bete Horom e Gabaom, e outro chegava até a Porta de Jafá, em Jerusalém, passando por Emaús.

Esses caminhos todos foram palmilhados pelos primeiros cristãos, inclusive por Jesus e São Paulo.

ESTRADA DO LESTE: Saía de Jerusalém cruzando o Vale de Cedrom, subindo ao Monte das Oliveiras e chegava a Betânia. Descia para Jericó, atravessando o Rio Jordão para subir os montes de Galaade, passando por Filadélfia e continuava até Damasco.

Em Filadélfia, um ramal seguia para Gerasa, Pela, Betábara e no sul, do Lago Tiberíades, atravessando o Rio Jordão, novamente penetrando na região da Galileia.

OUTROS CAMINHOS DE MENOR IMPORTÂNCIA: Esses caminhos eram de curto trajeto, mas intensamente percorridos, a saber:

O que saía de Anatote e passava por Hismã, Cabaa, Micmás, Ramum e terminava em El-Tayibah.

O de Nazaré a Cafarnaum, passando por Caná e Ganesaré.

O de Jericó a Jerusalém, através do Wadi el-Qelt, bifurcando-se após 20 quilômetros, seguindo um ramal para Jerusalém e o outro para Betânia.

O de Jericó a Gabaom, também pelo Wadi el-Fawwar, Gabaa e El-Rarn.

O de Jericó até Betel e Aí, por meio de Qarantal e os Wadis el--Teisum, el-Qalt e por Aburatmah dirigindo-se para Micmás.

O de Tiro a Cesareia de Filipe.

O do Sinai até o Mar Vermelho para Edom e Moabe.

Lida - Dióspoli

Lida é uma cidade da Palestina onde São Jorge residia após deixar a Capadócia, pois sua mãe era natural daquela próspera cidade onde mantinha substanciosos bens.

Antiga cidade, situa-se a 50 metros acima do mar, dentro de um bosque formado de oliveiras, figueiras e sicômoros, distanciando 18 quilômetros ao sudoeste de Jafa.

Era a capital de um pequeno estado fundado pelos hyksos, lembrada nos escritos faraônicos do Médio Império com o nome de Rutn.

A região passou por vários povos, fixando-se por fim os judeus.

Politicamente estava submissa à Samaria e, no ano 150 a.C., Demétrio Nicator, rei da Síria, subtraiu-a aos samaritanos e a entregou a Judas Macabeu. Mais tarde resultou como primado das 11 *toparquias*[4] em que era dividida a Judeia.

Desde o início do Cristianismo, em Lida havia uma comunidade cristã, tendo São Pedro a visitado e nela operado milagres, como a cura do paralítico Eneias (Atos dos apóstolos, 4: 32-35).

Ao tempo da guerra judaica provocada pelos romanos, Céstio Galho a incendiou e matou seus habitantes, porém Lida, depois da destruição de Jerusalém, voltou a ser habitada pelos judeus que fundaram uma escola que resultou célebre na literatura rabínica.

Com Settimio Severo, a cidade assume o nome de Dióspoli que, contudo, não conseguiu eclipsar o nome de Lida, vivo até hoje, com o nome árabe de "Ludd".

Na época constantiniana, Dióspoli foi sede episcopal; no ano 415 foi convocado um sínodo que condenou a heresia de Pelágio.

4. Toparquia – principado independente.

Segundo a tradição local, São Jorge era originário de Lida.

Sobre seus restos mortais, trazidos da Nicomédia, foi edificada uma igreja referida nos documentos do século V.

O fulgor e poderio de Lida foi sendo superado pela cidade vizinha de "Ar-Ramlah", criada no século VIII por Suleiman Ibn'Abd al-Malik.

Com a aproximação dos cruzados, os sarracenos puseram fogo na Igreja de São Jorge, que mais tarde foi reconstruída em estilo românico, deslocada um pouco ao norte do primitivo Templo.

Saladino, no ano 1191, durante as lutas que manteve com Ricardo Coração de Leão, tornou a destruir a igreja de São Jorge.

A cidade de Lida foi saqueada pelos mongóis no ano 1221, passando a um plano muito secundário.

Recentemente, graças ao tráfico ferroviário, recomeçou um período de prosperidade.

Uma majestosa mesquita com seu clássico minarete ocupa hoje o lugar onde se encontrava a igreja de São Jorge.

Os restos da primeira igreja do tempo dos cruzados, no ano 1873, foram adquiridos pelos gregos ortodoxos que reedificaram a igreja sobre uma cripta que contém o túmulo de São Jorge.

Pela presença do túmulo com os restos mortais do santo, menos sua cabeça, é bem provável que Lida tenha sido realmente o berço de nascimento do santo e que a Capadócia tenha sido o lugar onde ele passou a infância, saindo de lá já com mais de 20 anos de idade, estabelecendo-se na Palestina, na antiga Dióspoli, para reger os bens da família, mormente após a morte de sua mãe.

A fortuna que a família possuía, tanto por ser da nobreza daquela região como pelo desempenho agrícola-pastoril de seu chefe, pertenceria à família do lado materno.

Desconhecem-se os nomes dos pais de São Jorge e mesmo seu nome; ignora-se se Jorge era o nome ou prenome. O fato de ser conhecido por Jorge da Capadócia não significa que a Capadócia fosse seu nome, mas apenas a origem de sua procedência.

Na época era comum usar-se apenas um nome; exemplo temos no nome dos imperadores romanos, que eram registrados com nomes pomposos, mas que usavam um só nome, como Nero, Diocleciano, Constantino, etc.

*

Lemos no livro dos Atos dos Apóstolos:

"Passando Pedro por toda parte, desceu, também, aos santos que habitavam em Lida.
Encontrou ali certo homem chamado Eneias, que havia oito anos jazia de cama, pois era paralítico.
Disse-lhe Pedro: Eneias, Jesus Cristo te cura. Levanta-te e arruma teu leito. Ele imediatamente levantou-se.
Viram-no todos os habitantes de Lida e Sarona, os quais se converteram ao Senhor".

Pedro não se limitou a realizar milagres em Lida, mas na cidade vizinha de Jope deu vida a Talita,[5] que era uma discípula, pessoa muito caridosa, cuja morte consternou a comunidade cristã.

A presença de Pedro, embora decorrido meio século da morte de Jesus, teve influência para transformar aquelas cidades em centros de grande religiosidade e fé.

Embora decorridos mais de dois séculos, Lida, Jope e as cidades circunvizinhas mantiveram pleno conhecimento da mensagem evangélica e apostólica, caracterizando a educação cristã que, certamente, os jovens pertencentes às famílias dos "justos" recebiam.

Pode parecer estranho que Jorge referisse até passagens bíblicas, e, obviamente, esses trechos ficam por conta dos historiadores e daqueles que entenderam enriquecer os fatos; contudo, se não havia facilidade na divulgação dos pergaminhos, havia a transmissão oral.

Muito mais tarde, Maomé exigia que os muçulmanos conhecessem de memória o Alcorão.

Fácil, portanto, para aquelas mentes virgens, jamais utilizadas para memorizar mensagens filosóficas, reterem a "nova do Evangelho", com o inusitado interesse que despertava.

5. Talita ou Dorcas.

O Imperador Diocleciano

Caio Aurélio Valério Diocleciano, escolhido pelo todo-poderoso Senado Romano no ano 284, governou o Império Romano durante 21 anos.

Quando foi empossado tinha 41 anos de idade e era filho de um ex-escravo dármata; nasceu na Dalmácia.

Cedo, militava no Exército Romano; destacado para a Gália, revelou-se valoroso embuído de um espírito de liderança.

Brilhou sob o comando do imperador Aureliano, o Probo, como comandante da guarda imperial.

Seu primeiro ato foi vingar a morte do imperador Numeriano, e pessoalmente matou Apro, um dos assassinos.

Roma passava por um período difícil, porém Diocleciano, com sua habilidade, energia e talento, superou tudo e todos, e fortaleceu as fronteiras do Império.

Augusto criou o Império; Aureliano o salvou; Diocleciano reorganizou-o.

Roma apresentava um Senado vacilante e na condição de capital do Império estava desprestigiada.

O novo imperador transferiu sua residência para Nicomédia, na Ásia Menor, nas proximidades de Bizâncio.

Socialmente Roma era sede, mas o poder estava junto a Diocleciano. Para reforçar a Europa, foi nomeado como general um homem de grande valor, Maximiano, com a finalidade de afastar o perigo de uma possível guerra.

O novo general, e isso já transcorridos dois anos do comando de Diocleciano, fixou sua sede em Milão com o título de imperador, pois Diocleciano dividiu com ele o poder.

O Império possuía, portanto, dois imperadores, único meio de pacificar o Império após oito anos de lutas e experiências; o governo de Diocleciano vencera apenas uma terça parte do que seria seu comando.

Cada um dos imperadores nomeou césares como ajudantes e sucessores, com a finalidade de manter segura a continuidade da organização. Diocleciano escolheu Galério, que se estabeleceu em Samium (Mitróvica no Save), encarregando-se das províncias do Danúbio.

Maximiano espelhou-se em Constâncio Cloro (o Pálido) e escolheu como capital Trèves.

Cada "Augustus" (imperador) assumiu o compromisso de, decorridos 20 anos, entregar ao seu César o governo, e, por sua vez, esses Césares nomeariam outros Césares para sucedê-los.

Cada "Augustus" dava em casamento uma filha sua ao seu respectivo César, consolidando, assim, cada vez mais, os laços que os uniam e formando um sólido contingente de líderes e governantes.

Fora a maneira como Diocleciano imaginara e estabelecera para evitar as guerras intestinas e de sucessão, mantendo a continuidade do Império.

O exemplo vívido com os últimos imperadores, todos assassinados, foi o inspirador daquela sábia decisão. Criava-se uma *linha de sucessão* quase sanguínea.

A unidade mantinha nos quatro principais pontos estratégicos a segurança interna e externa.

Essa disposição retirou do Senado o poder. Os quatro comandantes do Império formavam uma monarquia absolutista.

Todos os funcionários eram de nomeação direta dos quatro governantes; a cada ano, a máquina burocrática ampliava-se.

Para fortalecer ainda mais o novo sistema, Diocleciano desenvolveu o culto do "Genius" do imperador, em adoração à sua pessoa como a personalização terrena de Júpiter, enquanto com maior modéstia Maximiano personificava Hércules, assim a *sabedoria* e a *força* tinham descido dos céus, para a paz e a ordem na Terra, tanto nos confins do Império Romano como junto aos bárbaros.

O aspecto físico de Diocleciano foi mudado; ao soldado foi dado um *diadema,* faixa de tecido branco recamada de pérolas; as vestes de seda e ouro; sapatos engastados com pedras preciosas.

Toda essa *divinização* passou a ser sacrifício para Diocleciano, pois era obrigado a permanecer isolado em seu palácio.

Os que o desejavam visitar, tanto seus súditos como seus generais ou estrangeiros ilustres, passavam por uma rigorosa revista, ajoelhavam-se diante de sua augusta figura e lhe beijavam a orla do manto.

Diocleciano, apesar de soldado valente, já comprovado inúmeras vezes, era um verdadeiro fidalgo; apreciava o cerimonial e comportava-se à altura de sua *divindade*. Denominava-se, a si mesmo, de "Dominus".

Ele, filho de um ex-escravo, assumia posição de um "bondoso pai"; tratava todos com tolerância e firmou de tal forma essa nova estrutura palaciana, talvez copiada dos egípcios, que perdurou até a Revolução Francesa!

O Bisantinismo teve início com Diocleciano.

Com o poder, por todos aceito, o imperador divino prosseguia com as reformas, ainda hoje admiradas.

A aristocracia romana, tão devassa, foi renovada com a valorização de muitos funcionários civis e militares, firmando-se a dignidade oriental com a criação de novos títulos e complexa etiqueta.

O Império foi redistribuído em 96 províncias, agrupadas em 72 dioceses e quatro prefeituras. Para cada cargo novo, eram nomeados civis e militares.

O governo forte, que hoje seria considerado autoritário e mesmo ditatorial, justificava-se diante da guerra sempre iminente.

Os empreendimentos guerreiros, tanto de agressão como de defesa, resultavam sempre vitoriosos.

Constâncio dominou a Bretanha que havia se rebelado; Galério subjugou os persas, conquistando a Mesopotâmia e mais cinco províncias além do Tigre. Por uma geração os inimigos de Roma foram mantidos a distância. Vinte e cinco anos de paz para o Império Romano eram significativos.

Durante o prolongado período de paz, surgiram problemas internos; o estímulo que a guerra produzia foi substituído pelo desejo de progresso econômico em todos os setores, surgindo, assim, a depressão e o perigo de tumultos internos.

A lei de oferta e procura, lei natural, sempre presente entre todos os povos, Diocleciano a substituiu pela economia dirigida.

O regime monetário e a moeda de ouro tiveram uma pureza ímpar e os pesos fixos, que perduraram até o ano 1453.

Os pobres recebiam gratuitamente os víveres necessários para sua subsistência; aos que podiam mais e contavam com certos recursos, o auxílio era reduzido pela metade.

Surgiram grandes obras públicas que absorviam os que não tinham trabalho.

Para assegurar o fornecimento de bens ao Exército, que continuava organizado e numeroso, apesar do período de paz, o Estado assumiu o controle de muitos ramos da indústria e comércio, e alguns gêneros – como o trigo – que eram escassos, passaram a ser importados.

Os armadores, os negociantes e as tripulações dos barcos mercantis aceitaram em troca de segurança esse controle estatal; o período era de prosperidade para todos; havia emprego e lucro.

As minas, as pedreiras, os depósitos de sal ficaram também sobre a proteção do Estado.

Sal, ferro, ouro, vinhos, cereais e óleos tiveram proibida a exportação. A importação estava sob rígido controle. Os preços das mercadorias passaram a ser controlados.

Para que as fábricas funcionassem com estabilização, o trabalho passou a ser obrigatório, embora não fosse escravo. Esse controle abrangia todo o Império.

Surgiram as corporações, controladas pelo Estado.

As associações de comerciantes e de artesãos recebiam privilégios e tornaram-se poderosas a ponto de exercer *pressões* sobre a política oficial.

Havia certa permuta compensatória e as associações ajudavam a arregimentar o trabalho, arrecadar taxas entre seus membros. Em todas as províncias essas associações desempenhavam eficiente tarefa.

O novo sistema econômico se ampliava e houve, portanto, necessidade de controlar os preços.

No ano 301, Diocleciano emitiu o "Edictum de pretiis" fixando os preços e os salários.

Na exposição de motivos do edito, eram atacados os açambarcadores que, em uma "economia de escassez", desviavam do mercado produtos a fim de forçar a alta dos preços, prática muito conhecida em nossos dias.

Pela semelhança com os dias atuais, vale a pena transcrever parte desse preâmbulo:

> "Quem haverá(...) tão destituído de sentimentos que não veja que os preços excessivos se generalizaram nos mercados de nossas cidades e que a paixão do lucro não arrefece nem com abundância de suprimentos nem com os anos fecundos? – De modo que(...) os maus homens se julgam prejudicados se a abundância vem. Homens cuja meta é restringir a prosperidade geral(...) para obter lucros de usurários.
> A avareza impera no mundo. Para onde quer que nossos Exércitos se dirijam, compelidos pela segurança comum, os aproveitadores lhe extorquem preços

não raramente quatro ou oito vezes o normal, mas além do concebível. Às vezes o soldado tem de empatar todo o seu salário e sua bonificação em uma compra, de modo que a contribuição de todo o mundo para a manutenção dos Exércitos vai para as unhas desses abomináveis ladrões".

Essa tentativa de congelamento de preços foi completa e imediata. Os negociantes passaram a esconder suas mercadorias, tornando as dificuldades maiores que antes.

Diocleciano passou a enfrentar tumultos, sendo compelido a *afrouxar* o edito.

Posteriormente, o imperador Constâncio o revogou. O fracasso decorreu em grande parte pela impossibilidade de manter severa fiscalização.

Dada a alta taxação de todos os produtos, esses eram escondidos. A fiscalização tornou-se policial, empregando até a tortura para que os produtores indicassem os locais onde escondiam seus produtos.

Essa pressão fez com que milhares de pessoas abandonassem o Império e se refugiassem entre os bárbaros.

Para evitar esse êxodo, Diocleciano tornou os proprietários das terras responsáveis pela produção do solo e os proibiu de abandonarem suas propriedades. Os *rendeiros* das terras ficavam a elas "atados" – *adscriptitius* – (atado por escrito) e não podiam abandoná-las sem o consentimento do dono; se as terras fossem vendidas, os rendeiros as acompanhavam.

A agricultura passou no século III do regime da escravidão à liberdade e desta à servidão, e isso até a Idade Média.

Apesar dessa situação administrativo-econômica, Diocleciano foi considerado "Pai da idade de ouro"; pôs fim a meio século de anarquia, restabelecendo o governo e a lei.

Restaurou a estabilidade da indústria e a segurança do comércio; domou a Pérsia e afastou os bárbaros.

No que pesem atitudes de certo modo violentas, pode ser considerado um imperador justo e legislador sincero.

Protegeu severamente a religião pagã e tornou-se ferrenho inimigo do Cristianismo.

Essa perseguição objetivava sua própria pessoa e a de Maximiano, pois ambos desejavam encarnar Júpiter e Hércules.

Não aceitariam, de modo algum, a presença de um novo Deus, pregado pela Igreja cristã primitiva com muito ardor e fé.

O monoteísmo hebreu não tinha grande significado em face do poderio romano.

Nessa situação, Jorge surgiu e assim foi colhido dentro de um turbilhão totalmente inesperado, que não duraria muito, até que Constantino, sucessor de Diocleciano, convertido ao Cristianismo, construísse um novo Império.

A religião romana era antiga e Diocleciano entendeu ser seu fiel guardião e dizia: "Aqueles os quais opõem novas e nunca ouvidas seitas às antiquíssimas religiões fazem ofensa às divindades", dirigindo-se aos maniqueus.

No entanto, mostrava-se frequentemente tolerante, seja por sua índole, seja porque existiam problemas muito mais importantes a enfrentar.

Em Alexandria, no Egito, ano 296, quando ali se deteve por alguns anos após vitoriosa campanha contra o Egito, mandou destruir os livros de magia e tomou severas providências para erradicar o Maniqueísmo vindo da Pérsia.

O Cristianismo, embora muito diferente das demais expressões religiosas da época, e, tendo em vista sua ativa propaganda, no início não perturbou Diocleciano, que por sua vez o tolerava.

Alguns cristãos continuavam participando da alta administração e na direção dos Exércitos.

Um bom exemplo disso era Jorge, que propagava a nova religião mantendo-se no posto militar de comando.

A própria mulher de Diocleciano e sua filha Valéria demonstravam grande simpatia para com a nova fé.

Porém, os cristãos encontravam resistência de parte dos militares que exerciam o comando; nas cerimônias religiosas, os cristãos não eram admitidos.

No Oriente, onde o número de cristãos era maior, os problemas que surgiam eram mais graves e Galério entendeu expurgar todos os cristãos de seu Exército.

Todavia, Jorge estava subordinado diretamente a Diocleciano.

Os cristãos eram detestados pela população e os sacerdotes pagãos davam-se, abertamente, combate.

Galério fundamentava sua disposição de banir do Exército e de sua administração os cristãos porque considerava sua *propaganda* como perigosa ao Estado e, assim, Diocleciano consentiu nas providências que Galério tomava, aceitando-as como um freio prudente.

Nos primórdios do Cristianismo, a fé se propagava com muita discrição, mas ao passar dos anos, três séculos agora, os cristãos eram movidos e orientados por grupos organizados. Era a Igreja cristã que surgia.

No dia 23 de fevereiro de 303, Diocleciano emitiu um edito contra os que professavam a religião cristã e dispunha: "Para os livres, a perda dos direitos civis; para os escravos, a incapacidade de conseguir a liberdade". Ordenou a destruição das Igrejas, dos livros e dos objetos de culto.

Os cristãos não aceitavam essas providências e, embora sem confirmação histórica, a eles foram atribuídos os incêndios, por duas vezes, do palácio imperial.

Essa resistência, embora passiva dos cristãos, provocou um segundo edito, contra os chefes do clero que deveriam sofrer prisão.

Num terceiro edito, determinava que aqueles que consentissem em sacrificar publicamente aos deuses seriam libertados.

Aos que resistiam, deviam ser convencidos a qualquer custo, e por todos os meios, a sacrificar aos deuses pagãos.

No ano 304, Diocleciano emitia um quarto edito que estabelecia para todos os súditos do Império a obrigação de sacrificar aos deuses. É claro que a inspiração para esses editos vinha dos sacerdotes que se valiam de todos os meios para pressionar a tetrarquia.

Essa pressão teve destaque no Oriente, porém no Ocidente, e mormente no território de Constâncio, a severidade limitou-se na execução do primeiro edito.

As vítimas das perseguições foram numerosas e só amenizaram ao final de 304, por causa das festividades com que Diocleciano foi recebido em Roma.

Diocleciano estava satisfeito com a proteção de Júpiter, que o culminara de vitórias e prestígio. Contemplava suas realizações, agora com quase 70 anos de idade.

Jorge já havia sofrido o holocausto.

Diocleciano retirou-se para a vida privada até que morreu entre 313 a 316, pois não há consenso entre os historiadores.

Teve morte sofrida, por acometimento de enfermidade e se apagou em agonia dolorosa.

Reconheceu o poder de Deus e do Cristianismo e, auxiliado por sua mulher Prisca (Alexandra já havia morrido no mesmo sacrifício sofrido por Jorge) e a filha, converteu-se, arrependendo-se.

Nos últimos instantes teve a visão de São Jorge na glória celeste.

Constantino, filho de Constâncio, foi empossado César, já cristão.

Daí em diante, Roma assumia um novo Império e se constituiu sede de uma nova religião.

Dragões

A história de São Jorge (consoante Metafraste) é ponto de partida para este ensaio, que é diferente do que descreve a *Flos Sanctorum*, faz leve referência ao embate de Jorge contra o dragão.

Contudo, essa luta se torna elemento indispensável e merece ser ampliada, buscando em outras fontes seus detalhes para compreender a ação do santo, sob o ponto de vista histórico e espiritual.

Para esse entendimento, colocaremos a luta dragoniana dentro de nossa interpretação.

Torna-se inconcebível estudarmos a vida e morte de São Jorge desprezando um elemento tão relevante, embora considerando que o orixá Ogum não é descrito como tendo lutado com a terrível besta.

Fixados que foram os elementos preparatórios, tais como a descrição das localidades, da época e da personalidade de Diocleciano, torna-se necessário conhecermos um pouco mais a respeito dos *dragões,* do que representam atingindo o ponto de vista dos célebres pintores da Renascença.

A *história* de São Jorge deve ser observada não só pelos fatos ocorridos em sua época e restritos à sua pessoa, mas sim o prosseguimento até nossos dias, decorrente de sua *influência.*

Nós nos propusemos, neste ensaio, apresentar São Jorge como um *todo*, como um *conjunto,* pois nos encontramos envolvidos em um plano que foge ao comum e ao passado.

Consideramos São Jorge como *permanente,* e nisso nos empenhamos para prosseguir na tessitura de um trabalho que deve ir "além" do comum.

A lenda menciona a cidade de Silene, na Silícia, onde Jorge teria liquidado o dragão; por curiosidade e coincidência, a lenda mítica de

Perseu, o herói grego, resgatou a formosa Adrômeda das garras de um poderoso dragão marinho.

A interpretação da lenda nos dá como alegoria o triunfo cristão sobre o poder das trevas.

Aceita-se essa lenda, porque afina com o período do martírio que Diocleciano impôs aos cristãos.

Porém, a semelhança com outras lendas nos dá um caráter mais universal, e a necessidade de interpretar a lenda consoante, as circunstâncias de cada época e região.

Os chineses e os próprios ingleses têm o dragão, desde tempos imemoriais como representando um princípio da fertilidade.

O dragão nascia na primavera de um ovo oculto sob as águas e, por força da natureza dessa estação, crescia e prosperava.

Com o declinar da estação primaveril, já no outono, o velho dragão deveria morrer para dar lugar ao que nascesse no ano vindouro.

Com o evento do Cristianismo foi dado ao dragão o papel do maligno e sua morte passou a simbolizar, além do fim natural do ano, a vitória de Deus sobre o Diabo.

Como já aludimos, no aspecto psicológico, o mito do dragão simboliza o combate contra a *besta* que reside dentro do homem que alimenta os instintos da luxúria.

A lenda da fertilidade nos dá a entender que o dragão é o *homem velho,* o pai que, diminuído em sua potência sexual, é condenado à morte pelas mãos de seus filhos mais jovens, visando a que estes possam continuar o ciclo generador para produzir novas vidas.

As outras lendas sobre o dragão guardião de tesouros, também representariam, sob o ponto de vista psicológico, alguns aspectos sexuais; as joias seriam os impulsos sexuais do filho, protegidos ou reprimidos pela mãe, simbolizando a besta; o pai, protegendo a virgindade da filha.

O dragão chinês encarna as virtudes da amabilidade e da benevolência, divergindo, assim, do simbolismo comum dado à lenda de São Jorge.

Poderíamos nos questionar do porquê esses *monstros* híbridos e alados nos atraem e aguçam nossa imaginação.

Esses dragões terrestres, aquáticos, voadores, ferozes ou tímidos, diminutos ou gigantescos, de onde procedem?

A existência desses dragões subsiste, pois, além de representarem entre nós a força do mal, embora vencida, está a nos recordar os feitos heroicos dos santos e das personagens mitológicas.

O conflito filosófico entre o Ocidente e o Oriente nos deixa, por outro lado, um punhado de dúvidas.

Por que no Ocidente o dragão é visto como símbolo do maligno e da destruição incontrolável da natureza, e no Oriente foi e é utilizado para representar o aspecto vivificante, bondoso e restaurador?

Nossos avoengos conceberam seus deuses misturados com a condição humana e a condição animal, dotando-os de poderes superiores; mas foi escolhido o dragão como a representação máxima do mal, quando outros animais poderiam, talvez, com mais propriedade, substituí-lo.

O drama de Perseu e Andrômeda, segundo o mito helênico, que precedeu a era cristã, contém a mesma preocupação: a destruição do mal encarnado em um monstro destruidor.

O pintor italiano Piero di Cosimo, em tela expressiva, e em uma composição apurada ao gosto renascentista, reproduz um dragão que emergiu da ponta de um lago, sendo abatido por Perseu que o sacrifica a golpes de espada; à esquerda, presa a um tronco, encontra-se Andrômeda; abaixo, à esquerda, um grupo de três virgens recostadas ao solo e, ao lado, dois mancebos; à direita, um grupo de 12 pessoas, alegres, tocando instrumentos; acima, nos céus, à direita, o mesmo Perseu dirigindo-se contra o dragão. Trata-se de uma pequena sequência para demonstrar que Perseu, com seus pés alados, provinha do alto para libertar Andrômeda.

A imagem é muito semelhante à de São Jorge subjugando o dragão, pois a lenda informa que a besta, embora ferida, estava neutralizada pelo poder divino; somente depois que entrou na cidadela, arrastada pela própria princesa, é que lhe foi aplicado o golpe mortal, ou pelo próprio Jorge, ou pelo povo aglomerado.

Cada povo *construiu* sua lenda, de conformidade com as próprias necessidades e objetivos.

O dragão hindu assemelha-se a um elefante; o chinês, a um cervo; o ocidental assemelha-se a um réptil pré-histórico.

A serpente é o antepassado do dragão; ambos os animais são confundidos nas lendas e mitos.

A serpente descrita no Gêneses, com o tempo, foi assumindo aspectos mais cruéis e ferozes e teria se transformado em dragão.

Um dos dragões mitológicos, conhecido 5 mil anos atrás, era ZU da lenda dos sumérios, estabelecidos na Mesopotâmia, justamente onde estaria situado o Jardim do Éden.

ZU arrebata as tábuas das leis do Universo a Enlil, deus supremo do povo sumério, que para castigar o dragão ordena a Ninurta, a divindade solar, que mate a besta.

O combate entre o bem e o mal, a luz e as trevas, repete-se na mitologia de muitas civilizações.

Quando, em 1800 a.C., os babilônios foram expulsando os sumérios, retirando-lhes o domínio de uma suprema potência, apropriaram-se tanto de sua civilização, seu saber e forma de governo, como de seus mitos.

A história da criação humana inicia-se com o ordenamento do caos, a separação do bem e do mal. A rainha Tiamat, simbolizada por um dragão, encarnava as forças malignas. O curioso é a forma feminina dada ao animal; Tiamat era a rainha do mar.

Tiamat, à frente de seu exército, composto de répteis e dragões, lançou-se contra os deuses defensores da ordem.

Marduk, suprema divindade babilônica e deus do sol, enfrentou Tiamat, escolhendo como arma os ventos. Quando Tiamat abre a boca, disposta a aniquilar Marduk, este ordena aos ventos que se introduzam por sua boca no corpo da inimiga, que desse modo é paralisada. Marduk dispara sua flecha que penetra na garganta de Tiamat partindo-lhe o corpo em duas partes, dando-lhe morte. Uma das partes converte-se na terra e a outra no firmamento; com isso surge o mito da criação do mundo.

Essas manifestações chegaram ao Egito inspirando a lenda da fabulosa serpente Apofis, inimiga da divindade solar. Esse mesmo réptil identificar-se-ia com o oceano que manteria unidos os continentes do mundo, sem contudo deixar de constituir permanente ameaça de integridade desses continentes.

Com o passar do tempo, essa situação daria margem à luta entre o dia e a noite, a luz e as trevas.

Segundo algumas versões, a serpente ou o dragão seriam símbolos da noite. O sol era tragado ao escurecer e vomitado ao amanhecer.

Em outras versões, o sol descendia todas as noites ao mundo inferior, onde enfrentava o dragão, vencendo-o sempre, e regressando à terra pela manhã, em uma repetição infinita, porque o mal sempre existirá e o bem sempre o destruirá.

Tanto no Oriente Médio como no Ocidente, os dragões eram mensageiros do mal e traziam má sorte.

Em face do dragão ser uma criação imaginativa e um mito, sua aparência muda de conformidade com as épocas e os povos.

São apresentados como serpentes, como uma mistura de leão, crocodilo e hipopótamo, mas todas com a mesma característica: o ódio para com a espécie humana.

As lendas ocidentais do medievo davam os dragões como habitantes das regiões subterrâneas, minadas por inúmeros passadiços e covas, os quais, de vez em quando, apareciam na superfície mas, ao se extraviarem e não encontrando mais a entrada de seu subterrâneo, descarregavam sua ira contra os homens.

Artemidoro, oniromante[6] grego do século II, referiu, pela primeira vez, os dragões como guardiões de tesouros. Sonhar com joias, que estariam ocultas em cavernas ou locais inacessíveis, seria prenúncio de riquezas. A união entre os dragões e os tesouros ocultos faz parte das lendas de diversos países. A temática gozou ampla popularidade nos tempos do Cristianismo primitivo e na Idade Média.

Na lenda alemã de Sigfried, o dragão guarda um precioso tesouro que constitui a *fonte da vida;* Sigfried mata o monstro, banha-se em seu sangue e fica invulnerável; bebendo esse mesmo sangue, aprende a linguagem dos pássaros, o que simboliza a obtenção de novos conhecimentos.

Em outras determinadas lendas, o herói matador do dragão ingerindo ou parte de seu corpo, ou bebendo-lhe o sangue, adquire poderes extraordinários.

Em uma lenda britânica, o dragão é apresentado como uma gigantesca lagarta; é muito popular a lenda da lagarta de Lambton, descoberta por John Lambton no Rio Wear, não muito distante de sua mansão feudal, ao norte do país. Certo domingo, em vez de assistir ao culto religioso, o herdeiro dos Lambton preferiu pescar. O que julgava ser um dia prazeroso, sucedeu um terrível pesadelo, pois ao puxar a linha, em vez de retirar um peixe, retirou um enorme e estranho animal, semelhante a uma lagarta, que possuía nove olhos em cada lado da boca. Vencido o susto e com muito esforço, conseguiu retirar das águas aquele estranho ser, pensando que deveria ser a manifestação do próprio Demônio. Colocou o *bicho* dentro de um profundo poço e não mais se preocupou com a pescaria malograda.

No domingo seguinte, retornou a *desafiar Deus,* indo novamente pescar no dia santificado.

Dentro de algumas semanas, a lagarta que conseguira sair do poço retornou ao rio, enroscando-se em um tronco, e, à noite, deslizando suavemente até a margem, passou a cometer todo tipo de tropelias: atacava o gado, mutilava as vacas, bebendo-lhe dos ubres o leite, ou engolia de uma só vez os pequenos cordeiros, semeando assim o terror entre as crianças e as mulheres.

6. Oniromancia: arte de interpretar os sonhos.

A lagarta imobilizava suas vítimas, olhando-as com seus nove olhos, para depois prejudicá-las.

Lambton confessou-se responsável por aquele monstro e arrependido procurou combatê-lo, sem resultado; decidiu então Lambton ir à Terra Santa, participando de uma cruzada como penitência, com a esperança de assim acabar com aquele inconveniente animal.

Na Cruzada permaneceu durante o espaço de sete anos e, ao retornar, foi-lhe dito que o monstro continuava a perturbar a população, tornando-se cada vez mais feroz, a ponto de arrancar árvores e destruir plantações, passando a exigir como tributo grandes quantidades de leite.

Vendo que seu sacrifício participando da Cruzada de nada lhe adiantara, decidiu sozinho destruir a besta e foi se aconselhar com uma feiticeira chamada a Bruxa de Brugeford, que lhe disse que venceria o monstro, mas que, ao retornar sua casa, após tê-lo matado, deveria matar o primeiro ser ou a primeira pessoa que encontrasse após passar pelo umbral da mansão.

A Bruxa fez Lambton jurar sob a maldição de que, se não obedecesse ao juramento, durante nove gerações nenhum Lambton morreria em sua cama.

O jovem preparou-se para enfrentar a lagarta: vestindo a armadura que usara na Cruzada e munindo-se de lança e espada, procurou o animal e com ele lutou extenuadamente, até vencê-lo e matá-lo.

Ao regressar, quando se encontrava já próximo, tocou a corneta usada na caça, com o propósito de que seu fiel cão Bons lhe viesse ao encontro; no entanto, a primeira criatura que lhe apareceu foi seu velho pai; o jovem não o matou, mas transpassou o fiel cão com sua espada. O juramento foi quebrado e a primeira vítima foi o próprio jovem que morreu participando de outra Cruzada; todos que seguiram a linha hereditária pereceram fora de casa, sendo o último, portanto, o da nona geração, o deputado da cidade de Durham, *sir* Henry Lambton, falecido em junho de 1761 em consequência de um acidente, enquanto sua carruagem cruzava uma ponte sobre o Rio Wear.

Os heróis chineses não tiveram a necessidade de matar seus dragões nem comer seu coração ou beber-lhes o sangue para apropriarem-se do vigor dos animais.

Eram seres benéficos, que em vez de engolir crianças, de violar donzelas ou engajarem-se em lutas com os cavaleiros andantes, eram criaturas amáveis e benéficas, símbolo da felicidade e da abundância.

Moravam nos rios e nos lagos e tinham o tamanho reduzido por arte mágica, entrando nas gotas de água. Semelhantes a outras três inofensivas criaturas, a tartaruga, a fênix e o unicórnio, alimentavam-se de andorinhas que, na perseguição às moscas, entravam em suas bocas.

Os dragões inspiraram numerosas leis humanitárias, gozando de particular estima durante a dinastia dos CHING (1644-1912) cujos imperadores sentavam-se em tronos com formato de dragão, viajando em navios com o mesmo formato e repousavam em leitos que lembravam o corpo do dragão.

Essa atitude dos chineses para com os dragões vem refletida em seus livros desde o ano 1600:

> "O dragão é o maior de todos os animais escamosos. Possui cabeça de camelo, chifres de veado, olhos de lebre, orelhas de touro, pescoço de serpente, ventre de rã, escamas de carpa, garras de águia e garras de tigre.
>
> Possui 81 escamas, ou seja, nove vezes nove, que é o número mais afortunado. Sua voz lembra o batido de um gongo. Quando respira, seu alento forma nuvens que em certas ocasiões podem converter-se em chuva e em outras, em fogo.
>
> Ama as pedras preciosas e o jade. Saboreia a carne das andorinhas; aborrece o ferro, a planta do *mong,* as centopeias, as folhas azedas, bem como a seda de cinco cores. Para que chova, deve-se-lhe oferecer andorinhas; para evitar as inundações, deve-se-lhe dar ferro; para excitá-lo, empregue-se a planta do *mong*".

Na China, os dragões em certas ocasiões serviram de alimento e medicamento.

Narra uma lenda que, após um temporal, caiu dos céus um dragão nos jardins do imperador Hwo e este deu ordens para que se fizesse dele um ensopado.

Seus ministros acharam o manjar agradável e esquisito.

Outros imperadores usaram a carne de dragão para certos pratos; em certas regiões da China, as farmácias, ainda hoje, vendem o pó de crocodilo, suposto descendente do dragão, com o qual podem ser curados todos os males.

No Extremo Oriente, às vezes o dragão ficava malvado e, enfurecido, recolhia toda a água dos rios e dos lagos, provocando inconvenientes secas. Também podia voltar-se contra o sol, seu velho inimigo, produzindo os eclipses. A lenda japonesa mantém a mesma imagem de São Jorge, cujo dragão, se provocado, passava a exigir anualmente o sacrifício de uma donzela.

Essas lendas, inclusive a de São Jorge, passaram a fomentar uma exploração comercial desonesta. Fabricavam-se e vendiam-se dragões falsos, argumentando que provinham de cavernas pré-históricas do

Oriente; essas falsificações surgiram no século XVI, época em que o célebre médico e matemático italiano Gerolamo Cardano vira alguns exemplares em Paris e os relatou com grande convicção; eram os pequenos lagartos alados, já descritos anteriormente, que adornam hoje os zoológicos, animais totalmente inofensivos.

No ano de 1912, um cientista, diretor dos Jardins Botânicos de Java, após um piloto ter narrado seu encontro com uma criatura assombrosa que lhe parecera um dragão, dirigiu-se à ilha malaia de Komodo, e, após longas pesquisas, encontrou um animal descomunal, que matou e trouxe o couro, que media três metros de comprimento; era uma espécie de lagarto monitor gigante.

Em 1960, em Nova Guiné, surgiram dragões gigantescos, ferozes, que expeliam fogo de suas narinas, atacando a população; tamanho foi o terror que esses animais infundiram aos habitantes que o governo se viu obrigado a transferir povoados inteiros; embora algumas vítimas apresentassem ferimentos dos ataques daqueles monstros, nenhum deles chegou a ser capturado.

O Dragão

O dragão é um sáurio, da família dos agamídios, de porte pequeno, cerca de 20 a 25 centímetros de comprimento, coberto de finas escamas; possui cabeça grossa e alta e, na garganta, um *saco* proeminente; patas finas com cinco dedos em cada pé e rabo comprido; lateralmente, no corpo, há duas membranas que lembram a dos morcegos.

São cerca de uma vintena de espécies, próprias da Índia Oriental, encontrando-se, algumas, no deserto americano.

São espécies inofensivas e se alimentam de insetos. Sua pele é colorida, corpo com matizes amarelo e vermelho e as membranas (asas) marrons.

Esse animal se apresenta de modo *repelente,* misto de serpente, cauda de crocodilo, asas de morcego, escamas de peixe.

Faz parte, esse animal ofensivo, da *fauna fantástica e fabulosa.*

A imaginação popular crê ser ele um remanescente dos animais antediluvianos, quando apresentavam porte gigantesco.

A fantasia criou mitos estranhos. Um animal terrível, com hálito pestilento e, não raras vezes, expelindo fogo pela boca; um verdaeiro *lança-chamas.*

Os orientais e sobretudo os chineses o representam com características próprias, empregando-o nas festividades, soltando por sua boca fogos de artifício, em uma tradição milenar, eis que foram eles os que inventaram a pólvora. São ornamentos de todos os tamanhos; nós os vemos nas esculturas, nas pinturas em cerâmica, em quadros, bordados em panos e nas ruas, ondulantes e conduzidos por várias pessoas que se cobrem com panos apropriados e ondulam; geralmente, esses *monstros coloridos* apresentam tão somente a cabeça, pois suas *patas* são os pés, dos que vão embutidos dentro uma espécie de tubo.

Na China, a "Ordem do dragão" é tradicional, figurando nos escudos. Nós o encontraremos com frequência em heráldica, com os mais variados significados, sobretudo de *longevidade* e *poder*.

No Ocidente, porém, o dragão subsiste na concepção religiosa bíblica e mais acentuadamente como o *monstro* que São Jorge venceu.

Na iconografia cristã, vemos os pintores anônimos, bem como os célebres da Renascença, reproduzir o dragão de maneira mais variada.

Na mitologia grega, sua presença é acentuada; nós o encontramos como guardião do Velo de Ouro nos jardins das *espérides*.

Na Idade Média, com o Cristianismo, simboliza o Demônio; na cavalaria representa o obstáculo que deve ser vencido.

O dragão sempre representou a potência do mal, combatida por Deus e pelo herói.

A Hidra de Lerna, que vemos nas lendas gregas, nórdicas e asiáticas, é a guardiã colocada nos Oráculos e nas Fontes Curativas.

Na Antiguidade greco-romana, o dragão era confundido com a serpente, o animal sagrado de Esculápio, motivado pelo fato de as serpentes invernarem junto às águas térmicas.

As serpentes de Ateneia e outras divindades terrestres e os dragões do carro de Ceres eram presenteados pela deusa a Triptolemo, por ter este ensinado aos homens a agricultura.

Sérvio designava as serpentes com o nome de dragões que habitavam e guardavam os templos e com o nome de *anguis* os animais venenosos que viviam na água.

Os dragões eram representados como serpentes aladas, como as que puxavam o carro de Medeia.

Muitos heróis mitológicos, como Apolo, Hércules, Cádmon, Jason, Sigfried, mataram dragões que guardavam tesouros.

Entre os egípcios, o dragão, a grande serpente do mundo interior, era denominado de *Apofis,* representando o princípio do mal, e vencido por Osíris, ou por Hórus, que foi amarrado no barco solar.

Nas tábuas dos caldeus, que se encontram no Museu Britânico, vemos a deusa Tiamat, nascida do Caos, representando a morte e o pecado, sob a forma de um dragão, com pernas de quadrúpede, corpo escamoso e possuindo asas.

Bel Marduk ou Merodak, servidor de Rá, que era a personificação da inteligência suprema, vence Tiamat (dragão) e o precipita nos Infernos.

Os caldeus representam a insidiosa serpente junto à árvore da vida, com o formato de dragão.

Os persas, segundo a religião de Zoroastro, consignavam às serpentes mitológicas princípios da ciência impura e maléfica, tendo Ariman, como criador de Dahaka, para desolar o mundo.

Na Índia, a luta do deus do princípio do bem, Indra ou Vishnu, contra a serpente, princípio do mal, subsiste até hoje. O dragão era tido como ser onisciente dos segredos ocultos no seio da Terra.

Tanto na mitologia grega como na nórdica, os heróis eram solicitados a extirpar da terra dragões e gigantes, e assim aparecem Tor, lutando com o dragão de Midgard, e Sigfried, Sigmundo e Beawult, vencendo dragões que perturbavam suas regiões.

Os heróis não se limitavam a matar esses animais pestilentos que afligiam a humanidade. Tinham outro propósito, o de ir em busca de tesouros, pois estes eram, sempre, fielmente guardados pelos terríveis e temíveis dragões.

Vencido o dragão, o tesouro passava a pertencer ao herói vencedor. Obviamente esses dragões obedeciam ao comando dos deuses poderosos, que os colocavam nos pontos determinados e de seus interesses.

O sangue do dragão servia como elemento curativo dos ferimentos obtidos na luta; o coração do sáurio, quando comido, transmitia ao herói o conhecimento da linguagem dos animais.

Os répteis, entre os gregos, passaram a caracterizar o mesmo simbolismo vindo dos orientais, e assim temos a Medusa, figura de mulher cuja cabeleira era formada por serpentes peçonhentas.

Juno lançou contra Latona a serpente Píton, que deu morte a seu filho Apolo.

Minerva mata Laoconte e seus filhos são devorados pelos dragões.

Netuno, para vingar as Nereidas das insolências de Cassiopeia, envia para as costas da Etiópia um dragão marinho que dá morte a Perseu.

Os deuses se serviam dos dragões para suas lutas e vinganças.

Aqueleu e Proteu transformaram-se em dragões para obter resultados em seus empreendimentos.

Os etruscos usavam em seus baixos-relevos a figura de dragões.

No tempo de Antonino, o Piedoso, Esculápio lhe apareceu em forma de dragão com cabeça humana. Essa *encarnação* recebeu o nome de Glicón, à qual se rendeu culto até o reinado de Gordiano, como se constata em inúmeras inscrições e moedas.

Na China, o dragão é símbolo dos terremotos e das tempestades.

Os mesmos chineses denominam os ossos dos fósseis de dragões.

No Cristianismo, o dragão é atributo dos santos Miguel, Jorge e Margarida.

Santo Agostinho escreveu: *"Leo et Drago est; Leo propter impetum; Drago propter insidias"*.

Santa Margarida, virgem e mártir da Igreja Católica, morreu na cidade de Antioquia no ano 275. Metida em uma prisão, viu o *Demônio* sob a forma de um dragão que dela se aproximou para devorá-la; bastou ela fazer o sinal da cruz para que se afastasse. No drama musical *Sigfried*, de Wagner, o herói forja uma arma com os fragmentos da espada de seu pai Siegmund e mata o dragão Fafner, libertando a valquíria Brunilda, adormecida em meio às chamas.

Finalmente, temos São Miguel, que por sua vez afugenta com sua espada o dragão, representando a força do mal.

Nas Sagradas Escrituras, tanto no Velho como no Novo Testamento, encontramos referências a respeito dos dragões que nos podem ser de grande valia para elucidar seu simbolismo e significado.

Passemos a referir o que encontramos no Velho Testamento:

> "Seu vinho é ardente veneno de dragões, e peçonha cruel de víboras."
>
> (Deuteronômio 32;33).

> "Irmão me fiz dos dragões, e companheiro dos avestruzes."
>
> (Jó 30:29).

> "Nosso coração não voltou atrás, nem nossos passos se desviaram das tuas veredas; ainda que nos quebrantaste em um lugar de dragões, e nos cobriste com a sombra da morte."
>
> (Salmo 44:18-19).

> "Pisarás o leão e o áspide, calcarás aos pés o filho do leão e a serpente."
>
> (Salmo 91:13).

> "E em seus palácios crescerão espinhos, urtigas e cardos em suas fortalezas, e será uma habitação de dragões, e sala para os filhos do avestruz."
>
> (Isaías 34:13).

"Os animais do campo me servirão, os dragões e os filhos do avestruz; porque porei águas no deserto, e rios no ermo para dar de beber ao meu povo, ao meu eleito. Esse povo que formei para mim, para que me desse louvor."

(Isaías 43:20-21).

"Desperta, desperta, veste-te de força, ó braço do Senhor; desperta como nos dias passados, *como* nas gerações antigas. Não és tu aquele que cortou em pedaços a Raabe e feriu o dragão?"

(Isaías 51:9).

"E farei de Jerusalém *montões de pedra,* morada de dragões, e das cidades de Judá farei uma assolação, de sorte que fiquem desabitadas."

(Jeremias 9:11).

"Nabucodonosor, rei de Babilônia, devorou-me, pisou-me, fez de mim um vaso vazio, como dragão me tragou, encheu seu ventre de minhas delicadezas, lançou-me fora."

(Jeremias 51:34).

"Fala e dize: Assim diz o Senhor Jeová: Eis-me contra ti, ó Faraó, rei do Egito, grande dragão, que pousas no meio de teus rios, e que dizes: meu rio é meu, e eu o fiz para mim."

(Ezequiel 29:3).

"Por isso lamentarei e uivarei, andarei despojado e nu; farei lamentação como de dragões, e pranto como de avestruzes."

(Míqueias 1:8).

"E aborreci Esaú; e fiz de seus montes uma assolação, e dei sua herança aos dragões do deserto."

(Malaquias 1:3).

O Dragão do Apocalipse

O *dragão à espreita:* Apareceu no céu um grande sinal: uma mulher vestida de sol, com a lua debaixo dos pés e uma coroa de 12 estrelas sobre a cabeça. Estava grávida e clamava com as dores e angústias do parto.

Ainda outro sinal apareceu no céu: eis um grande dragão cor de fogo, com sete cabeças e dez chifres e com sete diademas em suas cabeças. Com a cauda varreu a terça parte das estrelas do céu, atirando-as sobre a terra.

Colocou-se o dragão diante da mulher que estava para dar à luz, a fim de lhe devorar o filho logo depois de nascido.

Deu ela à luz um filho varão, que há de reger com cetro de ferro todos os povos.

Mas o filho foi arrebatado para seu trono junto de Deus.

A mulher, porém, fugiu para o deserto, onde Deus lhe preparara um lugar, para que aí encontrasse sustento por espaço de 1.260 dias.

Vitória de Miguel sobre o dragão: travou-se então uma luta no céu. Miguel e seus anjos combatiam contra o dragão e seus anjos pelejavam.

Mas esses não puderam resistir, perdeu-se o lugar deles no céu. Foi precipitado o grande dragão, a antiga serpente chamada Demônio e Satanás, que seduz todo o mundo; foi lançado sobre a Terra, e com ele foram lançados seus anjos.

> "Nisso percebi no céu uma voz forte, que dizia: 'Veio a Salvação, o poder, o reino de nosso Deus, e o império de seu Ungido'. Acaba de ser precipitado o acusador de nossos irmãos, que dia e noite lhe fazia carga diante de nosso Deus.

> Venceram-no pelo sangue do Cordeiro e pela palavra do testemunho que deram e tanto apego ativeram à sua vida que lhe preferiram a morte. Pelo que vos alegra, ó céus, e vós, que neles habitais. Mas ai da terra e do mar! Porquanto o Demônio desceu a vós com grande ira, sabendo quão breve é o prazo que lhe resta."

Luta do dragão com a mulher: "Vendo-se o dragão precipitado sobre a terra, deitou a perseguir a mulher que dera à luz o filho varão. Mas foram dadas à mulher duas grandes asas de águia para que voasse ao deserto, ao lugar onde, longe da serpente, fosse sustentada por um tempo, por dois tempos e por meio tempo. Então a serpente lançou de suas *fauces* torrentes de água no encalço da mulher, para arrebatá-la nas vagas. Mas a terra veio em auxílio da mulher; abriu a boca e absorveu a torrente que o dragão lançava das *fauces.* Exasperou-se o dragão contra a mulher, e saíram a guerrear os demais filhos dela que observam os Mandamentos de Deus e aderem ao testemunho de Jesus".

A interpretação do Apocalipse no que respeita à figura do dragão comporta muitas divagações, mas a mais acentuada refere que a mulher que se encontra grávida é a Igreja, que aparece sob a figura da mãe de Jesus. A Igreja de Cristo traz no seio uma vida nova, com o que redobra o furor do dragão.

Entra ele em conflito com o arcanjo São Miguel e seus anjos, que acabam por expulsá-lo do reino de Deus.

Cheio de cólera, volta-se o dragão contra a Igreja, mas em vão, porque ela está sob a proteção de Deus.[7]

Outro aspecto do dragão, e isso no sentido esotérico, é o de simbolizar a *vida do Verbo,* com a subida e descida, em espiral, das manifestações do Cosmos.

Nas iniciações chinesas, o dragão sai das águas e se eleva até as nuvens.

Entre os caldeus se apresenta em forma trina e sétupla, como a própria manifestação divina por meio dos "sete estados de consciência".

Na literatura chinesa encontra-se a seguinte inscrição:

> "No teu lado esquerdo o dragão te morderá. E por tal ferida Deus penetrará em ti. A voz sem emissão de sons (a voz do silêncio), a compreensão sem a objetivação, a visão sem os olhos, eis as gotas de sangue da mordedura. Assim, teu pensamento será teu pensamento. E teu sangue, o teu, pois nos céus estarás com ele".

---

7. Consoante comentários de Huberto Rohden.

Ainda nas iniciações chinesas, o dragão assume outra posição, como é descrito abaixo:

> "Ele me afirmou a existência do dragão terrestre, imagem inversa do dragão celeste, o qual reside entre os espíritos infernais no centro da terra, conforme o cabalístico lema: *Daemon est Deus inversus*".

Na China, uma das provas exigidas aos discípulos consiste em dar combate só ao dragão infernal, como sucedia na iniciação egípcia, onde o discípulo tinha de vencer em provas dos quatro elementos e dar combate aos dragões astrais, de que a Maçonaria traz, ainda, como cópia desfigurada, nas provas impostas aos neófitos.

Na Índia, o candidato à iniciação deve vencer o dragão do umbral.

Tumba de São Jorge

As narrações históricas, embora sem qualquer confirmação exata, noticiam a existência, na cidade de Lida, antiga Dióspoli, na Palestina, de um túmulo já considerado santuário, com os restos de São Jorge.

A esse santuário, desde o século IV, as peregrinações eram muito comuns, eis que os peregrinos que se dirigiam à Terra Santa aproveitavam a oportunidade para complementar, com a visita, sua indulgência, imposta pela Igreja.

As peregrinações à Terra Santa foram o motivo da existência das cruzadas, para que os muçulmanos deixassem trânsito livre aos católicos em seu cumprimento religioso.

Em todas as épocas, a visitação aos lugares sagrados da Terra Santa era motivo de aventura, curiosidade e penitência.

A peregrinação ao santuário de São Jorge vai até o século IX; de lá em diante, as notícias dessas viagens devotas cessam, o que faz supor a trasladação do corpo de São Jorge para outro lugar.

Uma vez que o santo foi decapitado, sua cabeça estaria no diaconato Velo de Ouro, na Itália; um braço estaria em Paris e outro na cidade de colônia, Alemanha; essas notícias nos são transmitidas por meio do livreto mandado imprimir pela Confraria dos Gloriosos Santos Mártires São Gonçalo Garcia e São Jorge, do Rio de Janeiro.

Assim, o corpo do santo estaria distribuído por vários países; do tronco não há notícias, embora se deva presumir que o mesmo permanecesse em seu santuário em Lida.

A notícia inserida no referido opúsculo não refere a origem da informação e desconhecemos se chegou pela tradição, ou se a confraria possui elementos seguros para fazer tal afirmação, pois contém o *Impri-*

matur autorizado pela Igreja, do prelado José bispo, do Rio de Janeiro, datado de 10 de julho de 1892.

Se não são reveladas as fontes dessa informação, pelo menos há a autorização da Igreja, o que torna a informação, de certa forma, idônea.

Eusébio, bispo de Cesarea (287-340), em sua *História Eclesiástica*, volume VIII, menciona um "jovem que rasgou o edito de Diocleciano que determinava a perseguição aos cristãos na Nicomédia".

O mesmo Eusébio refere o nome de outro jovem, chamado Elpídio, mártir da Mesopotâmia, que também tem o dia de veneração em 23 de abril.

Jorge vivera na Palestina e lá teria sido *tribuno Militar,* portanto é provável que seu corpo tivesse sido sepultado em terras de sua propriedade.

Na época das Cruzadas, a efígie de São Jorge figurava nos escudos dos generais comandantes das expedições, eis que já era considerado e consagrado patrono da cavalaria; portanto, a peregrinação ao seu santuário tornava-se obrigatória e motivava a guerra para a libertação daquele local considerado santificado.

Muitos iam à peregrinação exclusivamente para visitar aquele santuário, pois Lida ficava bem distante de Jerusalém; alguns cruzados, os mais ousados, separavam-se da tropa principal para encetar peregrinação, com a incerteza de que voltariam; centenas pereceram, seja pelas enfermidades adquiridas, seja em mão dos mouros.

Os que aceitavam a *lenda do dragão* viam em São Jorge um valente guerreiro, o que justificaria a peregrinação ao seu santuário; essa lenda talvez nascesse de um equívoco, como faz crer a nota inserida em "Vita, III, página 20, ano 1058", referidas na *Enciclopédia Católica,* editada pelo Vaticano.

Constantino, o imperador, teria sido confundido com São Jorge; André de Creta teria, por ocasião de uma festividade, recitado um *panegírico* em honra ao santo e na presença de Constantino; unindo os fatos, talvez a narrativa de André de Creta tivesse sido confundida com feitos heroicos de Constantino, seja por equívoco, seja por interesse excuso.

Outro aspecto que não pode ser desprezado, para a santificação de Jorge, era o fato de ele ter atuado como *sacerdote,* ao proceder a inúmeros batizados.

Não há notícias de que Jorge tivesse sido ordenado sacerdote, mas seguindo os Evangelhos ao pé da letra, talvez se convencesse de que estaria investido nas funções, mesmo em consequência de uma *aparição,* quando no cárcere, do próprio Nosso Senhor Jesus Cristo, ocasião em que assumiria aquelas funções cristãs.

Durante o martírio de Jorge, que perdurou sete longos anos, tornou-se taumaturgo, pois inúmeros foram os *milagres* realizados em atos públicos.

Jorge foi canonizado não pela destruição de um mero dragão, mas pelos martírios sofridos e pelos milagres realizados, que testemunharam uma inabalável fé em Cristo.

A lenda da matança do dragão pode, perfeitamente, ser dispensada, sem que a santidade de Jorge possa ser questionada.

Foi na cidade de Lida que Jorge estivera preso e sofreu a série de tormentos, fato que sustenta a credibilidade da existência do santuário contendo a tumba, abrigando os restos mortais de seu corpo.

O culto ao santo foi difundido por todo o Oriente, partindo de Lida.

Em Bizâncio, o culto passou à Georgia, onde era denominado de *Grande Mártir* e de *Triunfador;* de Lida e Bizâncio o culto passou até a Síria e Etiópia.

Em Roma formou-se outro centro de irradiação. No século VI, o papa Belisário confia ao santo a defesa da Porta de São Sebastião, com grande êxito; naturalmente Jorge já não existia como *soldado,* mas o que fora invocado era sua *proteção,* fato muito comum na época.

No século VII, o culto a São Jorge ampliava-se e surgiam Igrejas dedicadas à sua devoção, como a de Velabro, no bairro Bizantino de Roma.

Não há registro nem notícia de que Jorge, alguma vez, estivera em Roma; a confusão que alguns autores fazem decorre do fato de Jorge ter pertencido ao Exército Romano e feito parte da guarda de Diocleciano; a confusão surge do fato de que a sede do Império Romano já não era Roma, mas Bizâncio, na Nicomédia.

O que chama a atenção é a data fixa de 23 de abril para as comemorações festivas e litúrgicas a São Jorge, jamais alterada ao longo dos séculos.

Na Inglaterra, onde a *lenda* assume aspectos diferentes, como se vê no capítulo específico sobre o santo inglês, São Jorge foi pela primeira vez considerado patrono da cavalaria, crê-se por Ricardo Coração de Leão.

A cavalaria inglesa jamais tivera antes patrono, e a determinação surgira das cruzadas, que buscavam sempre um *protetor* para robustecer a convicção de que os cristãos precisavam derrotar os infiéis.

No entanto, posteriormente, o sínodo de Oxford estabelecia as festividades a São Jorge, mantendo a data de 23 de abril.

Em Catalônia, Aragão, Geórgia, Portugal, Lituânia, Ligúria, Rússia, enfim, em toda parte as festividades eram levadas a efeito e minuciosamente programadas, anualmente, com grande receptividade popular.

Os eslavos da Caríngia possuem um ritual para essas atividades com características folclóricas que abrangiam interesses agrícolas, com cerimônias destinadas à obtenção de chuvas em períodos de estiagem; o santo era denominado de "Jorge Verde".

Entre os georgianos, a festa é denominada de "Jorge Branco", com a mesma finalidade.

Inexistindo, praticamente, uma "cavalaria", o *patronato* de São Jorge ficou restrito ao folclore e às invocações isoladas de interesse íntimo, quando é necessária uma *proteção* para dirimir questões que possam envolver embates, agressões, hostilidades e pressões de pessoas mais fortes e poderosas.

Não se conhece obra de arte que mostre Jorge morto, ou decapitado, ou seu corpo trasladado.

As obras tinham dupla finalidade: os artistas recebiam *encomendas* para sua confecção, ou esses mesmos artistas, com devoção ao santo, procediam seus trabalhos como homenagem e súplica, como *pagamento* de promessas e júbilo por *bênçãos alcançadas.*

José Cartes, em seu *Specimens of the Ancient Sculpture and Paintry*, publicou imagens de esculturas em madeira do século XV, representando os episódios da vitória de Jorge sobre o dragão.

Na Inglaterra existem para mais de 60 Igrejas dedicadas ao santo.

Na França, ainda, São Jorge figura em muitos e velhos monumentos, notadamente nos baixos-relevos "du Château de Gaillon", que se veem publicados no livro *Voyage Pittoresque*, do barão Taylor; estes estão esculpidos sobre a tumba de Phillipe de Commines, que faz parte do Museu dos Monumentos Franceses, fundado por Lenoir.

Outras esculturas estão no túmulo de Georges D'Amboise que se encontra na Catedral de Rouen; essa última obra representa Jorge no combate com o dragão.

Os dados existentes, revelados pela já referida Venerável Confraria dos Gloriosos Mártires São Gonçalo Garcia e São Jorge, informam que Jorge, pressentindo sua morte, solicitou a presença de um seu fiel criado determinando que, após sua morte, recolhesse seu corpo e lhe desse sepultura em Lida.

O santo já teria *escolhido* a forma de morrer, desejando seguir o exemplo de São Paulo, a quem dedicava especial afeto.

Esse fato isolado nos faz acreditar na existência de uma tumba em Lida, pois trasladar um corpo para lugar longínquo seria impraticável; o criado teria cumprido o desejo de Jorge com facilidade, eis que o Império Romano não se preocupava com os corpos dos mártires; não se têm notícias de que fossem destruídos, pois seja por seu grande número, seja porque, uma vez mortos os cristãos, não mais interessariam ao Império que, suprimindo os *justos,* iriam estabilizar o Estado.

A Santificação

Há muito tempo, em data imprecisa, a Igreja estabelecera um santo para cada dia do ano, reunindo assim 365 santos.

No dia 1º de novembro, o mundo cristão celebra o dia de todos os santos, sem qualquer preocupação em destacar este ou aquele; os devotos, então, elevam suas preces e fazem suas súplicas de modo generalizado.

Hoje, temos uma *relação oficial* dos santos, relação que a Igreja atualiza frequentemente, acrescentando os novos santificados e definindo os que possam ter *prioridade,* classificando-os em *santos da guarda* e *santos auxiliares.*

Paralelamente, são classificados os *beatos,* considerados candidatos à santificação.

No Brasil temos vários exemplos, sendo o mais antigo o do padre Anchieta que a correspondente Congregação do Vaticano mantém na *lista de espera;* temos o célebre nordestino padre Cícero e, no sul, o padre Reus.

A festa coletiva de *todos os mártires* posteriormente santificados surgiu no Oriente, no século V e, mais tarde, no século IX, o papa Gregório IV estabeleceu a festa de todos os santos, para o dia 1º de novembro de cada ano.

Nesse dia, a Igreja festeja não só os santos, os beatos, como os canonizados e as "almas justas que estão na glória celestial".

O termo *santo* significa *sancionado, selecionado,* que em hebraico se denomina de "Kadosch"; santo é o *escolhido* entre aqueles que merecem destaque pela vida que levaram, ou sofrida, ou santificada, ou seja, longe de qualquer pecado.

Santidade quer dizer *perfeição,* a qual não é absoluta senão em Deus, pois o Criador é a perfeição, a própria santidade. É o justo e perfeito, pois o que criou foi completo, definitivo, imutável e bem acabado.

A santidade humana, porém, é limitada e é exercida pelo homem dedicado à religião, que a vive em permanente *obediência* à vontade de Deus.

A noção de santidade teve seu período áureo por ocasião do concílio Vaticano II, lembrando com vigor que a vida cristã deve ser santa.

Esse conceito abrange tanto os religiosos, a hierarquia sacerdotal, como os leigos.

O papa Paulo VI, em certa oportunidade, assim se expressou:

> "(...) parece comumente ser qualquer coisa de extremo, de superlativo, uma manifestação de perfeição moral e religiosa excepcional e inacessível à maior parte, não um estado normal oferecido a todos e exigível de todos".

Se assim se considera é porque geralmente reservamos o título de santo aos que realizaram em plenitude e de uma forma sublime o ideal do discípulo de Cristo, os heróis, os mártires, os ascetas, aqueles que emergiam da massa, que se elevaram a uma estatura extraordinária, não somente porque chegaram a bem imitar Jesus, mas porque foram preferidos para beneficiar-se dos dons carismáticos com abundância e porque comungaram misticamente na vida de Cristo, de forma que podem dizer: "Vida é Cristo".

O concílio ordenou a posição da santidade, pois, inicialmente, todos os cristãos eram denominados de "santos", o que não estava errado se aceitarmos o significado já referido de "escolhidos".

A origem teológica dá o nome de santo ao homem que recebe o batismo e os demais sacramentos.

A conclusão a que chegou o Concílio Vaticano II foi a de que a *santidade* é um dom; ela é comum e acessível a todos os cristãos; é, pode-se afirmar, o estado normal da vida humana, elevada a uma misteriosa dignidade sobrenatural.

Todos os seres humanos são destinados à santidade e a própria Igreja reconhece que aqueles que foram canonizados constituem uma ínfima minoria dos santos.

Existe uma imensa multidão de homens que chegaram à perfeição, e também, obviamente, mulheres, e são desconhecidos para nós, deixando-se revelar só na Eternidade.

Para o povo, *santos* são aqueles que receberam da Igreja esse título – na expressão do cardeal Garrone –, são *sinais* da presença de Deus, porque a Ele são semelhantes, dando-nos a possibilidade de encontrar um reflexo de Deus em rostos semelhantes aos nossos, convidam-nos a buscar essa semelhança, a encontrá-la, ou procurar descobri-la na medida de nossas possibilidades, em rostos em que não se manifesta ainda completamente.

Os santos são *sinais* porque nos dizem o que devemos ser, o que podemos ser com a *graça de Deus.*

Nos primeiros séculos da Igreja e até o início da era moderna, os santos eram canonizados pela *vox populi.*

O sinal mais certo era o martírio e, com o passar do tempo, foram acrescentadas mais condições.

O processo de canonização exige longo inquérito quando são examinados todos os eventuais escritos do *servo de Deus,* são minuciosamente interrogados os que com ele conviveram; os documentos que pertenceram ao candidato, enfim, salvo para os mártires, exigem *milagres* que são exaustivamente examinados, pois são considerados como *sinais,* como provas de santidade.

O passo inicial é a *beatificação*, já constituindo a permissão do culto público; ao *beato* pode-se invocar e pedir favores.

Posteriormente, sem data fixada, são examinados novos milagres, levando sua realização à *canonização,* inscrevendo-se no Catálogo dos Santos.

Dos anos 1588 até 1962, foram proclamados pela Igreja 211 novos santos e foram feitas 1.162 beatificações.

De lá para nossos dias, algumas centenas de outras beatificações e canonizações foram procedidas.

As canonizações não são, necessariamente, de *novos* candidatos, que teriam vivido em nossa época, mas também, e muitos, dos tempos passados.

Em todos os países surgem pedidos de beatificações, pois cada povo rejubila-se se é escolhido um dos seus.

A grande maioria dos escolhidos pertence ao clero, posto que muitos leigos são selecionados.

Ultimamente o papa João Paulo II canonizou um judeu que na Alemanha nazista foi torturado, tendo morte santificada.

Na atualidade, considerando o mundo *evoluído* e a fragilidade da Igreja que luta para subsistir, econômica e espiritualmente, as beatificações, canonizações e santificações são raras.

A Igreja busca, em uma grande porcentagem, beatificar cristãos do passado, pois afirmar que alguma *santa criatura* esteja dando presença espiritual e procedendo a milagres, hoje em dia, torna-se um fato inusitado, raro e quase impossível!

O estudo da santificação, que não é o objetivo do presente ensaio, é muito atraente, e sobretudo no aspecto espirítico, quando se questiona, ainda, se a pessoa santificada pode tornar a reencarnar.

A ciência espírita afirma que *todos* os que morrem reencarnarão, pois, presos a um "carma", devem se purificar até alcançar a glória celestial; no entanto, se a Igreja considera seus beatos e santos já nessa glória celestial, será suficiente para não mais retornarem à Terra?

No que diz respeito a São Jorge, segundo as regras do Vaticano, tendo sido mártir, não lhe seriam exigidos milagres, constatados e registrados; no entanto, quem pede sua proteção e a obtém pode afirmar ter sido beneficiado por um milagre.

Os temas espirituais, religiosos, místicos são sempre muito atraentes e parece que estamos chegados ao momento de encararmos com maior seriedade esses aspectos, mormente com a aproximação do terceiro milênio.

Os *sinais dos tempos* deveriam incluir maior número de candidatos à beatificação.

Estranho, aliás, muito estranho que somente a Igreja Católica Apostólica Romana tenha se preocupado com a santificação dos cristãos, e as demais religiões, ou doutrinas, ou diversas correntes espiritualísticas se contentem em *usufruir* desses santos católicos romanos, como é o caso de São Jorge, aceito pelo culto africanista.

Os orientais, que abrangem Japão, China, Índia e adjacências, não mais apresentaram novos espíritos protetores, contentando-se com seus *santos* milenares.

Parece que o contato entre a humanidade e o reino de Deus ainda se encontra muito tênue.

Precisamos de mais espiritualidade? Temos o exato conhecimento do que significa a "espiritualidade"?

Certamente, e disso temos fé, algum dia chegaremos lá.

São Jorge nos inspire.

O Papado

Um aspecto digno de ser observado diz respeito ao surgimento do papado, pois desde a missão que Pedro recebeu de Jesus, para apascentar as ovelhas, ou seja, os primeiros cristãos, a sucessão papal teve uma continuidade admirável, posto com certas interrupções, forçadas pelas perseguições, que sempre houve contra a Igreja.

Até o sacrifício de São Jorge, portanto em 303, haviam passado nada menos que 30 papas; do ano 296 ao ano 304, era o papa Marcelino.

Em plena e violenta perseguição de parte dos romanos, a primeira liderada pelo imperador Nero, que foi cruel, e a segunda por Diocleciano, que não foi menos dura, o papado se manteve ativo, evidentemente em várias ocasiões de forma oculta e em outras com muita coragem, a ponto de os papas enfrentarem o poderio dos imperadores, tanto que muitos papas foram cruelmente mortos merecendo, mais tarde, a santificação.

Houve logo depois a missão dos Setenta Apóstolos, sob o comando de São Pedro, São Paulo e Santo André, a formação da Igreja com o estabelecimento do colégio Apostólico.

A ascensão de Pedro não foi um fato tranquilo, pois se formou a política dos jogos de interesses entre os bispos; com muito custo, São Pedro foi colocado à testa da Igreja.

São Clemente, por volta do ano 96, dirigiu uma carta à comunidade cristã de Corinto, ainda ao tempo em que São João vivia em Éfeso.

Um século após, Irineu de Lyon referiu-se a essa carta, da qual se transcreve algumas frases:

> "(...) Quando, sob a orientação de um tal Clemente, houve uma revolta significativa entre os irmãos de Corinto e a Igreja de Roma, conhecida mais

como "comunidade de Roma", enviou uma importante mensagem aos coríntios, como um chamado à concórdia e revigorando sua fé e sua tradição (...)"

Esse Clemente na verdade seria um dos sucessores de São Pedro, com o título de bispo e, talvez, até de papa.

Clemente, discípulo de apóstolos, era já venerado como padre apostólico, como primaz dos clérigos instituídos bispos, presbíteros e diáconos. Teve assim início a formação de uma hierarquia.

A Igreja em seu conjunto compara essa hierarquia, como anteriormente já se pronunciara São Paulo, a um organismo humano, onde existem funções inferiores e superiores; "um não pode existir sem o outro".

É a comparação de um soldado em serviço, de um exército que não pode ter mais que um só comandante.

Os apóstolos também sabiam, dito pelo Senhor Jesus Cristo, que surgiria uma disputa em torno do cargo de bispo.

Por essa razão, trataram de obter, por antecipação, o reconhecimento da autoridade, nomeando os homens experimentados que deveriam assumir toda responsabilidade no caso da morte do bispo.

A carta de São Clemente orienta no sentido de submissão e obediência.

Em uma carta, o bispo Dionísio de Corinto, ao final do século III, informa que a carta de Clemente, "que guardamos fielmente para nossa edificação", era lida aos fiéis reunidos.

Não só na Grécia, como no Egito e na Síria, as comunidades cristãs seguiam essa hierarquia canônica.

A celebração da Páscoa suscitou séria disputa, a ponto de o bispo Policarpo de Esmirna, que viveu aproximadamente nos anos 70-156, ter ido, um pouco antes de morrer, a Roma para tratar e esclarecer com Aniceto questões litúrgicas.

Policarpo representava os cristãos da Ásia Menor e defendeu o ponto de vista de a Páscoa comemorar a morte de Cristo estritamente no dia 14 de Nisan, data da Páscoa judaica, e celebrar na manhã seguinte a ressurreição; Roma e a maioria das comunidades cristãs se atinham a comemorar a ressurreição não no sábado, mas no domingo seguinte.

Policarpo e Aniceto não se puseram de acordo e esse dissenso transformou-se em um grave antagonisino.

Dezenas de anos depois, Victor I (anos 189-198) expulsou da Igreja os bispos asiáticos e, só mais tarde, pela interferência do bispo Irineu de Lyon, todos adotaram a prática de Roma.

Foi essa a primeira vez em que um bispo falava como papa e expedia um anátema contra os rebeldes asiáticos.

Durante o reinado de Trajano, nota-se a intervenção do Estado na Igreja, por ocasião da chegada à Roma do bispo Inácio de Antioquia, que foi imediatamente preso e lançado às feras.

Portanto, a Igreja tinha duas frentes de luta: o Império Romano e a dissenção dos cristãos da Ásia Menor.

Essas lutas comprovam o crescimento da Igreja que estava em toda parte, mesmo nos locais não dominados pelos romanos.

Durante as perseguições do imperador Décio, o bispo romano Cornélio (251-253) resolveu que os apóstatas que desejavam retornar ao seio da Igreja podiam ser readmitidos com uma prévia penitência que lhes seria imposta e rebatizados, com o que não concordou Estêvão I (254-257), pois o primeiro batismo era plenamente válido.

As comunidades da África e da Ásia Menor, encabeçadas por Cipriano de Cartago, insistiram no rebatismo.

Estêvão I, para fazer valer sua autoridade, expulsou-os do seio da Igreja.

Com isso, Cipriano voltou-se contra Roma e declarou que cada bispo possui plena liberdade, autoridade e direito a uma opinião própria, e não se pode pedir contas de nada.

Posteriormente, dadas essas dissenções, África e Ásia deixaram de praticar o batismo.

A Igreja lutava contra o Paganismo; nos primeiros anos ocupava-se de lembrar as palavras do Senhor, suas mensagens, seus milagres, suas promessas; depois, nos primórdios de sua organização, surgiram dois aspectos que deixaram em segundo plano a mensagem evangélica: a luta pela sobrevivência como organização e a luta contra o Paganismo, em uma frente dupla de ataque e defesa.

A Igreja *copiava* a organização do Estado romano e, como o Império era mundial, ela pretendeu também se impor em todo o mundo.

O próprio termo "diocese" foi copiado, eis que instituído por Diocleciano; além de outros termos romanos, como *Pontifex Maximus* e cúria, até basílica, vicário, *prefecto*, *praeses* e legado. As sedes de província foram usadas como sedes dos núcleos da Igreja.

Nesse ambiente nasce e vive São Jorge, influenciado pelo setor da Ásia Menor; sente-se oprimido e desde essas lutas é que se nota a existência de um dragão, quiçá o mesmo do episódio junto ao lago, quando, salvando a virgem, o destrói; mas não houve uma destruição total e definitiva.

O dragão da dissenção, da discórdia e do desamor solapava a mensagem evangélica e a Igreja se organizava e se fortalecia, vencendo as adversidades, mas mantendo junto a si o poderio de um dragão.

Foi no ano 313, dez anos após a morte de São Jorge, que a história se alterou, com a ascenção de Constantino que marcha sobre Roma para vencer Majêncio,[8] o pagão, libertando a Igreja, passando o Império Romano de perseguidor a protetor.

Promulga o Edito de Milão, junto com a cooperação de Licínio, seu colega oriental, no qual vem consignado: "Consideramos tudo o que possa servir ao interesse do Estado e ao bem público, incluindo medidas para o respeito da religião e ao culto de Deus; garantimos a todos os cristãos a plena liberdade de professar sua religião, bem como as demais religiões, para que cada divindade e potência celestial seja benévola e tenham boa disposição para conosco e para com todos os súditos".

Com essa disposição, pela primeira vez, o Império Romano abdica de sua religião oficial, aos seus deuses para aliar-se ao Cristianismo, tido até então como o responsável pelas derrotas romanas.

De um momento para o outro, todas as perseguições religiosas deixaram de existir, desde Nero, Décio, Valeriano e Diocleciano. Milhares e milhares de pessoas haviam sido torturadas e mortas, envolvendo não só o povo, mas dignidades como São Pedro, São Paulo, santo Inácio e os papas Ponciano, Fabiano, Cornélio, Lúcio I e Sixto II, bem como o bispo Cipriano de Cartago.

Iniciou-se assim uma nova era, agora de proteção do Estado para com a Igreja; obviamente, havia um preço a considerar; essa proteção dava o direito do Estado interferir na Igreja.

Assim, o Edito de Milão visava a uma ação política, com seus perigos e suas implicações. Houve a *cristianização* do Império.

O imperador passou a ser o *Pontifex Maximus*, o sacerdote Máximo, que representava o povo diante de Deus.

Contudo, Constantino não abusou desses *poderes,* dispensando certos favores. Obsequiou o papa Milcíades com o palácio de Letrão, que era sua particular propriedade e até o fim do século XIV se manteve como residência dos papas. Junto a esse palácio Constantino edificou a primeira basílica romana que foi consagrada ao redentor triunfante, em comemoração à vitória do ano 312 e que deveria ser *omnium urbis et orbis ecclesiarum mater et caput* (mãe e cabeça de todas as Igrejas da capital e do mundo) e que mais tarde foi denominada de "San Giovanni in Laterano".

8. Ou Magnêncio.

Cerca do ano 325, Constantino deu início, sobre o túmulo de São Pedro, o príncipe dos apóstolos, à construção da Basílica de São Pedro, onde hoje está o Vaticano.

Constantino decidiu transferir a sede do governo para Bizâncio, a "Nova Roma", a "Cidade de Constantino", hoje Constantinopla, na Turquia. Com essa transferência, a Igreja foi atingida, pois o bispo de Constantinopla erigiu-se em patriarca do Oriente, disputando com Roma.

No ano 330, portanto 50 anos depois, um sínodo decidiu para o Oriente as mesmas prerrogativas da Igreja de Roma. Instalou-se assim, perigosamente, uma duplicidade de poder eclesiático.

No ano 337 o imperador Constantino morreu, porém soube *preparar* sua morte; recebeu o batismo, a extrema-unção e todo o conforto espiritual, tanto da Igreja Oriental como a de Roma.

Já havia preparado seu mausoléu e disposto seu sepultamento, que foi pomposo; 12 estrelas representando os 12 apóstolos foram acesas ao redor de seu féretro; simbolizavam a presença de "13" apóstolos, sendo Constantino o último deles, que se denominava de *soberano apostólico, o santo,* e assim a Igreja Oriental passou a venerá-lo, até hoje.

Com a ausência de Constantino, seus sucessores criaram problemas para a Igreja, sem conta.

Mais tarde, Basílio, o Grande, bispo de Cesareia na Capadócia, não viu outra solução senão a união com Roma.

A Igreja do Oriente, com Teodósio, alcançou grande desenvolvimento na forma do *cesaropapismo,* mas, no Ocidente, com a invasão dos bárbaros e a destruição do Império Romano, a Igreja e o papado recobravam sua liberdade.

A história da Igreja e do papado, porém, não apresenta no presente trabalho interesse maior.

Chegamos ao ano 492 com a consagração de Gelásio I ao papado, que teve destaque junto ao imperador Anastácio de Bizâncio, a quem escreveu: "O mundo é governado, fundamentalmente, pela sagrada autoridade dos bispos e a potestade régia; das duas, a responsabilidade que pesa sobre os bispos é maior, porquanto estes devem render conta também dos reis ante o tribunal de Deus. Isso o sabes bem, clementíssimo Filho; embora estejas colocado acima de todo gênero humano, inclinas-te humildemente ante os administradores das coisas divinas e deles esperas os meios para a salvação de tua alma. Nessas coisas estás, pois, sujeito ao juízo dos sacerdotes e não deves pretender submetê-los à tua vontade. Se na esfera da ordem estatal os que presidem a religião reconhecem de bom grado que o regime imperial te foi conferido por Deus e, portanto, te devem obediência. Com que presteza, pergunto-te, se deve então obedecer aos que estão instituídos para outorgar os santíssimos mistérios?".

A atuação do papa Gelásio foi decisiva no que mais tarde se chamaria de *doutrina dos dois poderes.*

Faz-se essa referência para evidenciar a autoridade do papa Gelásio, que proclamou Jorge a santo da Igreja.

Iconografia

Do russo IKÓNE, iconografia é a pintura em tela ou madeira da efígie do Cristo, da virgem Maria e de certos santos.

Iconografia diz respeito à reprodução em todos os sentidos do Cristo, da virgem, dos discípulos, dos apóstolos e dos santos, seja em desenho, gravura, pintura, baixo-relevo ou escultura.

São Jorge tem grande destaque na Iconografia russa, grega, europeia e, obviamente, universal.

Jorge é representado como o *matador* do dragão em diversas composições, tendo ocupado grande destaque na pintura da Renascença, ora por meio de quadros que abrangem a luta nos mínimos detalhes com o dragão, ora apenas de pé com a vestimenta de guerreiro romano, ora sentado, mas sempre sugerindo um guerreiro.

Na arte moderna, raras são as obras em torno de São Jorge; no Brasil temos apenas *reproduções,* e pode-se afirmar que, em face da difusão de seu culto, em quase todos os lares modestos há na parede um quadro representando, de modo uniforme, São Jorge no embate com o dragão; nos altares das Igrejas a ele consagrados temos o São Jorge de Rafael; em altares menores as variações são muito grandes, mas com a tendência de apresentar o santo como guerreiro.

O ícone, guardado no Museu de Íkones em Recklinghausen, na Westfália, representa São Jorge como belo e jovem, trajado como guerreiro. Ele pertence ao século XVI e revela todos os detalhes da Escola de Moscou, cujo início é de 1300 e que passou a predominar em todos os ícones conhecidos, com a elegância cortesã, caracterizada pelas delicadas mãos e rostos ovalados, porte esvoaçante, com cores discretas e pálidas.

No ícone de Recklinghausen, o primeiro conhecido, Jorge está ereto e de pé, sendo o fundo dourado amenizado à altura dos joelhos, tornando-se verde-oliva; a cor dourada sempre exige um fundo, ou vermelho, ou verde; desbotando a camada de ouro, obviamente, ou surgem manchas que revelam o fundo, ou veem-se nuanças em degradê, como no caso referido.

Sobre uma toga vermelha que alcança os joelhos, vê-se uma couraça dourada com uma peiteira verde e uma barrigueira larga de proteção; o manto vermelho cai sobre um ombro até as botas amarradas com fios trançados; a espada é segura pela mão esquerda e a lança, pela direita.

Outro ícone apresenta São Jorge já como matador do dragão, também de procedência russa do século XIV, encontrando-se na coleção de George R. Hann nos Estados Unidos, em Sewicldey; é uma obra da Escola de Novgorod que surgiu em meados do século XI e que ainda em 1570 produzia notáveis ícones.

Essa escola teve sua primeira grandeza em 1050 até 1300. Depois da queda de Constantinopla, nota-se nas obras acentuada herança bizantina e uma transição do desenho para a pintura.

São raros os ícones legítimos dessa escola; os artistas reproduzem o santo com rosto severo, de forma oval, testa baixa e queixo pequeno.

Nas obras posteriores nota-se um sombreado forte abaixo dos olhos, das sobrancelhas, do pescoço e da testa. As cores são puras e notam-se os contrastes.

Em razão da notável função das linhas de corpo, tem-se a nítida impressão de este ser *palpável.*

Isso se constata, também, no ícone georgiano de Novgorot.

O monstro é uma estranha mistura de serpente com dragão alado, portanto um certo desvio da lenda por não se tratar de um *monstro marinho,* mas de um animal de cavernas; nota-se uma caverna e a *serpente,* enrolando o corpo em uma árvore de grande porte; o santo, de vermelho, a cavalo, crava sua espada na cabeça do monstro.

Nesse ícone, falta a postura acrobática: mostra o santo manejando uma espada de lâmina fina que é enterrada com elegância na cabeça do animal; representa que a *força* empregada pelo santo não é a humana, mas sim divina.

Nesse ícone, Cristo está presente no canto direito superior e isso revela a presença do poder divino.

No Louvre de Paris, há um mosaico do século XIV que demonstra a pujança da luta e a bravura humana, pois o santo montado em cavalo empinado, reagindo ao *bufar do fogo* que o dragão expele, enterra com toda a força a espada robusta na *goela* do dragão alado.

Os dois aspectos, o da luta real e o da luta divina, aparecem em uma representação em um quadro no Museu de Hannover. É atribuído aos discípulos do mestre Bertram e de Konrado von Soest, de Goettingen, na Baixa Saxônia. O santo é representado como cavaleiro da Idade Média, com manto luxuoso sobre a couraça, e mata o dragão com uma lança, e este é representado com chifres e cauda enrodilhada para acentuar o significado de Satanás. No canto direito, acima, desce um anjo alado que representa a força divina.

Esse quadro, como grande inovação, apresenta a aparição, em um canto, da filha do rei, que de acordo com a lenda seria sacrificada ao dragão.

Também em um quadro da Pinacoteca de Bolonha aparece essa donzela assistindo à luta: trata-se da obra de Vitale de Bolonha, que viveu nos anos 1290 a 1369.

A representação é de grande intensidade. Em uma paisagem agreste, o dragão cheio de espinhos, com dentes regurgitantes de veneno e língua vermelha, bafeja na luta contra a lança do santo que o perfura.

Jorge luta *ajoelhado* no lombo do cavalo que se empina. O quadro revela espírito religioso da época e estudá-lo nos mínimos detalhes revela uma obra de grande conteúdo espiritual.

O mesmo se verifica no célebre quadro de Rafael existente no Louvre. O mestre, nascido em Urbino, na Itália, em 1483, faleceu em Roma em 1530, tendo sido aluno de Perugino. Retratou o santo bem jovem, elegante, e como fundo uma bela paisagem italiana.

A luta entre o santo e o dragão apresenta-se violenta, mostrando as garras do animal mesmo já trespassado pela lança, quase atingindo o corpo de Jorge; a princesa, na lenda inspiradora do quadro, não está nele; seria "Margaret", que, ao iniciar o combate, foge.

Os pintores posteriores inspiram-se em Rafael, como fez Eugenio Delacroix. Nascido em Charentono-Saint Maurice, perto de Paris, em 26 de abril de 1798, morreu a 13 de agosto de 1863. Aluno de Guèrin, superou a escola clássica da pintura e dedicou-se ao Romantismo; é considerado "pioneiro" do "novo Barroco"; é nesse estilo que pintou São Jorge, cujo quadro se encontra na Collection Moussali de Paris. Como Rafael, Delacroix apresenta duas fases da luta: na primeira o santo luta com a lança; esta aparece quebrada, parte cravada no corpo do dragão, e o santo ergue o braço direito para, com um machado, desferir o golpe final.

A presença da filha do rei, que seria o símbolo da Igreja, aparece em quase todos os quadros desde a Idade Média.

Paulo Ucello retrata a filha do rei junto ao dragão que está acorrentado com um cão. Esse quadro está na National Gallery de Londres.

Uccello nasceu em 1397 em Florença e lá morreu em 1475. Seu mérito especial na pintura italiana, desde o início da Renascença, é o de ter desenvolvido a perspectiva, especialmente nas paisagens.

Quanto à lenda de São Jorge, na descrição de Jacobus de Voragine, essa informa que o santo dirigiu-se à virgem com as seguintes palavras: "Coloca teu cinto ao redor do pescoço do dragão e não temas nada". Ela o fez e o dragão a seguiu como um cãozinho. Essa cena foi retratada por Uccello com os mínimos detalhes, mostrando a violência da luta e a serenidade da virgem, comprovando a confiança na fé.

Também o mestre de Bedford, que nos anos de 1424-1435 pintou miniaturas para o "Breviário de Bedford", destaca a lenda, nesse ponto da condução do dragão, totalmente submisso pelas mãos da princesa, até a cidade. Esse breviário encontra-se na Biblioteca Nacional de Paris; ignora-se o nome desse mestre, assim denominado por John de Lancastre, Duque de Bedford e regente do rei inglês na França, de conformidade com o tratado de Troyes.

Jean Porcher o descreve como um pintor que usa tonalidades harmônicas e suaves, salientando fisionomias arredondadas e maciez da roupa, sem preocupação quanto ao porte e a expressão da figura. Nas paisagens que completam a obra, notam-se riqueza de detalhes e nelas são colocados grupos de pessoas.

Sem a preocupação de locais e datas, encontramos em toda a Europa obras magníficas que retratam São Jorge. Em uma demonstração da seriedade do assunto, e pintores célebres que retrataram tantos reis e papas, não se ocupariam de São Jorge caso não tivessem a certeza de sua realidade.

Uma grande porcentagem de obras não são identificadas e seus autores são designados simplesmente de *mestres,* reconhecendo a qualidade desses artistas anônimos.

Na Capadócia, na Capela de Santa Bárbara, em "Soghanle", existe uma pintura simples, apresentando o santo em luta com o dragão. Atribui-se ter sido pintada no século X.

Simone Martini apresenta no átrio do Domo de Avinhão um expressivo quadro. Em Altichieri, no Oratório de São João, em Pádua, há outro quadro famoso. Pisanello em seu *afresco* na Igreja Santa

Anastácia, em Verona, Itália. Carpaccio, no Oratório dos "Schiavoni", em Veneza, deixa magnífica obra, onde se vê São Jorge com armadura completa e sobre esta um manto escarlate, batizando alguém; é uma composição na qual se vê o batizando e uma donzela à sua esquerda, ajoelhados e em torno mais três personagens, e, no primeiro plano, abaixo dos quatro degraus, um cão galgo; no canto inferior esquerdo, uma pomba beliscando um pé de erva. Jorge segura uma *tigela* e derrama a água sobre a cabeça do batizando; ao lado, um moço segurando um grande jarro. O cenário mostra a frente de uma Igreja ou um casario, e acima um pedaço de colina. As cores são tênues e a composição é belíssima. Jorge não apresenta qualquer arma e sua cabeça, com longos cabelos, está livre.

Carpaccio ainda apresenta outro quadro, intitulado *Triunfo de São Jorge*, que se encontra na Escola de San Giorgio e Trifone, também em Veneza.

Donatello, Donato di Betto Bardi, escultor toscano, nascido em Florença em 1386 e morto em 1466, autor de esculturas célebres, como *Nossa Senhora e o Menino Jesus*, *São João Batista*, *Madalena* e *Descida ao Túmulo*, esculpiu uma estátua de São Jorge, de corpo inteiro, de pé, trajando uma armadura de malha, costume do século XV, que faz parte de um nicho da Igreja Or-San Michele, sem a presença do dragão, apoiando-se em uma longa e robusta espada que está à frente de seus pés e lhe atinge a parte um pouco acima do estômago; as feições são belas, porém másculas, e o semblante apresenta muita seriedade. A estátua teria sido esculpida no ano 1116.

No Museu de Estocolmo, de autor desconhecido do século XV, encontra-se uma estátua do santo em combate.

Na Porta de São Jorge há um baixo relevo de Jorge combatendo o dragão, datado do século XIV.

O primeiro desenho que aparece teria sido de autoria desconhecida e publicado por Du Cange no *Familiae Byzantinae*.

D'Angicourt publicou uma pintura sobre madeira do século XII, representando Jorge a cavalo.

Jacopo Avanzi pintou, sobre o muro de uma capela em Pádua, diversos episódios da lenda, inclusive a ação de um anjo para libertar Jorge do suplício da roda e outro mostrando o batismo do rei Zevius.

Autores dispersos, em várias épocas, pintaram o santo, e entre tantos temos: uma pintura de Giulio Clovio; um quadro de Tintoreto; idem de Dominiquim que pertence à Galeria Nacional; idem de Paulo Veronese, com o martírio de São Jorge que se encontra em uma Igreja de Verona; idem de Paris Bordone, em Florença; idem de Gian Francesco Bordone, no Museu de Dresden; idem de Matteo Ponzono, na Igreja de San Giorgio Maggiore em Veneza; idem de L. Cambiaso, na Igreja de San Giorgio em Gênova; uma composição de Rotari, mostrando São Jorge recusando-se a sacrificar aos ídolos; várias composições de Jules Romain; obras de Francisco Vanni, Girol, Mazzuoli, Beniamino Montagna.

Uma estátua na fachada da Igreja de Nuremberg, representando o santo mártir; outra estátua, esta moderna, esculpida por Conrad Eberkard na porta de L'Isar, em Munich; na Exposição Universal, em 1855, foi apresentado um grupo monumental reproduzindo cenas com o santo, de A. D. Fernkorn.

Alberecht Dürer, grande gravador em metal, conhecido como ilustrador da *Divina Comédia*, consagrou a São Jorge três estampas: uma com o santo a cavalo; a segunda com Jorge a pé e a terceira, gravada em madeira, mostra Jorge combatendo o dragão.

Outros quadros não menos dignos de nota: Altdorfer, Hans Burgkmair, Jacob Binck, Fr. Vali Bocholt, Daniel Hopfer, H. Lantensack, W. Huber (1520), G. Jegher, W. Hollaz, G. Halbauer, S. Amsler, todos pintores alemães.

No Museu dos Ofícios, em Florença, há um pequeno quadro de Lucas Granach, com a reprodução do santo.

Um tríptico de C. Engelbrechtsen no Belvedere, em Viena; um quadro de B. Zeitblom, no Museu de Munich, que representa São Jorge jovem, imberbe, armado dos pés à cabeça e usando um estandarte.

Na Igreja de Tous-les-Saints, em Munich, M. H. de Hessa, executou um afresco apresentando, juntos, São Jorge e São Hubert, diante de Cristo.

No Museu D'Anvers, um tríptico de Ambroise Franck, le Vieux, representa Jorge a cavalo, o suplício na roda e a degola; a curiosidade está no cavalo que, em vez de ser de pelo branco, o é cinzento, fugindo assim à totalidade dos pintores que se fixaram em um cavalo branco.

Rubens pintou vários quadros sobre São Jorge, entre outros um grande quadro, executado para a Igreja Saint Gommaire, de Lierre, e mais dois outros quadros que estão no Museu de Madri e no Museu de Munich.

No Museu do Louvre, Rubens apresenta uma série de cerca de oito quadros de grandes proporções, de diversos temas, com a curiosidade de que em cada quadro aparece *uma cobra,* elemento que representa a *inteligência*; dessa prática pode-se deduzir a atração que Rubens poderia sentir em pintar o dragão.

No Museu de Dijon, um quadro de Carie Vanloo; vê-se esparsos nas obras de Claude Lovrain, Tenniers e M. Clère.

O já citado quadro de Rafael Santio, representando São Jorge vencedor do dragão, e uma das dez primeiras obras célebres do pintor que representa um Jorge de cabeça loira de ímpar beleza e o cavalo, estupendo; essa obra foi pintada para o Duque D'Urbino.

No Museu de L'Ermitage, encontra-se outro São Jorge de Rafael pintado no ano 1506, também encomenda de Urbino que o ofertou a Henrique VIII.

No livro *Georg* de Leonard Kuppers (Der Heilige Georg) estão inseridos, incluindo a capa, 15 magníficos quadros e ícones com a efígie do santo; três ícones de autores desconhecidos; um mosaico, também de compositor ignorado; três "mestres", um no altar "Barfuesser", outro de Bedford (já referido) e o terceiro, de Messkirch; as demais estampas são de Rafael, Vitale de Bolonha, Eugène Delacroix, Paulo Ucello, Lucas Granach, Albrecht Dürer, Hans Holbein, Vittore Carpaccio e Bernardo Martorell.

Na Rússia do século XV, no Museu Kiev – SSSR, um quadro de São Jorge a cavalo. No museu de Leningrado, outro quadro, este do século XIV, de autores desconhecidos.

Na National Gallery em Washington, um São Jorge com o dragão de autoria de Van Der Weyden (Roger), pintor belga, nascido em 1399 e morto em 1464.

Na Rússia, para comemorar uma data da revolução, foi apresentado um cartaz expressivo, em branco, preto e vermelho, representando um Jorge a cavalo, em trajes civis, com chapéu ou barrete, espada em riste, sobre um grande dragão, e a iconografia associa o soldado do Exército Vermelho ao tema religioso da luta de São Jorge com o dragão, tema da tradição religiosa eslava.

Destacam-se os quadros de Lucas Granach, pai, pois também o filho dedicava-se à pintura (morreu em 1553), mas em 1505 foi residir na corte de Keur-Saxonia em Wottenberg, convidado por Frederico, o Sábio, um amigo de Martinho Lutero.

Entre Lutero e Granach houve grande amizade, a ponto de Wittenberg tornar-se um centro da pintura da Saxônia, e esse centro envolveu-se com a Reforma de modo que as diversas obras apresentando o tema São Jorge e o dragão surgiram em uma época de muita dissenção, e, se a existência de São Jorge fosse contestada, por certo

Granach não teria se dedicado ao tema. Embora passado um milênio – dois séculos e meio da morte de Jorge –, deviam ter existido elementos seguros para que o reformador Lutero não coibisse a manifestação artística de seu amigo Granach.

Obra moderna de August Macke (1887-1914), que se encontra no Stadtische Galerie Munchen, apresenta São Jorge em traços simples e estilizados, que pelos movimentos, tanto de Jorge como do cavalo, este assustado pelo olhar, e o dragão trespassado em sua *goela* pela lança, dá impressão de leveza e realismo.

Das inúmeras pinturas, a de Delacroix é a única que demonstra ter sido o cavalo atingido e sem a invulnerabilidade que possui o santo (o corpo do cavalo está ensanguentado).

O simbolismo desse detalhe diz respeito aos *meios* que o cristão usa para combater o Diabo, meios que são vulneráveis e que podem ser sacrificados; apesar do belo cavalo, de sua pureza e valentia, poderia sucumbir à luta.

O mestre Von Bedford (quadro na Biblioteca Nacional, em Paris) representa, como alguns outros pintores, o santo cravando a lança no pescoço do dragão, colocado atrás deles, mas desmontado de seu corcel que está empinado, um pouco afastado, apreciando o combate; aqui, o pintor preserva a montaria porque sabe que não é invulnerável à ferocidade da besta. Esse quadro que *é* um tríptico, na parte de cima mostra um momento de luta, mas o santo a cavalo, enfrentando o dragão pela frente. Nota-se na cena da parte inferior que o golpe dado com a lança foi fatal, porém de trás para diante; o dragão já dominado é conduzido pela princesa atado por seu cinto.

A já referida obra de Paolo Uccello é apresentada por alguns comentaristas com a curiosidade de que a "donzela", filha do rei, seria Santa Marta, o que vem a dar uma dimensão diversa dessa obra.

A *inspiração* dos pintores e escultores está estreitamente ligada à influência espiritual do santo.

Nós, modesto escritor, sentimos essa influência e frequentemente nos vemos participando dos eventos que descrevemos. Surgem momentos de grande inspiração, e comungamos estreitamente com o santo, somos evangélicos, portanto adversos ao culto das imagens, no entanto não vemos São Jorge como imagem, mas como um ente real, que *participa* desse trabalho, ora advertindo que certas passagens estão a exigir modificações, ora inspirando para buscar na pesquisa elementos que possam robustecer o que lançamos no papel.

Enfim, sente-se *uma presença* que contribui para a devoção.

Certamente os leitores sentirão essa mesma *influência* e, conhecendo um pouco mais da vida daquele que enfrentou os poderosos de sua época, para testemunhar que Jesus era filho de Deus, alcancem planos mais elevados, entregando-se à meditação para concluir que neste mundo *não estamos sós.*

O artista Walmor Bittencourt Corrêa soube com precisão destacar de obras célebres, nos quadros em que São Jorge luta com o dragão, esses animais, apresentando-os isolados, para que se possam apreciar e tirar as conclusões necessárias para uma melhor compreensão. Assim enumeraremos, um a um, e teceremos algumas apropriadas considerações:

Figura 1

Nota-se a predominância da serpente *alada,* animal com cabeça de *veado,* língua de serpente e patas humanas.

A serpente sempre foi símbolo da inteligência. Aqui, o artista pretendeu significar que o *inimigo a combater* agia com elevada inteligência, pois a serpente se apresenta alongada, com a cauda erguida, comprovando que o *inimigo* da fé agia com sabedoria e para combatê-lo havia necessidade de lhe opor outra *inteligência* mais sublimada e celestial.

"Serpens" e "Seraph" têm o mesmo significado. A serpente é símbolo da medicina e farmácia, envolvida ora em uma taça de cristal, ora em um bastão, significando a *inteligência* e o *saber;* Serafim, a personagem da hierarquia celestial, é o inspirador do *saber.*

Pareceria absurdo unir em um dragão a ferocidade, a pestilência, o animalesco, com a inteligência.

A serpente que iludiu Adão, o primeiro homem, certamente podia expressar-se, eis que o Gênesis nos diz que ela convenceu Eva; sabe-se que as serpentes *silvam,* mas geralmente são representadas como entidades mudas; sua presença se torna suficiente para a mensagem.

No caso do dragão, a serpente se une a um ser que "pode se expressar"; obviamente, aquele dragão tinha o dom do verbo, porque pudera exigir do rei que lhe fossem dadas ovelhas para seu alimento e depois, seja porque os rebanhos terminaram, seja por capricho, o dragão acabou por exigir para alimento seres humanos, iniciando com *donzelas.*

Não se sabe o que poderia acontecer caso o rei não atendesse às exigências do dragão.

Acabaria ele com toda a população da cidade.

Se o dragão se recolhia nas profundezas das pestilentas águas do lago, a população ameaçada poderia ter fugido do reino.

O dragão anteriormente representado caminha em parte e arrasta-se, pois só tem duas patas.

É um animal *alado.* Nem todos os dragões são apresentados alados.

As asas sugerem a figura do anjo, sem a necessidade de ser um anjo da corte celestial fiel a Deus.

Será um dos *anjos* caídos, daqueles que *desobedeceram* e revoltaram-se, chefiados por Lúcifer.

Não se tem notícia de algum "dragão voador", apenas que possuem asas sem utilizá-las como meio de transporte.

Conhecemos dentro da fauna alguns pássaros ou animais alados que não utilizam suas asas, como as simples *galinhas,* os *avestruzes* que, apesar de alados, utilizam esses elementos apenas para melhor *correr,* sem alçar voo.

O dorso do dragão apresenta as manchas características das grandes serpentes. Trata-se de um ícone de autor desconhecido: a serpente é marrom e o dragão expele fogo; já está trespassado pela lança de Jorge, que *é* representado como santo, pela auréola em torno de sua cabeça; o ícone é antigo e encontra-se nos Estados Unidos da América do Norte.

O ícone mostra que o dragão desceu de uma árvore, tendo a cauda ainda enroscada em seu tronco. A árvore é de porte desproporcional, com uma ramagem pequena, mostrando florescência vermelha, e não atinge a altura de Jorge montado em seu corcel branco.

Sugere a figura a "serpente do Éden", que tentou o primeiro casal do Éden.

Tratar-se-ia da representação do engodo, da insídia, do engano a que foram levados os idólatras, repelindo o Cristianismo.

Figura 2

O dragão é apresentado em um mosaico que se encontra no Museu do Louvre, em Paris.

Trata-se de um dragão alado, já trespassado pela lança de Jorge, aureolado como santo na posição clássica de luta, com o cavalo empinado.

A cauda do animal é longa e enroscada em uma só volta, sugerindo de modo difuso ser escamosa.

As patas são de águia, com unhas afiadas; pescoço longo, de crocodilo; está ainda de pé, apesar de ferido.

O olhar da besta dirige-se a Jorge e parece pronto a resistir e agredir.

As asas sugerem as dos morcegos, são constituídas de membranas e formam um conjunto com a coxa do dragão.

O desenho não é bem-proporcionado, talvez para sugerir que o animal, contorcido pela dor, colocasse seus membros em posições estranhas.

A figura do dragão contrasta com a do cavaleiro; esta é perfeita, com as formas harmônicas e detalhes preciosos, como o trato da cauda do cavalo, caprichosamente atada.

Aqui, o dragão fica em segundo plano, pois a figura mais importante obviamente é a do santo.

A composição da figura do dragão, parte serpente, parte águia, parte morcego e parte crocodilo, simboliza a *inteligência,* a *liberdade airosa,* o *demoníaco* e a *ferocidade,* misto portanto daquilo que os animais sugeriam.

A idolatria se apresentava, evidentemente, com essas características; inteligente, a ponto de convencerem-se os mais ilustrados do

Império; livre, em face da proteção poderosa do Estado; demoníaca por negar a onipotência de Deus e feroz, porque o Cristianismo era combatido e perseguido até a morte.

A arte antiga primava pela simbologia e representação; certamente os autores explicavam o porquê de seus trabalhos, mesmo que em certas oportunidades *mascararem* seus ideais, ocultando-os sob as artes.

As obras eram de louvor, de elogio ou de crítica.

O autor imprimia na pessoa de Jorge e em sua montaria toda expressão de fé e louvor, destinando ao dragão sua ira, a revolta e mesmo as *insinuações* de colocar nos dragões semelhanças com seus desafetos ou perseguidores.

A respeito do mosaico anteriormente referido, desconhecendo-se o autor e a época, não se pode delinear os motivos que inspiraram essa obra que se reveste de uma beleza ímpar.

O santo vem representado como um garboso jovem louro, e a cena está embutida em um círculo, uma espécie de medalhão, apresentando na moldura três cores: vermelha, cinza e marrom.

A função das cores, ainda na época, não tinha maior significado, mas a predominância dos vermelhos e tonalidades marrons era visível, seja pela facilidade na obtenção dos materiais para composição das tintas, seja pela *aversão* aos azuis, talvez explicada pela falta de matéria-prima.

Nesse medalhão de mosaico, o fundo é verde, que completa a harmonia do trabalho, e o conjunto é tão uniforme que encanta e justifica considerar esse mosaico como obra-prima.

Figura 3

A obra é do mestre do Altar "Barfuesser", portanto obra anônima, pois se desconhece o nome desse mestre. Encontra-se no Landesmuseum de Hannover, tratando-se de um quadro antigo, com colorido desbotado, predominando o marrom esverdeado e os vermelhos desbotados.

A curiosidade na figura do dragão é que se apresenta como fêmea, e disso não temos qualquer explicação.[9]

O cavalo já está com as patas dianteiras prestes a subir no dragão, que é de seu tamanho, com a ponta da cauda enroscada em sua pata direita traseira, mas que não aparenta abalar seu equilíbrio.

O animal é feroz; possui chifres, dentes pontiagudos, olhar odiento; sua cauda é fina e se encontra em decúbito dorsal, com três patas firmando-se no solo e a esquerda no ar, pronto a segurar as patas dianteiras do cavalo.

O animal já está mortalmente ferido; a lança trespassa seu focinho e atinge seu pescoço, provocando abundante sangramento.

O pescoço é escamado; as orelhas são grandes e a cabeça é um misto de javali e veado. Não se trata de um animal alado; o corpo é arredondado, demonstrando ser lento em seus movimentos.

É de uma cor só, avermelhada, e não expele fogo, não se notando o tamanho da língua.

Trata-se de mais uma das *composições* que abrange vários aspectos, o da serpente, contendo a *inteligência.* O corpo pesado, demonstrando a ignorância; a velocidade do cervo e a ferocidade do javali estão a atestar como se apresentava a idolatria a ser combatida.

As patas são de águia, a demonstrar a argúcia e o poder. Os olhos não são de qualquer animal conhecido e sugerem mais, olhos demoníacos, raivosos, agressivos.

É um animal que inspira medo e temor.

O quadro é completo: na parte de cima, em um penhasco, a princesa portando uma coroa e um colar de contas de coral com quatro voltas e vestes longas; acima, do lado direito, o anjo Gabriel que investe armado de espada tocando o ombro de São Jorge, dando-lhe a proteção divina. Não se trata propriamente de uma espada nem de uma lança, mas de um bastão que na parte do meio apresenta uma espécie de anel, instrumento totalmente desconhecido, mas por certo um símbolo celestial protetor.

O anjo parece ter saído de uma nuvem escura.

9. Representaria Tiamat, rainha das águas, na lenda siemísia.

A princesa tem as mãos em uma posição dúbia, parecendo encontrar-se em ansiedade, ou aplaudindo a coragem de Jorge.

O conjunto do quadro obedece à harmonia clássica; os detalhes são precisos, os arbustos, a relva e as árvores são detalhadas; na parte inferior, algumas flores vermelhas completam o conjunto.

Figura 4

O dragão vem representado de forma harmoniosa, sendo um dos melhores entre as dezenas de obras célebres. É obra de Vitale da Bologna, que se encontra na Pinacoteca de Bolonha, Itália.

Temos um quadro expressivo, sendo o fundo em cor esverdeada escura, aparecendo tão somente à direita a cabeça da princesa; nenhuma vegetação, sendo o terreno árido. Jorge, quase solto sobre o cavalo, inclina-se sobremodo e atinge com a lança o dragão em sua cabeça; as patas do cavalo estão sobre o dragão que por elas está subjugado; Jorge veste-se com simplicidade e já tem a auréola peculiar aos santos, com um detalhe curioso, eis que essa auréola, aparentemente dourada, foi pintada em um plano à frente da lança, o que significa que ela foi colocada posteriormente ao original.

O animal apresenta quatro patas de leão; sua cauda é curta e não lembra a serpente; o dorso ovalado de forma côncava e, sobre ele, até o ponto onde inicia a cauda, vê-se uma espécie de espinhos; a cabeça lembra uma cabra, e não se notam as orelhas; dentes pontiagudos, e um especial, justamente no lugar do nariz; as asas são de morcego.

A cor é terrosa, assemelhando-se ao solo; não expele fogo e seu olhar é de mansidão.

O sincretismo da cauda que pode significar a serpente, o dorso que lembra uma pele de crocodilo, as patas de leão, as asas de morcego e a cabeça de uma cabra traduzem a inteligência da cobra, a robustez e ferocidade do crocodilo, o aspecto demoníaco das asas, o agreste da cabra.

O animal parece fazer parte do *habitat* deserto e inóspito.

O semblante de Jorge demonstra grande preocupação no que está fazendo, enquanto o da princesa é sereno, quase de indiferença.

No combate ao dragão, Bologna quis demonstrar que o Paganismo já apresentava poucos atrativos na aridez de seu culto idólatra; o fundo escuro representa que o sol não está iluminando e, assim, o futuro do Paganismo é sombrio.

O dragão atingido significa a vitória do Cristianismo sobre a idolatria, e o dragão subjugado pelas patas do cavalo que ergue a cabeça no grande esforço que desempenha simboliza o êxito da missão de Jorge; a donzela, em um plano superior, afastada do cenário, aparecendo timidamente, significa o acanhamento da Igreja que prefere a defesa do que a iniciativa do ataque.

O santo não possui outra arma senão a lança, que é apresentada frágil, mas que atinge o objetivo.

Parece que o dragão, após atingido, lança de suas narinas fumaça que não se distingue claramente; não há sinal de sangue, comprovando que o animal não representa vital importância. Trata-se de um inimigo feroz, mas perfeitamente combatível, que pode ser vencido com a proteção divina.

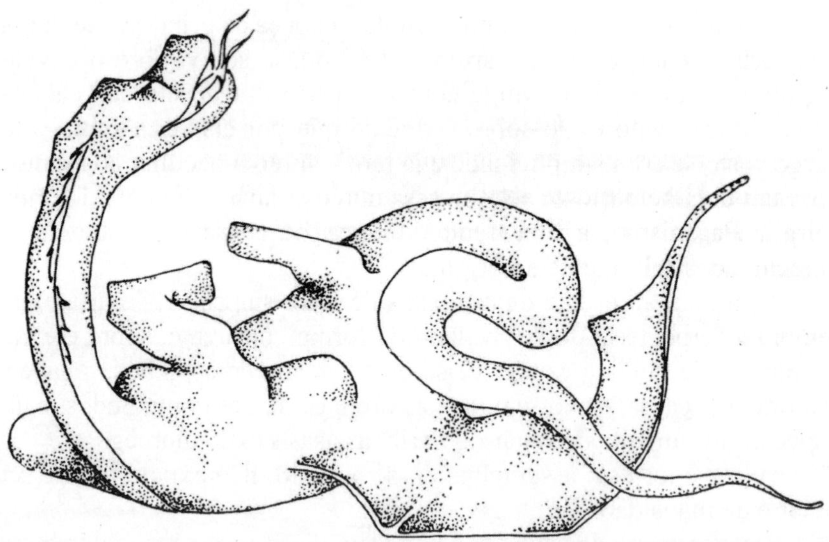

Figura 5

Eugène Delacroix pintou estranho quadro que se encontra na Coleção Moussali, em Paris, apresentando uma luta de grandes proporções a ponto de a montaria de Jorge estar toda arranhada e ensanguentada; Jorge está incólume, seja por sua condição de *protegido,* seja porque veste armadura completa, inclusive com luvas apropriadas.

O quadro é bem elaborado, ocupando a montaria a maior parte do espaço. O dragão apresenta suas patas decepadas, tendo enroscado com sua longa cauda a pata esquerda traseira do cavalo.

O animal é alado, sendo as asas de morcego; a cauda lembra robusta serpente; o pescoço é longo e a cabeça recorda a do crocodilo, sendo sua língua bipartida, expelindo tênue labareda. A lança encontra-se cravada no peito do animal que jaz de costas; a lança, porém, que é de madeira, está partida e Jorge empunha uma machadinha, com a qual, possivelmente decepou as patas do monstro.

Cada pata significa um dos fortes deuses do Paganismo que o santo destruiu naquele embate; o dragão lutou com todo ânimo, mas acabou vencido, e certamente a refrega terminou com a morte do animal, ou seja, significa o prenúncio da destruição do Paganismo.

Nesse quadro, Delacroix não coloca a donzela, pois seu interesse maior está na luta entre dois elementos: a verdade e a mentira. Naturalmente sendo a verdade o Cristianismo, e a mentira o Paganismo, a dualidade está sempre presente: o bem vencendo o mal.

Jorge não dispensa, porém, as armas: lança e machado; uma *é* arma que penetra fundo, atingindo o âmago; outra é arma cortante, que tira as arestas, que limpa e arrasa, corta e suprime, enquanto a lança penetra, posto se destrua.

O desenho mostra um animal disforme, sem possibilidades de locomoção, totalmente abatido, comprovando que o Paganismo e seus alimentadores tiveram um início destrutivo e que, embora decorrida uma vintena de séculos, não mais se propagou, pelo menos na Europa cristianizada.

Jorge reduziu o *monstro* a um monturo disforme de elementos demoníacos, entendendo-se aqui, por Demônio, o opositor *à* vontade de Deus.

Delacroix não pintou a auréola de santo em Jorge: preferiu tê-lo como simples cavaleiro.

Realmente Delacroix interpretou a luta com o dragão não como motivo para a santificação de Jorge, mas como um prenúncio de que sua vida e sua presença simbolizavam a destruição do Paganismo, a destruição dos que se opunham à estabilização da Igreja.

Figura 6

Na National Gallery de Londres, está a pujante obra de Paolo Uccello. O dragão é representado de forma impressionante, tal a ferocidade e a anomalia como se apresenta.

A cabeça de um cão feroz, a dentadura de leão e as patas, um misto de avestruz e leão; garras muito grandes, mas dedos com três enormes unhas.

Apenas duas robustas pernas semelhantes às de um poderoso cavalo; seu equilíbrio está nas asas, sempre de morcego, mas com detalhes curiosos: nas três partes de cada asa, um círculo, sendo branco na asa esquerda e vermelho na asa direita; no centro dos círculos, uma pupila azul.

A cauda representa uma longa serpente; o corpo apresenta escamas grandes em forma de unhas; as unhas das patas são brancas e a cor da pele é marrom avermelhada.

Os círculos coloridos são aplicados na tentativa de embelezar o monstro, dando-lhe asas com aspecto de borboleta.

Representam dois partidos: o do imperador, que tem as cores vermelho-azul, e o dos sacerdotes, com suas brancas túnicas.

As asas são robustas, mas pequenas, que não se prestam para o voo, servindo de braços para o equilíbrio no andar. A cauda não se arrasta, mas eleva-se ao ar.

Jorge avança com o cavalo a galope e afunda a lança na cabeça do dragão, que verte muito sangue.

À direita do dragão, bem próximo, está a princesa já segurando docilmente, com sua mão direita, uma corda que envolve a cabeça do dragão.

O dragão não sai do lago pestilento, mas de uma bem traçada gruta de pedra; defronte à gruta, um pátio minuciosamente elaborado, com canteiros de relva e pisos lajeados.

Jorge e cavalo parecem ter surgido de uma nuvem muito espessa, negra, e que demonstra turbulência; o céu é azul, apresentando parte mais clara na altura do horizonte e algumas leves nuvens brancas esparsas amenizam o azul cinzento.

O pintor desejou em sua obra demonstrar que, vendido o dragão, a princesa conduziu-o até seu povo, para assim completar a lenda e manter sua fidelidade.

O imponderável fica por conta da imaginação; o que vale é a mensagem que Uccello desejou apresentar e que permanece viva até nossos dias.

Figura 7

Do mestre de Bedford, obra conservada na *Bibliotheque Nationale* de Paris, temos um magnífico quadro tríptico, que acompanha Jorge chegando ao reino ameaçado pelo dragão, o início do embate e o final feliz, com a subjugação do monstro conduzido pela princesa, acompanhada do santo que o empurra com a lança, que permanece cravada em seu pescoço, propriamente na base do pescoço.

Jorge, com armadura completa, inclusive capacete, não apresenta a auréola de santo.

O dragão não é tão monstruoso: todo branco, possui cabeça curiosa, um misto de dentadura de crocodilo, língua longa, estranhas orelhas em forma de leque, com aparência de asas de morcego; o corpo é escamado e as asas divididas em três partes de morcego, com o detalhe junto ao corpo de um conjunto de penas de pavão, o que lhe dá uma certa beleza estranha; as patas com três dedos são de leão e a cauda é longa, como uma serpente; na parte do ventre, apresenta longos pelos.

O animal é de proporções respeitáveis, de tamanho igual ao do cavalo.

O dragão está mortalmente ferido e continua vertendo sangue desde o local onde foi atingido; é de se deduzir que a caminhada foi longa e que o animal está prestes a sucumbir ao entrar triunfalmente no castelo em que se encontra a família real e um grupo de súditos.

A simbologia do quadro narra o evento completo, como acontecia nos trípticos da época.

O estudo do dragão em si, como elemento isolado, demonstra que a vitória não se restringe à luta em si, mas às suas consequências.

A vitória sobre o Paganismo alcança a comunidade cristã que se regozija. Narra a lenda que Jorge, rejeitando todas as ofertas que o rei lhe fez, inclusive de casar com a princesa, passou a pregar o Cristianismo tendo toda aquela comunidade *se convertido* procedendo Jorge como propagador, já que fora afastado o mal que a idolatria representava.

O animal alado representa o desejo de voar, embora não fosse permitido *alçar voo,* eis que o idólatra se arrasta e não pode conquistar as alturas celestiais.

O Opositor, ou Lúcifer, com sua desobediência, já não pode alçar voo, permanecendo nos subterrâneos, nas cavernas, nos locais apropriados e *habitat* dos dragões.

O dragão que foi morto por Jorge, contudo, pode renascer do sangue que derramou, caso desprezemos esses feitos do passado, quando havia mártires doando a si mesmos para resguardar a fé; pode renascer com outros aspectos, sempre sórdidos e desumanos, com nomes diferentes, com posturas as mais diversas, sob a couraça de uma atitude de violência, de uso de drogas nocivas, de materialismo, enfim, daquilo que destrói e deturpa, como o egoísmo, o enriquecimento ilícito, o desprezo para com os idealistas.

Figura 8

Esse dragão é de inspiração do célebre pintor alemão Lucas Granach, o Velho.

Trata-se de uma espécie robusta de crocodilo, de proporções maiores que o cavalo do santo.

A fera está totalmente vencida, já atingida pela lança e sob as patas do bravo corcel branco.

O crocodilo é um anfíbio e tem representado sempre a traição, sendo implacável com as criaturas que ataca e que trucida.

O pintor coloca ao lado do animal vários esqueletos humanos, demonstrando que a besta já estava devorando criaturas, posto ao lado da princesa que se vê em um segundo plano, estando ainda uma ovelha.

Jorge é apresentado com muita elegância, trajando impecável armadura e capacete festivo, enfeitado com belas plumas.

O dragão ferido não verte sangue e apresenta olhos esbugalhados demonstrando sofrimento e agonia.

Granach foge ao convencional quando prefere um dragão especificamente crocodilo, evitando assim outras interpretações que lhe atribuem a encarnação do mal.

As personagens, como nos referimos em outro comentário das obras dos pintores, são sempre três, uma trilogia convencionada por todos que compreendem: Jorge e sua montaria, a donzela, cativa e vítima, e o dragão.

Aqui, nesse quadro, a donzela também representa a Igreja, mas de forma tímida, eis que não usa coroa na cabeça, embora tenha as mãos postas em atitude de prece.

A parte ativa é Jorge, que toma a iniciativa da luta e vence.

O dragão sempre é o perdedor, pois assim é o desejo de todos, mesmo os que não participam das lutas.

O desenho isolado do dragão está a comprovar um estado de derrota total, uma submissão definitiva, o estertor que demonstra o reconhecimento de um poder acima do mal.

Temos convicção bem formada de que não são os pintores e escultores os criadores das mais emocionantes obras a respeito de São Jorge que formam a história, mas sem dúvida eles contribuíram enormemente na compreensão da lenda e colaboraram para que a existência de Jorge, como mártir e santo, se tornasse real, com seu artístico testemunho, seu interesse uniforme, pois, mesmo procedendo de diversas regiões, a simbologia apresentada reforça a convicção de que Jorge existiu e que, como santo e mártir, sua atuação permanece viva, para a satisfação de seus devotos e da própria Igreja.

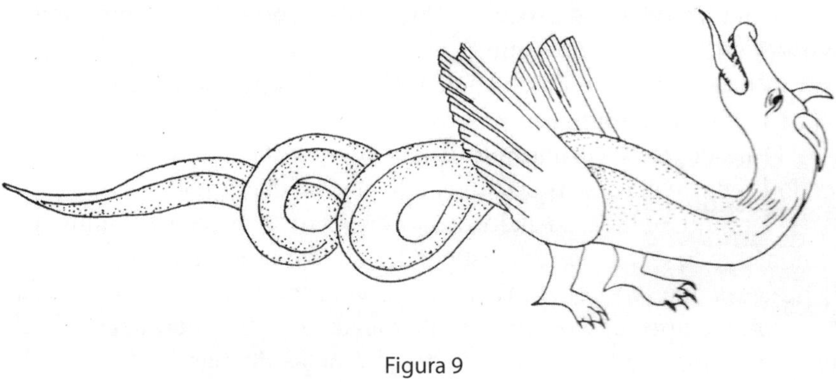

Figura 9

Trata-se de um ícone, de autor anônimo, porém quase idêntico ao ícone da figura nº 1, com a diferença na cabeça, sendo nesta figura voltada para trás; Jorge e o cavalo parecem cópias fiéis um do outro; sem dúvida, o autor é o mesmo.

Curiosamente, as pequenas alterações são evidenciadas, pois a cabeça desse dragão possui orelhas, enquanto na figura nº 1 as orelhas não são visíveis.

As serpentes não possuem orelhas nem ouvidos: são surdas, eis que não têm aparelho auditivo.

Esse ícone é complementado pela presença de figuras do castelo ou do palácio, e o dragão não desce de qualquer árvore, jazendo no solo totalmente enroscado.

Trata-se da *formação embrionária* dos futuros dragões, surgindo da serpente que adquire asas e duas patas dianteiras de grande tamanho; a cabeça se assemelha a um javali e de sua boca é expelido fogo.

A lança, muito fina, já atingiu a cabeça, transpassando-a, abrangendo o pescoço; essa lança fina engrossa sobremodo ao sair do ferimento.

O ícone não obedece às proporções desejadas, mas expressa a mensagem do autor.

No primeiro ícone, Jorge atinge a cabeça do dragão, com a lança por trás, transpassando-a, enquanto nesse ícone o dragão é atingido de frente.

Embora pelo estilo apresentado esses ícones pertençam a uma mesma época, não se pode saber qual dos dois foi elaborado em primeiro lugar e tampouco porque o autor entendeu modificar o quadro.

Pode-se, contudo, entender que Jorge preferiu enfrentar frontalmente o inimigo, em uma demonstração de firme resolução e para que ninguém pudesse argumentar que o golpe fora traiçoeiro.

O *Demônio* aqui é apresentado com cores mais escuras, embora conservando as mesmas características.

Quando nos referimos ao *demônio*, não afirmamos a existência de um *Diabo* na concepção da doutrina católica romana, mas de um *perturbador,* como devia ser considerado o Paganismo da época.

As expressões pagãs hodiernas diferem da idolatria da época romana, no sincretismo deus-homem, quando os imperadores, inclusive Diocleciano, assumiam atributos divinos, recebendo as homenagens de seus súditos e tentando imortalizar-se.

A figura é de Albretch Dürer e se encontra em um museu em München, apresentando um dragão melancolicamente morto, erguido com pouco esforço pelo pescoço.

Figura 10

O animal apresenta cabeça de bode, olhos grandes, língua longa pendente da boca, de proporções avantajadas, na mesma proporção de Jorge, com quatro patas, contendo quatro dedos em cada uma, com unhas agudas; a cauda é grossa e longa; o corpo é um misto de pelos e escamas.

Dürer pinta Jorge sem o cavalo, com armadura, espada embainhada, e na mão direita, encostado ao ombro, um estandarte branco com uma cruz no sentido horizontal, em vermelho.

A figura é de um homem maduro, sem qualquer formosura, robusto e alto.

O pescoço do dragão apresenta uma ferida sanguinolenta, e em seu conjunto tem aspecto um tanto repelente, de um grande lagarto na cor marrom escura; as cores apresentam harmonia, predominando as escuras, e o fundo apresenta, em duas terças partes, cor negra.

A cauda do dragão envolve o pé direito de Jorge, obrigando-o a erguer levemente a perna.

No quadro não se nota a presença de qualquer pessoa, e o traje de Jorge não é da época romana, mas sim do costume do tempo do pintor (ano 1471-1528).

O semblante de Jorge é severo, sem refletir qualquer euforia pelo feito. Mais se assemelha a um caçador que a um guerreiro, segurando a presa sem maior emoção.

Dürer, grande gravador em metal, aquarelista, sobretudo pintor de óleo e guache, demonstrando muita sensibilidade na reprodução de retratos, de flores, sendo muito detalhista, certamente nos apresenta uma obra-prima, sem a força que o quadro deveria conter, pois não chega a causar qualquer impressão ou impacto, afora o valor artístico, e talvez tenha pintado o embate entre Jorge e o dragão dentro da fidelidade da lenda e da posição clássica de um Jorge cavaleiro, mas que não nos foi dado encontrar.

Figura 11

O dragão, aqui, comprova a vitória, sem dúvida, contra um inimigo, mas não convincente.

O quadro causa certa desilusão e confusão, menosprezando os dotes de valentia de Jorge que no quadro não é considerado santo.

Vale, porém, como confirmação, de que na data em que foi pintado era forte a crença na lenda, constituindo mais um elemento de veracidade.

A figura desse dragão faz parte de um quadro de autoria de Hans Holbein, o Mais Moço (1497-1543), célebre retratista, pintor de quadros a óleo e desenhista que nos dá um São Jorge a pé, segurando com a mão esquerda um estandarte, com o detalhe que as cores são invertidas, comparando-as com a figura nº 10, sendo o fundo em vermelho e a cruz branca.

O dragão está morto, transpassado no ventre por uma lança, envolvida a cauda na perna direita do santo, demonstrando que o animal ainda está nos estertores da morte.

O animal tem o corpo de um grande lagarto, escamado, com unhas desproporcionais nas patas; a cabeça *é* de urso e a cauda muito longa, terminando como se fora uma serpente.

Na imaginação de Holbein, para ser fiel à lenda, o animal devia ser um dragão, mas, como esse animal inexistia, não havia um modelo determinado para reproduzir, daí ser uma composição estranha.

Raros pintores apresentam a cabeça do dragão semelhante à de um urso, que, embora seja um animal feroz, não ataca o homem gratuitamente, pois o teme e, sempre que o encontra, trata de se afastar, a não ser que entenda estar em perigo, ou em defesa própria ou de sua prole.

O simbolismo do urso pode se fixar no fato de estarem os hunos representando o perigo do invasor; embora o urso seja um animal das florestas, seu *habitat* é mais próprio das regiões do Norte.

Como já nos referimos muitas vezes, a serpente simboliza a astúcia e a inteligência, e o lagarto (ou crocodilo), a voracidade feroz, que se arrasta em terra e se agiliza na água.

A água sempre representou o povo e a multidão, em seu movimento constante.

O Paganismo idólatra de Dioclécio, navegando mares, ultrapassando territórios, solapando a fé cristã, é muito bem representado por essa expressiva figura de dragão.

Holbein nos entrega um Jorge com a auréola de santo, vestindo elegante armadura em malha, botas finíssimas e um manto verde, subjugando o dragão, pisando sobre ele, vitorioso, erguendo o estandarte da fé, em uma posição de tranquilidade, olhando para baixo, contemplando seu feito.

O manto verde é a esperança de que, suprimido o dragão, o Cristianismo encontraria paz para apresentar o Messias, redentor da humanidade, e ele, arauto dessa nova evangélica.

Não se nota no quadro nenhuma outra arma, senão a lança, simbolizando que a ação de Jorge não foi de um *justiceiro,* mas de um *libertador.*

Na Galeria Estatal de Stuttgart, encontramos a obra do mestre de Messkirch, cujo autor é desconhecido, fixando-se a época entre os anos de 1535 e 1542.

Figura 12

O dragão da figura é colocado em segundo plano, por detrás de São Jorge, que está de pé, garbosamente posto, trajado ricamente como um nobre, portando uma cruz de ouro com rico colar; o punho da espada é rico, também de ouro; sobre a armadura, uma túnica curta, em veludo e seda.

Com o braço direito, sustenta uma bandeira branca cuja haste pousa no solo; essa bandeira o envolve por trás, como se fosse um manto.

Na cabeça, um estranho barrete e, ao seu redor, a auréola de santo, a armadura o envolve dos pés até o pescoço e as mãos estão protegidas por luvas do mesmo material, malha de aço.

O dragão, animal de pequeno porte, jaz de costas, com as patas erguidas e a cabeça recostada ao solo, apresentando na garganta profundo corte que sugere ser de espada, eis que não se vê qualquer lança.

O dragão é alado, sendo as asas de morcego; cauda longa, de serpente, e cabeça não definida, apresentando dentes curtos; suas patas estão guarnecidas por dedos com unhas longas; é cheio de corpo, na cor sépia clara.

Não aparenta muita ferocidade e o santo parece posar convicto de ter praticado uma boa obra, rosto sereno, envelhecido por uma barba que pode ser considerada grisalha, tendo poucos cabelos, eis que a cabeça parece raspada.

Nota-se pela presença da bandeira branca, volumosa, que a morte do dragão representa a paz.

O fundo do quadro representa uma escadaria com quatro degraus; não há princesa nem qualquer pessoa e vegetação.

O santo em primeiro plano simboliza ser ele a personagem central, enquanto o dragão, vencido e morto, já nada significa.

Sem dúvida, o animal pode ser considerado um monstro que representa suficientemente bem o inimigo destruído, ou seja, o poder maligno abatido para que o Cristianismo vencesse.

A riqueza do traje simboliza o esplendor da Igreja, e a espada, a força e a justiça.

O mestre anônimo, sem dúvida, era um grande artista, oculto, seja por descuido, seja por modéstia.

Sem dúvida pertence à escola alemã, pois o estilo é clássico e a robustez de Jorge retrata o homem da época em que o quadro foi pintado.

Figura 13

O dragão de Rafaello Sanzio (1483-1520), que se encontra no Museu do Louvre, em Paris, é soberbo e de uma inspiração espiritual muito acentuada, parecendo inspirar os demais autores.

Trata-se de um animal agressivo e de grandes proporções que, erguendo-se, boca escancarada, está por agredir Jorge, sustentando-se em sua cauda, eis que é apresentado como horrendo bípede.

Trata-se de uma mistura de animais: cabeça de cão raivoso e corpo quase integralmente de serpente, pois desde o pescoço se enrosca até a cauda longa, terminando por um fino apêndice enroscado.

É um animal alado, com asas de morcego, e suas patas são de pato, mas com unhas grandes; é marrom escuro e no quadro permanece na parte sombria.

O dragão já está com a lança cravada em seu peito, lança que se partiu em quatro pedaços.

Esses pedaços representam os elementos da natureza, terra, água, ar e fogo.

A posição do cavaleiro, empunhando uma forte espada, demonstra estar prestes a desferir tremendo golpe na cabeça do monstro que, apesar de ferido, seriamente prossegue em sua ferocidade.

O Paganismo ateu e idólatra está ferido pelo surgimento do Cristo, mas ainda tem forças suficientes para se constituir em grande embaraço à fé.

Embora o santo tenha perdido a lança, destruída pelo dragão, conseguiu cravá-la em boa parte no monstro; Jorge não fica desarmado, porque é cavaleiro e a espada faz parte de sua armadura que o pintor retrata com perfeição, revestindo-o da cabeça aos pés.

A proteção divina é íntegra; nada deixa escapar, não protege parcialmente, mas em um todo. A fé não é parcial, mas total.

A salvação não é parcial nem suporta um estágio intermediário tido como *purgatório.*

Sanzio apresenta a lenda completa, com a presença de paisagem inóspita, a presença da donzela que foge espavorida; o cenário é tristonho e se assemelha ao outono, pois as árvores são timidamente reproduzidas com escassas folhagens.

O cavalo robusto, de corpo grosso, empina-se e ergue a cabeça assustado, pronto a dar um pulo para fugir das garras do dragão, cujas unhas estão de fora.

Jorge não tem a auréola do santo; a donzela, porém, porta em sua cabeça a coroa do reinado de seu pai.

As vestes da donzela estão atadas por longo cinto, que mais tarde servirá para atar o dragão e conduzi-lo até seu reino.

Rafael representa Jorge com feições de muito jovem, de semblante formoso e sereno; o elmo está enfeitado por três plumas em cores diferentes, que simbolizam a *leveza,* dando o conceito de espiritualidade.

A figura do santo é esbelta, não chegando a ser musculosa, mas a armadura, colante ao corpo, pende mais para a usada na Idade Média que no tempo dos romanos, que era mais grosseira e pesada.

Rafaello Sanzio, natural de Urbino, Itália, foi um jovem pintor cujas obras principais se encontram no Vaticano, tendo sido protegido do papa Júlio II, grande protetor das artes, com grande convivência religiosa, motivando sua tendência para reproduzir os santos que mais o impressionaram.

A belíssima confecção deste quadro comprova a crença firme na lenda, elemento que vem robustecer, aliado às demais expressões artísticas da época, que a tradição da existência de Jorge e seu feito glorioso eram um fato verídico.

Figura 14

O dragão é apresentado estilizado, com belas formas, desconhecendo-se o autor do desenho.

Essa gravura se encontra impressa nas notas de 20 libras de papel, na Inglaterra, compondo, com São Jorge, o quadro tradicional.

O que se nota de diferente dos demais pintores e desenhistas é a cauda do animal, que termina com um ferrão.

Por se tratar de um desenho estilizado, nenhum significado simbólico pode ser destacado, pois não se apresenta a figura com feições agressivas; o corpo parece estar com escamas e as asas lembram a dos morcegos; a cauda *caracteriza* perfeitamente a serpente, diferindo muito do restante do desenho. Lembra o escorpião.

A unidade monetária denominada de Libra foi instituída por Henrique II, porém o papel-moeda é muito mais recente; nessas moedas, tradicionalmente, figuram membros do Império Britânico; na atualidade, a nota de 20 libras, a mais usual e que circula normalmente, traz a imagem da atual rainha Elizabeth II.

A decisão de colocar no dinheiro inglês a efígie de São Jorge revela o quão esse santo é considerado no Reino Unido, sendo diuturnamente lembrado pelo povo ao manusear seu dinheiro.

Figura 15

Na libra esterlina de ouro, da Inglaterra, de um lado está gravada a imagem de São Jorge em combate com o dragão. Essa moeda foi iniciativa de Henrique II, para homenagear o padroeiro do Império Britânico.

Não há recanto no mundo que não possua essas moedas, obviamente como adorno, eis que é de grande beleza, contendo motivo para a veneração do santo; assim, quem usa a libra esterlina como medalha, não só terá alguns gramas de ouro de 22 quilates, como a *proteção* de seu santo.

O dragão, como se vê na figura, não foge à inspiração de Rafael, e talvez seja a efígie de sua autoria.

Trata-se de um animal com corpo de leão, asas de morcego e cauda curta; a cabeça também lembra o leão, e isso sem alusão ao *leão britânico,* que em absoluto não cabe na figura de um animal a ser morto após duro combate.

O dragão subjugado representa a *estabilidade* da moeda, a proteção para a manutenção de seu valor, e também para que não seja furtada.

A libra esterlina foi usada como fator de progresso, pois juntava-se a ela o dinheiro todo, que assim permanecia sob a proteção *direta* do santo.

A efígie do santo, por outro lado, comprovava uma veneração total, pois circulando de mão em mão, mesmo de forma inconsciente, o santo estava espargindo sua proteção; não só protege o reino, como suas riquezas.

Os reis, imperadores e chefes de Estado tiveram sempre a preocupação de colocar-se como efígie em suas moedas, com o intuito de alertar os súditos de que se encontravam sempre *presentes,* exigindo a submissão e a honraria.

A colocação do santo em uma face da libra esterlina expressa o desejo de reavivamento de um culto em decadência e assim aconteceu, pois o culto a São Jorge, assim despertado, permanece até hoje, sendo contínua a emissão de libras esterlinas conservando o desenho antigo.

A Festa de Corpus Christi

Corpus Christi ou a *Procissão de São Jorge,* festa religiosa muito tradicional, vinda de Portugal. Data do reinado de Dom João II a festa pública da instituição da Eucaristia, realizada em Lisboa; o rei, muito devoto de São Jorge, atendendo a sugestões do clero, anuiu que na procissão estivesse presente a imagem de São Jorge.

Já o rei Fernando recebera a veneração a São Jorge por meio dos ingleses, que já o tinham como padroeiro.

Dom João I já era seu devoto e o fez patrono nacional de Portugal em substituição a São Tiago, práticas comuns de destronar um santo por outro mais em voga, e mesmo porque São Tiago era o patrono dos espanhóis.

Há certa confusão quanto ao fato de determinar que São Jorge montado a cavalo figurasse na procissão de *Corpus Christi,* pois algumas referências dizem que foi ordenado por Dom João I, enquanto outras referem que foi por Dom João II.

A procissão de *Corpus Christi,* naquela data, 1387, caíra no dia 23 de abril, consagrado a São Jorge; esse fato influenciou para que o santo participasse da procissão,

O padre Manoel da Nóbrega registra que no Brasil, em 1549, se realizava a primeira procissão de *Corpus Christi,* quando já a procissão de São Jorge constituía evento de relevante fé.

A procissão de São Jorge, em Lisboa, era acompanhada dos três reis magos, a serpente, São Sebastião, uma donzela, o dragão, São

Miguel, Santa Clara e mais algumas personagens bíblicas que desfilavam solenemente nas ruas de Lisboa.

Do ano de 1412 em diante firmou-se a tradição de participar a imagem de São Jorge nas procissões de *Corpus Christi.*

A procissão de *Corpus Christi* é de origem romana, surgindo com a construção das primeiras Igrejas: percorria o cortejo o espaço interno das Igrejas; posteriormente, ao seu contorno, para mais tarde percorrer as adjacências e, depois, trechos predeterminados.

Hoje, essa procissão limita o percurso nas grandes cidades aos arredores das Igrejas, dadas as dificuldades do trânsito intenso; nas cidades pequenas interioranas, a procissão percorre as ruas principais; o chão é enfeitado com arranjos florais; das janelas e sacadas veem-se ricas *colchas* expostas, mais com o intuito de receber fluidos benéficos que serão levados aos leitos como ornamentação.

A origem da presença da imagem de São Jorge na procissão de *Corpus Christi* fixa-se na referência feita sobre um evento que envolve o santo. Certa feita, Jorge, percorrendo uma estrada, deparou-se com a procissão que conduzia o Sagrado Viático, e a ela se incorporou junto com a tropa que comandava. Desse fato é que, em nome da *tradição,* entenderam os religiosos de ter nas procissões a imagem de São Jorge como lembrando a decisão piedosa do santo, honrando o Viático.

No Brasil, a reminiscência não podia ser relevada, mormente porque os portugueses, saudosos de sua pátria, quando possível, tratavam de reavivar suas tradições. Assim, as procissões de *Corpus Christi,* no Rio de Janeiro, contavam com a presença da imagem de São Jorge.

Em 1850, na Rua Lampadosa, estava a *capelinha* dedicada a São Jorge e dali a procissão recolhia a imagem do santo.

Ao amanhecer, o sino da *capelinha* anunciava o início das festividades; na véspera, já a frente da pracinha fora ornamentada com flores, tapetes e arranjos em areias coloridas.

Assim descreve Melo Morais Filho o evento:

> "Ao amanhecer, a voz garrida do sino anunciava o início da festa do padroeiro do Templo; como um tapete, em seus degraus baixinhos, estendiam-se areias e flores, e os irmãos, com a opa da Irmandade, começavam em seu labor anual. Passava-se sob um teto de bandeiras, ouvia-se o bater dos martelos pregando nas janelas e sacadas de pau arandelas, globos e colchas; e os sacristãos, nos ângulos do adro sopravam orrões, escorvavam foguetes e os arremessavam ao ar, sibilando já e estourando depois. A imagem de São Jorge lá estava no corpo da capela, exposta à adoração do público, à espera do cavalo branco, em que sairia montada, e de muitos outros que a

seguiriam com os tesouros, vindo uns e outros da Quinta de São Cristóvão, com a criadagem em grande uniforme.

Às nove horas, o consumo avolumava-se.

Os transeuntes curiosos tomavam as saídas, agrupavam-se no caminho; os negros de ganho, com o cesto enfiado na cabeça, paravam boquiabertos: as vendeiras de quitanda sentiam-se como se chumbadas ao solo; e os moleques descalços e em mangas de camisa olhavam ariscos para os pedestres, que surgiam de improviso, disperçando-os a juncadas.

Às janelas enfeitadas instalavam-se mulheres de má vida, formando uma golina de faces afogueadas e inchadas, de semblantes vulgaríssimos e às vezes macilentos ensombrados por negras pastas de cabelos untuosos, reluzindo, ao colo nu e as orelhas daqueles bustos estúpidos, cordões de ouro e pesados brincos, que lhes tombavam no ombro.

Esparramadas fora dos batentes, com as mãos gordas e cruzadas, mostrando em todos os dedos anéis de ouro com pedras falsas as dissolutas Madalenas da ralé estiravam o pescoço, debruçavam-se a qualquer movimento súbito.

Enquanto isso se passava, os irmãos de São Jorge chegavam à porta, desciam à rua, desesperados da tardança da música e do acompanhamento do santo.

Eis senão quando o povo atropelava-se, os moleques corriam em bando até o Largo do Rocio, e na embocadura da Rua dos Ciganos, associando, gingando, apontando, diziam: É vem! É vem!

E a multidão recuava, o cavalo e a comitiva oficial de São Jorge passavam, o préstito preliminar aprontava-se, e às dez horas marcadas São Jorge deixava sua capelinha para ir ao Largo do Paço reunir-se ao Corpo de Deus, em procissão soleníssima.

Desde muito cedo, o movimento de tropas, o rodar de carretas de artilharia, os toques de clarins, os sons de músicas marciais propagavam-se em direções múltiplas, fazendo lembrar uma cidade invadida por exércitos triunfadores.

Era a Guarda Nacional que marchava toda, eram os batalhões dos subúrbios que compareciam a tomar posição na lustrosa revista passada pelo general em seu dia glorioso.

Estendidos em linha pelas Ruas Direita, Pescadores, Quitanda, Assembleia e Largo do Paço, os batalhões da Freguesia do sacramento, por alcunha 'Chinelo Velho', de Santa Rita, 'Tainhas', de Santana, 'Caranguejos', de São José, 'Gaturamos', 'Galo Sem Crista', o '6º do Engenho Velho', 'Samburá Sem Fundo', o '1º de Artilharia', 'Carroceiros', e os corpos da roça esperavam o chefe militar para fazerem-lhe as honras em seu trânsito.

E São Jorge chegava à Rua da Misericórdia; na Capela Imperial os ofícios religiosos tocavam ao termo, e da Igreja e imediatações o cortejo ordenava-se.

A um sinal de dezenas de girândolas, encaminhava-se a procissão.

As fortalezas salvavam...

Precedida de uma coluna de povo, de capoeiras de diversos bairros e de soldados de polícia a cavalo; entre muralhas de tropa e de gente postada nas calçadas, iniciava ela seu percurso, ao espelhante das colchas de damasco das janelas e sacadas, à expansão das famílias que de lá assistiam, vestidas de seda e veludos, toucadas de pérolas e brilhantes. Era além da Rua Direita que se podia melhor apreciar o efeito dessa cena ambulante e pitoresca, fértil em detalhes e completa.

Serenado o tumulto, espraiada mais longe a espuma da onda popular, a procissão seguia seu itinerário habitual, por entre o cintilar de baionetas, ao rufo de tambores, à queda de um dilúvio de flores, e ao estrugir da foguetaria, a curtos intervalos.

Nas calçadas, por trás dos soldados em alas, a gente de todas as classes perfilava-se, suspendia acima da fronte as crianças a fim de verem à vontade o Ferreiro de São Jorge.

E a Irmandade do santo general rompia a marcha do religioso e militar cortejo.

Depois desta, a banda de escravos da Quinta avultava, executando soberbos dobrados e trechos escolhidos.

Esses artistas – e dentre eles alguns haviam afamados, como o célebre mestre Joaquim Maria – trajavam calção azul com galões brancos, paletó cinzento e comprido, meias de algodão e sapatos de fivela.

O chapéu era de feltro, cor de flor de alecrim, e na larga aba revirada na frente prendia-se um lindo tope verde e amarelo.

Atrás da música dos pretos aparecia o Ferreiro ou o Homem de Ferro, personagem estranha, montado em um cavalo negro, coberto de vasta manta de camurça, aberta para as pernas, as narinas, os olhos e as orelhas.

Essa personagem, vestida de malhas, peito de aço, capacete bronzeado e viseira descida, secundava a banda, empunhando com a manopla de escamas enorme lança, e tendo no braço esquerdo pesado escudo.

A cor de ferro de todo o seu uniforme guerreiro bem explicava a denominação que lhe dava o povo.

Em seguida, aprumada em um cavalo branco, com um criado do Paço a cada lado da brida, vinha a imagem de São Jorge, envergando polida cota de malhas, peito de aço, capacete com bordaduras douradas e capa de veludo carmesim, pegando nos estribos e fixando-lhe os joelhos.

À proporção que a imagem adiantava-se, raiava-lhe o escudo ao pino do sol e um estandarte tremia-lhe na destra, desfraldado ao vento.

A pequena distância vinha o escudeiro em fogoso ginete. De casaca e calção vermelhos, de colete branco de seda, de botas e esporas, sobraçando um chapéu de pasta, tinia-lhe à cinta grossa e corrente de prata, que prendia um copo do mesmo metal.

Esse figurão trazia a barba rapada, o rosto polvilhado e pintado de carmim, e caía-lhe às costas o rabicho de uma cabeleira branca, frisada, de três pontas.

Fazendo parte do séquito, 24 cavalos fornecidos pelas cavalariças da Quinta levavam os *tesouros* de São Jorge, que consistiam em grandes charneiras de prata sobre as mantas de pano verde, quase arrastantes, agaloadas de amarelo e guarnecidas nos cantos com as armas imperiais.

Meneando vistosos penachos, com as crinas trançadas de fitas e lindos laços de extensas dobras à cauda agitante, a *cavalgada* caminhava a passo, conduzida pelos criados da casa imperial, de libré e calção.
Fechando o séquito, formava a retaguarda um piquete de cavalaria de linha, de espadas desembainhadas – o Estado de São Jorge.
Então o ar escurecia-se de uma floresta de guiões das Irmandades, reunidos em grupos.
Os irmãos sentiam-se embaraçados na roda dos hábitos, olhavam para cima equilibrando os pendões, suavam em bicas com a cabeça ao sol.
Aos guiões sucediam-se todas as Irmandades, às Ordens Terceiras, precedia o clero regular; o cura da capela, aos padres da diocese. Compareciam os escrivães do corpo eclesiástico, de calção e capa romana, a cruz do cabido e o pessoal da capela; e, entre as Ordens Terceira e o clero, a Câmara Municipal, representada pelos vereadores.
Os anjinhos eram em número prodigioso; os confrades de tochas acesas bufavam de calor e protegiam-se da insolação suspendendo à calva lenços de tabaco; e a música do 1º da Guarda Nacional já se fazia ouvir.
Nisso passava o pálio, que abrigava o bispo com o Santíssimo, monsenhores, cônegos e sacristãos, tendo as varas o imperador com o manto de Cristo, e os ministros fardados em grande gala.
Os grandes do Império, os cavaleiros do Cruzeiro e de Cristo, com as insígnias de suas Ordens, a nobreza, os arqueiros ultimavam o cortejo.
As fortalezas salvavam, e quebravam-se ao longe os ecos das descargas; eram os batalhões em alas que faziam as honras ao santo general, incorporando-se um a um ao préstito, depois da passagem do Viático.
Quando a procissão entrava, seguida de toda a tropa, as fortalezas davam as derradeiras salvas, os batalhões formavam no largo e debandavam.
São Jorge, o escudeiro e o Ferreiro demoravam-se ainda um pouco; e, tomando para a tesouraria do Paço lá recebia o escudeiro no copo de prata 1:000$000, em moedas de ouro, o soldo de São Jorge.
Isso sucedia por volta das duas horas, rodando nas ruas, até o escurecer, luxuosas equipagens, que reconduziam as pessoas da Corte e as famílias importantes.
A imagem ficava exposta, até as onze horas ou meia-noite, em sua capelinha da rua de São Jorge, onde os devotos iam em romaria tributar-lhe adorações e oferecer-lhe esmolas."

Em várias cidades do Brasil, mormente em São Paulo, as procissões de *Corpus Christi* não dispensavam a presença da imagem de São Jorge. O episódio ocorrido em 1872[10] fez cessar a participação da imagem de São Jorge, quando esta, desequilibrando-se, caiu matando um soldado.

10. Narra João da Silva Campos – *Procissões, tradicionais da Bahia*.

Essa imagem se encontra guardada no Museu da Cúria Metropolitana.

Outros autores referem que a imagem foi submetida a julgamento e condenada.

Paralelamente à procissão de *Corpus Christi,* na data de 23 de abril, costumava-se comemorar a São Jorge.

Curiosa a crônica que vai transcrita abaixo:[11]

> "Presença de Ogum.
>
> Sem avisos, sem convites oficiais, sem publicidade, a noite foi marcial e festiva.
>
> Aqui onde moro, quase nos limites da zona pobre e semiurbanizada da Ilhota, ouvia-se um repetido pipocar de rojões e, de vez em quando, inexplicáveis toques de clarim.
>
> Só entendi o mistério quando desci para a rua e uma procissão de fiéis, vestindo uma espécie de opa colorada, desfilava pela Venâncio Aires.
>
> Embora lembrando o ritual das antigas procissões católicas, o desfile tinha seus quês originais.
>
> Bem à frente, marchava garboso um porta-bandeira com o Pavilhão Nacional.
>
> Todos os demais acompanhantes levavam opas vermelhas, chales vermelhos ou panos vermelhos na cabeça.
>
> Não um padre, mas uma *mãe de santo,* com todos os adornos e miçangas, comandava o cortejo e a cantoria.
>
> E sobre o andor, quem se equilibrava cavalgando o cavalinho branco era o velho São Jorge da Capadócia, expurgado do calendário católico em razão de dúvidas sobre sua fé de ofício.
>
> Não vi o cônsul de S.M. Britânica nem ingleses no séquito do santo, o que arredava a hipótese de se tratar de uma homenagem da Inglaterra ao seu padroeiro.
>
> Os fiéis, levando palmas de *Espada de Ogum,* velas acesas e queimando defumações, eram brancos em sua maioria, embora os mestiços parecessem deter a liderança da festa.
>
> Mas, seguramente, não tinham saído das margens do Tâmisa nem embarcado nas docas de Southampton.
>
> O fenômeno seria de dar nós no cérebro do intérprete se já não se soubesse que os africanos, em um esforço inconsciente de preservar suas próprias divindades, identificaram-nas com os santos que a pregação católica lhes inculcava.
>
> E foi assim que Ogum, orixá do ferro e da guerra, cultuado pelos ferreiros, caçadores e guerreiros da Nigéria, se materializou em São Jorge, possivelmente sob a sugestão de sua armadura e de sua vitória sobre o dragão.

11. Sérgio da Costa Franco. Correio do povo – Porto Alegre – abril 1974.

Assim como Iemanjá se travestiu em Nossa Senhora, os gêmeos Ibeji se travestiram em São Cosme e Damião, e Oxalá no divino Espírito Santo.
O que está merecendo estudos de profundidade é a crescente adesão da população branca, livre de herança cultural africana, aos cultos sincréticos afro-cristãos.
Trata-se de um estranho caso de adaptação entre a cultura dos dominadores e a dos dominados.
O refinamento intelectual do neocatolicismo, em dissonância com o nível mental das massas, não estaria na raiz desse processo de fuga para as religiões primárias, mágicas, animistas e sensualistas?"

As manifestações populares, tanto da Igreja Católica como das seitas africanistas, praticamente deixaram de constituir manifestações de fé, para se transformarem em apresentações folclóricas.

Assistimos ainda no presente a procissão do *Cristo Morto,* especialmente nas cidades do interior, o *traslado* da imagem do Cristo morto de uma Igreja para outra, mas a cada ano diminui o número dos fiéis seguidores.

Poucos já acreditam que uma imagem possa beneficiar e que lhes dê conforto e lhes robusteça a fé.

Em vários Estados do Brasil as encenações substituíram as procissões da Semana Santa, e as imagens passaram a ser substituídas por atores vivos; são quadros que comovem quando bem encenados, e têm o condão de rememorar os eventos religiosos-históricos.

Nos *terreiros,* a *encenação* é cotidiana; talvez seja isso que atraia tantos brancos e *neocatólicos,* pois os santos, transformados em orixás, se apresentam pomposamente vestidos, por meio dos médiuns.

É a *visualização* do mistério e da magia; é *uma presença* espiritual; não se há de cogitar em crer ou não, mas uma *materialização religiosa,* quando o fiel vê e ouve seu devoto.

Se São Jorge não aparece nos terreiros, montado em seu branco corcel, Oxóssi ou Ogum lá se apresentam, ricamente trajados, caracterizados de tal forma que são, de imediato, identificados.

Se o católico confia ao padre, no confessionário, seus problemas, substituindo o divã da psicanálise, e recebe a orientação adequada, séria, porque parte de um sacerdote, nos terreiros o *Preto-Velho* ouve pacientemente, entre uma baforada de fumo e outra, o relato das mágoas e lhe dá, com muita tranquilidade, paciência e bondade, a informação buscada e o consolo necessário.

A Igreja Católica mantém São Jorge nos altares, porém de forma estática, inalterável, estátua de belas formas, mas que não pestaneja, não respira, não tem vida.

Da mesma forma, diante da *cabeça mumificada* de São Jorge, no nicho do altar da Igreja Velo de Ouro, na Itália, o devoto não pode manter um diálogo, mas mentalmente, ou balbuciando, socorre-se de sua fantasia, imaginando o santo guerreiro, jovem e forte, pronto a desembainhar sua espada para lhe dar proteção.

Os escultores e pintores contribuíram para manter acesa a fé em São Jorge. Tanto ontem como hoje, o artista corporifica o que julga ser seu *modelo,* criando uma imagem que possa suprir as falhas ou omissões das que já foram apresentadas ao longo dos séculos.

Cada qual quer construir sua própria obra e apresentar a imagem ideal.

Da pobreza da imagem esculpida em madeira do Aleijadinho à soberba escultura em mármore de Donatello, a figura de São Jorge não apresenta qualquer afinidade; cada uma delas é completamente diferente; no entanto, os devotos se curvam diante de *sua memória* e tratam de oferecer-lhe sua devoção.

Fato curioso são as imagens colocadas nas Igrejas e aquelas depositadas nos museus. Por que as imagens dos altares recebem devoções e as dos museus, apenas admiração?

Falta o *ambiente,* o *clima* de adoração, a *sacralidade* da ocasião, o misticismo religioso.

Nos terreiros, ou nas casas de Umbanda, nos centros, enfim, na parte africanista, o *misticismo é* mais acentuado.

Os espíritas ortodoxos, os kardecistas, os espiritualistas não conseguem *trazer* para suas sessões, por meio de seus médiuns, a presença de São Jorge.

Oxóssi ou Ogum, ao rufar dos tambores, ao perfume do incenso ou defumadores, fazem *presença* imediata.

Esses aspectos, mistos de folclore, fé, tradição e religiosidade, envolvem São Jorge de tal modo que o devoto, o admirador, o estudioso, o escritor ou o artista, se não conscientemente equilibrado, poderá confundir-se.

Aspecto Literário

Lendo-se com atenção as versões apresentadas a respeito da vida e morte de São Jorge, depara-se obviamente com o estilo da época em que foram escritas, isto é, da Idade Média, com as palavras rebuscadas e até frases figurativas, com o interesse em *desviar* a atenção do assunto escabroso, com contornos que dificultam o entendimento.

Hoje estaríamos diante de um trabalho de *ficção* e um misto de *lenda,* já que a figura literária da *lenda* está em desuso.

A *lenda* esteia-se em um fato real, enquanto a ficção pode constituir-se em um trabalho exclusivamente fantasioso, preocupando-se mais com os aspectos futurológicos que reais.

As *histórias* sobre São Jorge revelam, em trechos muito ocultos, a linguagem simbólica; é preciso ler-se entre as linhas, para chegar-se a uma conclusão definitiva.

Um dos aspectos curiosos diz respeito aos *diálogos* que São Jorge mantém, ora com o imperador, ora com seus cônsules, e mesmo com a própria e inexistente imperatriz Alexandra, e, por fim, com aqueles que iam até ele em busca de *milagres.*

Os diálogos não são apropriados da época, que indubitavelmente deveriam ter sido mantidos em latim, já que essa língua era a oficial.

O ponto central de convicção de Jorge era o de que o cristão deveria *confessar* a Jesus Cristo como Filho de Deus, um Deus único e universal.

Os 200 anos que haviam decorrido após a publicação dos *Evangelhos* não foi um período suficiente para sua divulgação; a filosofia do Cristianismo dividia-se em partes iguais na transmissão *oral* e na *escrita;* os meios de comunicação praticamente não existiam, e não era comum que circulassem escritos entre os primeiros cristãos.

Portanto, Jorge fora educado religiosamente, tão somente mediante a da tradição; primeiramente por seus pais e depois, quem sabe, por algum mestre.

Não se pode deixar de lado o fato de que Jorge residia na província da Capadócia, lugar afastado do centro do Cristianismo, que não era Jerusalém, mas Roma.

Bastava, portanto, a fé dogmática e a prática do *confessar* em público a crença no Nazareno, cuja vida apostólica era escassamente conhecida.

A mensagem evangélica era pobre; que ocasião teria Jorge para absorver os conhecimentos da nova doutrina, se com tão pouca idade já se alistara no Exército Romano?

Assim, os *diálogos* que as narrativas reproduzem não passam de fatos fantasiosos.

Por meio desses *diálogos* encontramos fundamento para asseverar que o contato entre Jorge e seus superiores hierárquicos não foi tão superficial e de inopino como fazem crer as descrições.

Longo deve ter sido o período desse contato, alguns anos, suficientes para uma maior intimidade entre Jorge e Diocleciano, que não teve passagem efêmera no Império, mas para além de 25 anos; se Jorge foi decapitado no ano 303 e Diocleciano morreu em 313, fácil será a conclusão dc que os episódios em torno de Jorge teriam ocorrido no ocaso do governo de Diocleciano.

Poucas são as *mensagens* que Jorge deixa para seus biógrafos, que se preocupam tão somente em ressaltar os *milagres* feitos, com a finalidade de justificar a santificação.

Outro fator que assume importância é que os biógrafos de Jorge não se limitaram a descrever sua vida e morte, mas colocá-lo como uma personagem entre dezenas de outros mártires e santos.

Os *legendários* conhecidos são compêndios que abrangem a vida e morte da maioria dos santos da Antiguidade.

Lendo-se esses trabalhos, nota-se grande semelhança entre os fatos, muitas repetições e pobreza literária.

Esses trabalhos foram inspirados no livro *Atos dos Apóstolos,* que reúne um punhado de cristãos primitivos que foram, impiedosamente, sacrificados no mesmo período inicial do Cristianismo.

Há uma semelhança literária entre as obras que chegaram até nossos dias, com a diferença de que nos *Atos dos Apóstolos,* os fatos estão impregnados da mensagem crística.

Por outro lado, temos a mitologia egípcia, conhecida pelos autores biógrafos de Jorge.

Como já nos referimos, a literatura biográfica de São Jorge é pobre e os autores limitam-se a *transcrever* o que já há tanto tempo foi escrito. Não temos, propriamente, um livro específico sobre São Jorge, mas apenas publicações inseridas em outros trabalhos.

A dificuldade que se apresenta, quanto à descrição dos orixás, é que vêm escritos com termos africanos e de diversos *dialetos*. Ainda que cada obra apresente um dicionário, a leitura torna-se difícil, porque não se pode interrompê-la para buscar a tradução.

Portanto, temos de um lado trabalhos de certa forma *arcaicos* e sem expressão literária, e, de outro, trabalhos mais folclóricos que históricos ou religiosos.

Destarte, a conclusão a que chegamos é que o aspecto literário que temos é muito acanhado e que precisamos, portanto, enriquecê-lo.

Carta Apostólica

CARTA APOSTÓLICA *MYSTERII PASCHALIS* SOBRE O NOVO CALENDÁRIO ROMANO UNIVERSAL. Pelo Papa Paulo VI, entrada em vigor na data de 1º de janeiro de 1970.

Publicação do *L'Osservatore Romano.*

A celebração do mistério pascal conforme o ensinamento do concílio Vaticano II constitui o essencial do culto cristão em seu desenvolvimento diário, semanal e anual. Por isso, a reforma do ano litúrgíco, cujas normas foram traçadas pelo concílio, devia pôr o mistério pascal de Cristo em uma luz mais viva, tanto no que respeita à organização do *próprio do tempo* e do *próprio dos santos* como na revisão do calendário.

I

De fato, ao decurso dos séculos, a multiplicação das festas, das vigílias e das oitavas e a complicação progressiva das diversas partes do ano litúrgico levaram muitas vezes os fiéis a devoções particulares, afastando-os dos mistérios fundamentais de nossa redenção.

Todos conhecem as numerosas disposições tomadas nesse particular por nossos predecessores S. Pio X e João XXIII, de venerável memória, para restituir a dignidade originária ao domingo, considerado por todos como a “festa primordial”, bem como para restaurar a celebração litúrgica da sagrada quaresma. Sobretudo nosso predecessor Pio XII, de venerável memória, decidiu fazer reviver, durante a noite pascal, a solene vigília na qual o povo de Deus, celebrando os sacramentos da iniciação cristã, renova sua aliança espiritual com Cristo Senhor ressuscitado.

Esses sumos pontífices, seguindo os ensinamentos dos santos padres e a constante tradição doutrinal da Igreja Católica, julgavam com acerto que o desenvolvimento do ano litúrgico não é somente uma evocação das ações pelas quais Cristo Jesus com sua morte realizou nossa salvação, nem uma comemoração do passado para instruir e nutrir a meditação dos fiéis mais simples, mas ensinavam que a celebração do ano litúrgico "possui uma força sacramental e uma eficácia particular para alimentar a vida cristã", o que, também nós, retemos e ensinamos.

É com razão que, ao celebrar "o mistério do nascimento de Cristo e sua manifestação ao mundo", suplicamos ser interiormente transformados por aquele que reconhecemos semelhante a nós exteriormente. E quando renovamos a Páscoa de Cristo, rogamos a Deus que os que renasceram com Cristo "conservem em sua vida o sacramento que receberam na fé".

De fato, segundo as próprias palavras do concílio Ecumênico Vaticano II, a Igreja, "recordando destarte os mistérios da redenção, franqueia aos fiéis as riquezas do poder santificador e dos méritos de seu Senhor, de tal sorte que, de alguma forma, torna-os presentes em todo o tempo, para que os fiéis entrem em contato com eles e sejam repletos da graça da salvação".

Por isso a revisão do ano litúrgico e as normas que dela derivam não têm outra finalidade que a de possibilitar aos fiéis uma participação mais intensa na fé, na esperança e na caridade "em todo o mistério de Cristo, desenvolvido no decurso do ano".

II

A esse mistério de Cristo não se opõem as festas da bem-aventurada Virgem Maria, "unida indissoluvelmente à obra de salvação de seu Filho", e a memória dos santos entre os quais é necessário frisar "os mártires e os vencedores", festas que possuem todas um esplendor particular.

"As festas dos santos, com efeito, proclamam as maravilhas de Cristo em seus servos e propõem aos fiéis exemplos dignos de imitação."

Na verdade, a Igreja Católica sempre reteve que o mistério pascal de Cristo é anunciado e se renova nas festas dos santos.

Não se pode negar, porém, que no decurso dos séculos, as festas dos santos se fizeram sempre mais numerosas.

O santo concílio declarou por isso: "Que as festas dos santos não prevaleçam sobre as que recordam os mistérios da salvação.

Muitas dessas festas sejam deixadas à celebração de alguma Igreja particular, nação ou família religiosa, estendendo-se somente à Igreja todas aquelas que comemoram os santos que manifestam de fato a importância universal."

Com a intenção de atuar essa decisão do concílio Ecumênico, foram supressos do calendário universal os nomes de alguns santos, permitindo restabelecer, nas respectivas regiões, as comemorações e o culto de outros santos.

A supressão do calendário romano de um certo número de santos, não universalmente conhecidos, permitiu a inserção de outros mártires de regiões, onde o anúncio do Evangelho chegou mais tarde.

Dessa forma, no mesmo catálogo, gozam da mesma dignidade os representantes de todas as nações que se tornaram ilustres por terem derramado o sangue por Cristo, ou por suas insignes virtudes.

Por isso julgamos que o novo calendário universal, preparado para o rito latino, responde melhor à piedade e às necessidades de nosso tempo, e reflete mais nitidamente a universalidade da Igreja, pois propõe os nomes dos santos mais importantes que apresentam a todo o povo de Deus exemplos maravilhosos de santidade, sob seus vários aspectos.

Não é necessário salientar quanto isso contribuirá para o bem espiritual de todo o povo cristão.

Tendo avaliado diligentemente tudo isso diante do Senhor, com nossa autoridade apostólica aprovamos o novo calendário romano universal, preparado pelo "Consilium" para a atualização da constituição litúrgica, e as normas gerais referentes à ordem do ano litúrgico.

Estabelecem que entrem em vigor a 1º de janeiro de 1970, segundo os decretos que serão publicados conjuntamente pela Sagrada Congregação dos Ritos e pelo "Consilium" e que serão válidos até a edição do Missal e do Breviário restaurados.

Tudo o que é por nós estabelecido nesta carta dada *motu proprio*, queremos que seja válido de modo permanente, não obstante quanto possa existir de contrário nas constituições e nas ordenações apostólicas, também dignas de particular menção e derroga.

Dado em Roma, junto de S. Pedro, a 14 de fevereiro de 1969, no sexto ano de nosso pontificado.

Paulo VI, papa

Os nomes em negrito têm sua celebração em caráter facultativo. Em nada desmerece sua santidade.

JANEIRO

1 Santa Maria, mãe de Deus
2 S. Basílio e S. Gregório de Nazianzo
6 Epifania do Senhor
7 **S. Raimundo de Penaforte**
13 **S. Hilário**
17 **S. Antão do Egito**
20 **S. Fabiano, S. Sebastião**
21 S. Inês
22 **S. Vicente**
24 S. Francisco de Sales
25 Conversão de S. Paulo
26 S. Timóteo e S. Tito
27 **S. Angea Merici**
28 S. Tomás de Aquino
31 S. João Bosco

FEVEREIRO

2 Apresentação do Senhor
3 **S. Brás, S. Ansgário**
5 S. Águeda
6 S. Paulo Miki e os mártires japoneses
8 **S. Jerônimo Emiliano**
10 S. Escolástica
11 **N. Sª de Lourdes**
14 S. Cirilo e S. Metódio
17 Os Sete Fundadores dos Servitas
21 **S. Pedro Damião**
22 Cátedra de S. Padro
23 **S. Policarpo**

MARÇO

4 **S. Casimiro**
7 S. Perpétua e S. Felicidade
8 **S. João de Deus**
9 **S. Francisca Romana**

17 **S. Patrício**
18 **S. Cirilo de Jerusalém**
19 S. José
23 **S. Turíbio de Mongrovejo**
25 Anunciação do Senhor

ABRIL

2 **S. Francisco de Paula**
4 **S. Isidoro**
5 **S. Vicente Ferrer**
7 S. João Batista de la Sale
11 **S. Estanislau**
13 **S. Martinho I**
21 **S. Anselmo**
23 **São Jorge**
24 **S. Fidelis de Sigmaringen**
25 S. Marcos
28 **S. Pedro Chanel**
29 S. Catarina de Sena
30 **S. Pio V**

MAIO

1 **S. José Operário**
2 S. Atanásio
3 S. Felipe e S. Tiago
12 **S. Nereu e S. Aquiles, S. Pancrácio**
14 S. Matias
18 **S. João I**
20 **S. Bernardino de Sena**
25 **S. Beda, S. Gregório VII, S. Maria Madalena de Pazzi**
26 S. Filipe Neri
27 **S. Agostinho de Cantuária**
31 Visitação da Virgem SS.

JUNHO

1 S. Justino
2 **S. Marcelino e S. Pedro**
3 S. Carlos Lawanga e os mártires de Uganda
5 S. Bonifácio

6 **S. Norberto**
9 **S. Efrém**
11 S. Barnabé
13 S. Antônio de Pádua
19 **S. Romualdo**
21 S. Luís de Gonzaga
22 **S. Paulino de Nola S. João Fisher e S. Tomás Moro**
24 Natividade de S. João Batista
27 **S. Cirilo de Alexandria**
28 S. Irineu
29 S. Pedro e S. Paulo
30 **Os santos primeiros mártires de Roma**

JULHO

3 S. Tomé
4 **S. Elisabete de Portugal**
5 **S. Antônio Maria Zacarias**
6 **S. Maria Goretti**
11 S. Bento
13 **S. Henrique**
14 **S. Camilo de Lenis**
15 S. Boaventura
16 **N. Sª do Carmo**
21 **S. Lourenço de Brindisi**
22 S. Maria Madalena
23 **S. Brígida**
25 S. Tiago
26 S. Joaquim e S. Ana
29 S. Marta
30 **S. Pedro Crisólogo**
31 S. Inácio de Loiola

AGOSTO

1 S. Afonso de Ligório
2 **S. Eusébio de Verceil**
4 S. João Maria Vianney
5 **N. Sª das Neves, S. Xisto II**
6 Transfiguração do Senhor
7 S. Domingos

8 **S. Caetano de Tiene**
10 S. Lourenço
11 S. Clara
13 **S. Ponciano e S. Hipólito**
15 Assunção de N. Sª
16 **S. Estêvão da Hungria**
19 **S. João Eudes**
20 S. Bernardo
21 S. Pio X
22 S. Maria Rainha
23 **S. Rosa de Lima**
24 S. Bartolomeu
25 **S. Luís da França**, **S. José Calanzans**
27 S. Mônica
28 S. Agostinho
29 Martírio de S. João Batista

SETEMBRO

3 S. Gregório Magno
8 Natividade de N. Sª
13 S. João Crisóstomo
14 Exaltação da S. Cruz
15 N. Senhora das Dores
16 S. Cornélio e S. Cipriano
17 **S. Roberto Belarmino**
19 S. **Januário**
21 S. Mateus
26 **S. Cosme e S. Damião**
27 S. Vicente de Paulo
28 **S. Vescenlau**
29 S. Miguel, S. Gabriel e S. Rafael
30 S. Jerônimo

OUTUBRO

1 S. Teresa do Menino Jesus
2 SS. Anjos da Guarda
4 S. Francisco de Assis
6 **S. Bruno**
7 N. Sª do Rosário

9 **S. Dionísio e seus companheiros S. João Leonardi**
14 S. Calisto
15 S. Teresa de Ávila
16 S. Hedwiges, S. Margarida Maria Alacoque
17 S. Inácio de Antioquia
18 S. Lucas
19 **S. Isaque Jogues e os mártires Canadenses S. Paulo da Cruz, S. João Capistrano**
24 **S. Antônio Maria Claret**
28 S. Simão e S. Judas

NOVEMBRO

1 Todos os santos
2 Finados
3 **S. Martinho de Lima**
4 S. Carlos Borromeu
9 Dedicácia da basílica *do* Latrão
10 S. Leão Magno
11 S. Martinho de Tours
12 S. Josafá
15 **S. Alberto Magno**
16 **S. Margarida da Escócia, S. Gertrudes**
17 **S. Elisabete da Hungria**
18 **Dedicação das basílicas de S. Pedro e S. Paulo**
21 Apresentação de N. Sª
22 S. Cecília
23 **S. Clemente, S. Columbano**
30 S. André

DEZEMBRO

3 S. Francisco Xavier
4 **S. João Damasceno**
6 **S. Nicolau**
7 S. Ambrásio
8 Imaculada Conceição de N. Sª
11 S. Dâmaso
12 **S. Joana Francisca de Chantal**
13 S. Lúcia
14 S. João da Cruz, **S. Pedro Canísio**

23 **S. João Câncio**
25 Natal
26 S. Estêvão
27 S. João Ev.
28 SS. Inocentes
29 **S. Tomás Becket**
31 **S. Silvestre**

Por meio dessa carta do papa Paulo VI, comprova-se que não houve qualquer *cassação* a santo algum, apenas foram supressas certas personagens que, por erro histórico, figuravam no calendário dos santos.

No entanto, São Jorge é mantido; apenas sua festa foi tornada facultativa e deve-se entender que essa não obrigatoriedade vige tão somente em Roma e nos centros mais católicos do mundo.

Deve-se esclarecer que no Brasil, apesar de país católico, os seguidores de São Jorge são em número extraordinário, porque esses fiéis somam os pertencentes à Igreja Católica e às religiões tidas como africanas; trata-se de uma particularidade brasileira, onde, de jeito algum, as festas a esse santo poderiam ser banidas.

A preocupação da Igreja Católica foi restabelecer a primazia das festividades litúrgicas mais importantes, como a pascal, a natalina, a da Santa Eucaristia, a da Virgem Maria, pois certos santos, por serem *padroeiros* de cidades, eram glorificados muito mais, enquanto as celebrações da Obra Redentora de Cristo ficavam na penumbra.

Das 150 festas em homenagem a santos, 58 são obrigatórias e 92 facultativas.

Outro *conserto* diz respeito ao *dies natalis*, ou seja, o *ano que deve ser festejado,* ficando estabelecido que seria o ano da morte; não necessariamente o ano do martírio, pois muitos santos foram santificados pela vida santa que viveram e não pela morte do sacrifício.

O dia da morte de um santo fica assim classicamente considerado seu natalício para a eternidade. Não há, pois, data mais adequada para homenagear um *justo* do que o aniversário de seu passamento. Assim, o novo calendário deslocou a festa de alguns santos que era festejada pelo ano de nascimento, de conversão, de uma visão celestial, etc., para o dia de sua morte.

A *santificação* de um mártir ou de alguém que dedicou sua vida para o bem comum ou de beatitude é realizada pela Igreja; a última palavra e a *nomeação* é do papa.

Com isso, não quer dizer que haja verdadeiros santos que se encontram protegendo alguém, com os mesmos atributos dos oficializados; por isso que *cassar* ou *cancelar* a condição de santo talvez tenha pouco significado.

Nótulas

Jorge, segundo alguns autores, é apresentado como vindo do velho Egito; uma figura mitológica de Hórus cavaleiro que em luta com o crocodilo o transpassa com sua lança, significando uma vitória sobre Set.

Outros o consideram como a presença de um deus búlgaro, a galope, com um manto esvoaçante, lutando contra um leão ou possivelmente uma serpente gigantesca.

Na época não se conhecia na Europa a existência da sucuri brasileira, a serpente gigantesca que o nosso folclore coloca em tantas situações.

Gutscmid considera Jorge como a reaparição de Mitras.

A primeira referência sobre São Jorge, dando-o como existência real e histórica, surge de uma velha inscrição da qual se deduz com bastante segurança que no ano 367, na região de Traconitis, já havia um culto a São Jorge.

Já Santo Ambrósio fizera referências a São Jorge.

No ano 494, o sínodo se preocupa com o culto a São Jorge na tentativa de restabelecer a verdade, face terem os arianos distorcido a imagem do santo.

Mais tarde, no ano 594, Stregor von Tours, em um dos seus escritos, faz acentuada referência a São Jorge.

A Igreja Católica o considera como personagem real, embora o classifique como santo de quinta categoria.

O culto aos santos que a Igreja Católica preserva, como base de fé e crença, faz parte de seus alicerces a iniciar por São Pedro.

O povo da Antiguidade precisava *ver para crer;* podemos relembrar o feito de Moisés que construiu um símbolo, erguendo no deserto uma espécie de monumento em que se via, sobre uma haste, enrolada uma serpente, com o objetivo de que, todo aquele que fosse picado por serpentes venenosas, bastava olhar para aquela erguida para que o veneno da picada fosse inócuo.

A imagem é usada pela Igreja justamente para *materializar* a fé e demonstrar a realidade da existência de alguém a quem, elevando suas súplicas, atendendo às pretensões.

Se a intenção da Igreja, em seus primórdios de organização, foi a de robustecer a fé, o fato torna-se justificado; porém, no limiar do terceiro milênio, conservar aquela primitiva prática nos parece um tanto pueril.

Justifica-se, assim, o cuidado da Igreja na *renovação* do quadro de seus santos, fazendo com que dezenas dos antigos *caiam em desuso,* como é do conhecimento amplo de todos.

Porém, São Jorge teve períodos de insucessos, especialmente com o surgimento do Protestantismo.

Os arianos queriam suprimir e desvirtuar o culto a São Jorge, que tinha maior aceitação no Oriente Médio que no Ocidente, mas a Igreja veio em *defesa* de seu santo e restabeleceu sua presença.

Há poucos anos, com a *renovação* pretendida pelo concílio Vaticano, São Jorge passou por um período crítico; só não foi banido dada a reação de seus devotos, e a intenção ficou em classificá-lo como *santo auxiliar* com festa sem qualquer obrigatoriedade.

Um dos fatores que contribuíram para a Igreja tentar diminuir o valor de São Jorge foi sua transformação em orixá.

A Igreja Ortodoxa, porém, considera São Jorge com muita devoção e o tem como *megalo-mártir,* ou seja, *grão-mártir.*

Na Europa, por influência dos cruzados, São Jorge foi incorporado ao círculo dos "catorze samaritanos de necessidades", resultando disso o prestígio cultivado pelas autoridades, acolhendo o santo como patrono tanto de instituições militares como civis e religiosas.

No século VI, na Sicília, surgem as primeiras Igrejas dedicadas ao santo.

A declaração na Inglaterra de Jorge como santo nacional decorreu das vitórias dos cruzados, chegando alguns cruzados de renome a mandar pintar em seus escudos a efígie do santo, talvez as primeiras expressões iconográficas do santo; esses escudos não foram conservados e sabe-se de sua existência pelos relatos deixados pelos cavaleiros da época.

Os feitos heroicos de Jorge, cantados ao longo dos séculos, se originam da participação do santo nas batalhas junto ao Exército Romano, porém não foram registrados.

O mito quanto à idade de Jorge, apresentando-o como jovem e dando-lhe efêmera vida, vem em contradição de uma jornada de batalhas; segundo alguns pintores da Renascença, Jorge é apresentado como homem maduro, o que torna sua passagem mais realística.

Torna-se muito importante a idade de Jorge para compreender sua *autoridade* no desafiar a Diocleciano.

A Igreja Oriental dá mais importância à invencibilidade de Jorge nas batalhas que como matador do dragão.

Era considerado o *Propsiophoros* da Igreja Ortodoxa,[12] pois sua imagem precedia o cortejo da cavalaria.

Como descreve Ernest Helio, baseado na lenda áurea, a presença de Jorge nas batalhas tem o significado de que o inimigo era o dragão a ser vencido.

12. Em grego, porta-estandarte ou porta-bandeira.

Inspirações para Localidades, Nomes e Ordens Militares

O prenome Jorge é de origem grega e significa *homem do campo,* tendo sido difundido em decorrência da vida do santo; não há povo que não o tenha usado e continua usando, seja para designar pessoas, seja para identificar lugares; seria obra quase impossível relacionar de cada país o que traz o nome de Jorge.

A Baía de São Jorge, no Mediterrâneo, dando entrada em Beirute, no Líbano, marca uma forte tradição libanesa; em cada família proveniente do Líbano há um membro com o nome de Jorge, especialmente no Brasil.

No arquipélago das Bermudas, temos a Ilha de São Jorge. Georgetown, na América do Sul.

Como exemplo, apenas para demonstrar como é divulgado o nome de São Jorge, destacaremos a França, referindo as principais localidades que honram esse santo.

Saint Martin de Bocherville, em Rouen, famosa abadia de São Jorge, em ruínas mas com a Igreja bem conservada, cheia de esculturas e baixos-relevos, construída na época de Luís XIV.

Saint Georges du Bois, no Maine et Loire.
Saint Georges Buttavent, no Mayenne.
Saint Georges Chatelaison, em Donet La Fontaine.
Saint Georges de Commiers, em Vizilie.

Saint Georges-en Couzan, no Loire.
Saint Georges d'Emina.
Saint Georges d'Espèranche, no Sère.
Saint Georges Hurtieres, em Savoie.
Saint Georges Sur Loire, em D'Angers.
Saint Georges de Montaigu, no Vendèe.
Saint George d'Olèron, em Charente-Inferieure.
Saint Georges d'Orques, no Hèrault.
Saint George La-Pouge, em Creuse.
Saint Georges de Reintembault, na Ille e Vilaine.
Saint George de Reneins, no Rhène.
Saint Georges Le Thoureile, no Maine et Loire.
Saint George du Vièvre, no Eure.

No estado de Minas Gerais existe um rio denominado de Jorge Grande; no estado da Bahia, a cidade de São Jorge dos Ilhéus; em Lisboa, o Forte de São Jorge, construído pelos mouros; em Turim, o castelo de São Jorge. Em Lisboa, também a Catedral e Forte de São Jorge.

Na Argentina; temos o Golfo de São Jorge.

Nas Malvinas, a Bacia de São Jorge e a Ilha Jorge. Próximo às Malvinas, as Ilhas Geórgias do Sul.

Inúmeras são as ordens militares que trazem o nome do santo; como ilustração, citaremos apenas as principais:

San Jorge d'Alfama, na Espanha, instituída pelo rei de Aragão Pedro II, em 1201, para defender a religião católica dos mouros.

O antipapa Benoit XIII aprovou a fundação da Ordem de São Jorge d'Alfama na fase de reorganização, em 1399.

Saint Georges d'Autriches et de Carinthie, ordem religiosa militar fundada em 1470 por Frederico III, imperador da Alemanha para a defesa da fronteira entre a Boêmia e a Hungria, com sede no Convento de Millestadt, no país de Salzburg.

Saint Georges de Gènes, ordem criada em 1472 pelo mesmo imperador Frederico III da Alemanha.

Saint Georges de Bavière, ordem restabelecida por Charles Albert, duque de Baviera, e mais tarde revigorada por Carlos VII; essa ordem existia desde a época das Cruzadas.

São Jorge da Rússia, fundada em 1769 pela imperatriz Catarina II. Ordem de muita relevância, tendo o imperador Alexandre feito parte da mesma.

São Jorge de Hannover, ordem fundada pelo rei Ernest Auguste.

São Jorge de Nápoles, conhecida também com o nome de Reunião, ordem fundada por Ferdinando IV em 1º de janeiro de 1819.

São Jorge, ou Mérito Militar, ordem fundada pelo infante de Espanha, Charles Louis de Bourbon, duque de Lucques, em 1833.

*

Uma peculiaridade do santo guerreiro e que chama a atenção é ser venerado em companhia de seu cavalo; temos assim, nos altares, o animal, fazendo parte integrante de uma *personalidade.*

No mundo todo, os grandes generais são representados em suas estátuas como cavaleiros, e temos como exemplo o marechal Deodoro e o general Osório, garbosamente montados em estupendas estátuas que se denominam de "equestres". No Uruguai, na Argentina, na Venezuela, temos o general Mitre, o general San Martins, o general Belgrano e muitos outros; espalhadas pelo mundo, essas personagens militares que honraram seus países passaram a ser conhecidas como grandes cavaleiros e não se os concebe de forma diferente.

Porém, em uma Igreja, ou em um nicho, uma estátua equestre nos parece um despropósito.

Em um quadro, onde o pintor apresenta sua concepção, torna-se perfeitamente admissível, pois o propósito não era o de colocar sua obra em um altar.

Temos outros exemplos de santos católicos, como São Marcos, que aparece sempre junto com um leão; a própria Nossa Senhora da Conceição tem a seus pés sempre uma serpente.

Quando o devoto, *extasiado,* em meditação profunda, ajoelhado, contempla dentro da Igreja a imagem de São Jorge, forçosamente estará, ao mesmo tempo, contemplando o cavalo e o dragão; um animal belo, garboso e forte, servindo ao santo; outro animal repelente, rastejante, subjugado pelo santo.

Que influência terão esses animais naquele estado contemplativo? Indubitavelmente, a composição artística levará a imaginação a lembrar o Filho de Deus, Jesus, o Cristo, ladeado pela composição clássica: o Cristo ladeado pelos ladrões, um representando a bondade e o outro, a maldade; o dualismo do equilíbrio.

Será assim com São Jorge?

É preciso que a observação penetre fundo, para então compreender por que Donatello preferiu colocar no nicho a estátua de São Jorge sem os elementos de equilíbrio, sem o dragão e o cavalo.

Para o devoto, a contemplação do santo a pé surtirá os mesmos efeitos? Ou necessitará da composição completa para manter sua fé de forma íntegra?

O símbolo, eis que São Jorge também é um símbolo, deve obrigatoriamente ser interpretado para que resulte eficiente, para que não seja estático, mas se dinamize, para *encetar o diálogo,* embora silencioso, e possa comunicar-se com o intérprete.

Caso contrário, estar-se-á diante de um *estranho,* sem qualquer efeito, quer psicológico, quer espiritual.

A Igreja poderia, em um reexame, retirar São Jorge da posição e companhia clássica e apresentá-lo com simplicidade, como ser humano comum e isolado?

Sob o aspecto bíblico, as cortes celestiais jamais foram apresentadas com montarias, mas esvoaçantes, ou em posição normal, para que nada pudesse interferir com sua *independente personalidade.*

Temos os quatro cavaleiros do Apocalipse, cada qual com um cavalo de pelo diverso, mas que não simbolizam seres individuais, e sim *acontecimentos* proféticos.

A recomendação que certo sacerdote nos fez, em determinada ocasião, foi a de que o devoto deve fixar-se simplesmente no *semblante* do santo, para tê-lo, com sua auréola, como *espírito de luz,* despido de todos os elementos profanos e humanos; seu semblante deve refletir sua posição na hierarquia celestial e nos inspirar, para que nossa religiosidade seja cristalina e despida de toda condição humana.

Essa recomendação, que aceitamos como muito ponderada, transmitimos aos nossos leitores.

*

Desconhecem-se as origens das “carrancas do Rio São Francisco”, mas tudo leva a crer que são originadas do dragão de São Jorge.

Essas carrancas que hoje adornam até os lares, por serem extremamente ornamentais e as quais os escultores imprimiram um sentido artístico muito apurado, saíram dos lugares a que foram destinadas, as proas dos barcos que navegavam ao longo de todo o Rio São Francisco, o rio de integração nacional, e que depois foram sendo usadas por todas as embarcações nordestinas, servem para *afugentar* os maus espíritos, que se *assustariam* com a agressividade das feições dessas estátuas que compreendem tão somente a cabeça e um longo pescoço.

O consagrado oceanógrafo e pesquisador francês Jacques Cousteau, quando de sua excursão pelo Rio Amazonas, encantou- se com as *carrancas* e de imediato colocou uma na proa de seu *Calypso*; essa carranca foi levada, esclarecendo que não mais a retiraria de seu barco.

Estivemos conversando com um escultor de carrancas e ele nos informou que realmente a inspiração decorria da cabeça do dragão, sem contudo afirmar que seria do dragão de São Jorge.

Como os chineses usam os dragões para *espantar* a tristeza e a infelicidade, os nortistas usam suas carrancas, além disso, para afugentar os *maus espíritos* do rio, para que lhes tragam sorte em suas pescarias.

Em Lida, entre Jafa e Jerusalém, houve desde o século VI um santuário onde peregrinos iam venerar o túmulo do santo. Por esse motivo, a cidade tomou o nome de "São Jorge".

Inúmeras Igrejas foram dedicadas a São Jorge, no Egito, na Síria e em Constantinopla.

Em Roma, o papa Leão II construiu uma Igreja dedicada a São Sebastião e a São Jorge; em muitos lugares era costume, inclusive no Brasil, a dedicação de uma Igreja para mais de um santo; essa Igreja, contudo, mais tarde ficou exclusivamente como sendo de São Jorge.

Na Gália, o rei Clóvis consagrou-lhe um mosteiro.

Por ocasião das Cruzadas, um exército formado de francos e ingleses estacionou em Lida em 1191, antes de marchar contra Jerusalém. Mais tarde o rei Eduardo III introduzia o famoso grito de guerra: "Saint George for England", instituindo a Ordem dos Cavaleiros de São Jorge, mais conhecida como a Ordem da Jarreteira, ainda em uso em nossos dias.

Foi o papa Bento XIV que declarou São Jorge padroeiro da Inglaterra.

Em Portugal, o culto a São Jorge foi introduzido pelos cruzados ingleses que ajudaram D. Afonso Henriques na conquista de Lisboa, no ano de 1147; em um calendário de Braga do terceiro quartel do século XII já é mencionada a festa de São Jorge mártir a 23 de abril.

Os cruzados que ficaram em Lisboa instituíram na Igreja dos Mártires uma irmandade em honra do santo que em 1241 foi transferida para a Igreja do Convento de São Domingos.

A invocação de São Jorge em grito de guerra contra os inimigos data do reinado de Afonso IV.

Entre as imagens que D. Nuno Alvares Pereira mandou pintar em sua bandeira, figurava a de São Jorge.

No local onde esteve hasteada essa bandeira, durante a batalha de Aljubarrota, erigiu-se a capela de Santa Maria e São Jorge.

A imagem de São Jorge equestre incorporou-se na procissão de "Corpus Christi" desde 1387, por ordem de D. João I, rei português que era devoto do mártir.

Na organização dos *mesteres* em Portugal, São Jorge foi declarado patrono dos que trabalhavam com ferro e fogo, ficando assim sob sua bandeira "os barbeiros de barbear, os barbeiros de guarnecer espadas, os fundidores de cobre, os ferreiros, douradores, espingardeiros, etc.".

A imagem de São Jorge esteve na Capela do Hospital de Todos os Santos, até que em 28 de maio de 1823 foi trasladada para a Igreja de Santa Cruz do castelo, em Lisboa, onde é conservada até hoje.

*

As descrições biográficas e lendárias diferem umas das outras, guardando apenas os pontos principais.

Na legenda áurea, vemos que não foi Diocleciano que fez atormentar Jorge, mas seu "preside" Daziano que, inclusive, lhe deu morte.

Essa versão condiz com o aspecto histórico, pois um imperador não se ocuparia pessoalmente com tal minúcia, de castigar um cristão, entre milhares que foram sacrificados.

Ademais, todas as versões demonstram que de parte de Diocleciano havia muito *afeto* para com o mancebo Jorge, o que, sem dúvida, não condiziria com as atitudes tão cruéis que muitos atribuem ao imperador.

*

Um escritor[13] afirma que, em uma das suas viagens, viu a fossa onde foi soterrado o dragão morto por Jorge, fossa que ninguém jamais conseguiu preencher.

Outro escritor[14] informa que o nome anterior do Estreito dos Dardanelos era Estreito de São Jorge.

Muitas são as Igrejas eregidas em honra ao santo:

Em Gênova, Itália, existe uma antiquíssima Igreja e um banco ainda subsistente nesta data.

Em Veneza, onde a devoção foi muito forte, temos três Igrejas: San Giorgio Maggiore, San Giorgio dei Greci e San Giorgio delli Schiavoni.

*

13. Niceolò da Poggibonsi – *Viaggio D'Oltramare* – Bolonha, 1881.

14. Brunetto Latini – *Tesoro*.

As cores características de Ogum diferem: na Umbanda predomina a cor azul-marinho e, às vezes, o tecido é estampado predominando os detalhes em branco, raramente em vermelho.

No Candomblé, a cor predominante é o vermelho.

Na Umbanda, são usadas as *guias,* ou colares feitos com contas de cristal vermelho alternadas com contas menores, branco leitoso.

No Candomblé, as guias são feitas com contas maiores de porcelana azul-marinho.

Ogum vem trajado na forma já referida, portanto um peitoril de metal, latão ou metal branco.

Os "adés", ou homossexuais, são grandes devotos de Ogum, e nas festas e procissões comparecem trajados luxuosamente, enfeitando suas vestes com paetês, lantejoulas, missangas e pedrarias, dando um realce folclórico ao desfile.

São Jorge, como é protetor das meretrizes, o é também dos homossexuais, que não dispensam o uso de sua medalha, colocada em correntes de ouro.

*

Os *filhos de Ogum* são tidos como "brigões", o que justificam por serem influenciados por um orixá valente e vencedor de demandas.

*

O pai de família que é *filho de Ogum* não se entretém em dialogar com seus filhos, pois é inflexível e radical. É vaidoso, não admite ser contrariado e mostra-se *pirrônico,* querendo sempre fazer prevalecer sua opinião.

O filho de Ogum é dado a conquistas, tendo facilidade com o se relacionar com o sexo oposto de qualquer filiação de orixás. Não se relacionam bem com os filhos de Oxalá e de Xangô.

*

A mulher, filha de Ogum, é queixosa, aguerrida, sendo excelente mãe de família, porém castiga energicamente o filho que lhe desobedece.

*

Se a vida amorosa de São Jorge não vem revelada, o mesmo não sucede com Ogum, que pela sua personalidade teve muitas aventuras.

Foi o primeiro marido de Oiá, que mais tarde o abandonaria e se tornaria mulher de Xangô.

Ogum relacionou-se com Oxum, antes que esta fosse viver com Oxóssi e, mais tarde, com Xangô.

A terceira mulher de Xangô, Obá, juntou-se a Ogum; essa mulher denominava-se de Eléfunlósunlóri, a que "pinta sua cabeça com pós brancos e vermelhos", a mulher que foi de Orisá Okó.

Ogum teve muitas aventuras galantes, tornando-se pai de diversos orixás, como Oxóssi e Oranian.

As *aventuras* amorosas dos orixás lembram a vida amorosa na mitologia greco-romana.

*

Como já descrevemos, os escravos colocavam ao pé da imagem dos santos uma pedra que ficava embebida em óleo de dendê, e essa pedra, assim preparada, servia de escabelo para a imagem e a devoção era dirigida à pedra, símbolo do orixá.

O escravo, habilidoso escultor em madeira, resquício de sua tradição tribal, esculpia imagens belíssimas que o branco até exportava para Portugal.

Nessas imagens, que eram *ocas,* o escravo colocava, também, sua pedra de devoção, até que o Senhor descobriu exigindo explicações.

A explicação era plausível: a imagem de madeira era oca para evitar que rachasse, pois a madeira inteiriça não suportava as alterações da temperatura e a pedra era colocada dentro para lhe dar maior estabilidade.

O branco usou esse estratagema para colocar dentro das imagens que exportava o *contrabando de ouro* e *pedras preciosas.*

*

Sendo São Jorge e seu orixá Ogum o protetor da metalurgia, nos tempos atuais ele é considerado o protetor dos fuzis, revólveres e blindados, bem como dos tratores, ceifadeiras e todo implemento agrícola.

*

Ogum é um espírito *mandão;* manda mais do que pede, impondo sua vontade sobre os espíritos Exus, daí ser denominado de *vencedor de demandas.*

Livros que fazem referência à vida e morte de São Jorge: *Acta Santorum*, *Flos Sanctorum* e *Na luz Perpétua*, todos aprovados pela Igreja com o respectivo *Nihil Obstat* e o *Imprimatur*.

*

No ano 50 começou a expulsão e perseguição contra os *judeus--cristãos*.

*

As perseguições mais cruéis foram: a primeira, sob o reinado de Nero, no ano 67, incluindo o martírio de São Pedro e São Paulo; a última foi a que encetou o imperador Diocleciano, nos anos 290 a 303.

*

No ano 312 o imperador Constantino assumiu o Império e no ano seguinte, com o *Edito de Milão*, concedeu plena liberdade a todos os cristãos.

*

Sanguis martirium, semen Christianorum, o sangue dos mártires é a semente de novos cristãos.

*

O concílio Ecumênico Vaticano II, na Constituição Dogmática *Lumen Gentium* (luz dos povos), atualizou a vida dos santos.

*

A mãe de Jorge nasceu na Palestina, vivendo na Capadócia após o casamento; enviuvando, retornou à sua terra de origem.

*

O cônsul do imperador Diocleciano não era Magnésio, mas *Magnêncio*.

Lida, cidade da Palestina, situada a 50 metros sobre o mar, dentro de bosques de oliveiras, figueiras e sicômoros, a 18 quilômetros a Sudoeste de Jafa, era capital de um pequeno estado fundado por hyksos, lembrada nos escritos faraônicos do Médio Império com o nome de Ruth. Foi reconstruída pelos Beniaminiti e, depois, reabitada pelos hebreus.

*

O Canal de Irlanda denomina-se hoje Canal de São Jorge.

Circulou em Gênova, na Idade Média, a moeda denominada de Giorginos, em homenagem a São Jorge.

A Lenda na Versão Inglesa

Jorge nasceu em Conventry, cidade da Grã-Bretanha, e viera com determinadas marcas que deixaram muito preocupados seus pais, pois em seu peito havia uma espécie de tatuagem em forma de dragão, na mão direita, uma cruz vermelha e na perna esquerda, uma liga.

Nasceu em berço rico e teve para seu conforto três amas, uma para amamentá-lo, outra para adormecê-lo e a terceira para alimentá-lo.

Existia na época uma fada, para não dizer feiticeira, que tudo fazia para contrariar a nobreza e prejudicar o bom relacionamento familiar. Seu nome era Kalib, nome árabe, pois essa feiticeira provinha das longínquas terras orientais.

Aproveitando um descuido de uma das amas, Kalib raptou o pequeno Jorge e o arrebatou para lugar ignorado; foram em vão todos os esforços dos pais para localizar a criança e nem um apelo feito ao rei conseguiu resultado.

Passaram-se 14 anos e já não havia esperança alguma para encontrar Jorge, que deveria ter, então, 14 e um pouco mais de idade.

Jorge, que provinha de uma família de destaque na nobreza, desde cedo revelou uma impulsiva rebeldia e por diversas vezes tentou libertar-se da fada sem o conseguir, pois, além de ser um prisioneiro, Kalib o amava muito.

Kalib, vendo o propósito de Jorge, colocou 12 sátiros para que permanentemente o cuidassem e frustrassem toda tentativa de fuga.

Atingida a idade propícia, Kalib revelou a Jorge que ele pertencia a uma família nobre e que tinha um destino traçado para ser um dos cavaleiros mais distinguidos da Inglaterra.

Kalib conduziu Jorge a um castelo construído inteiramente de bronze, onde se encontravam também prisioneiros seis dos mais valentes cavaleiros do mundo, campeões da Cristandade, e que eram: São Diniz, da França; São Tiago, da Espanha; Santo Antônio, da Itália; Santo André, da Escócia; São Patrício, da Irlanda e São Davi, de Gales.

Jorge fora escolhido para ser o sétimo cavaleiro, para que fosse por seus feitos conhecido e cultuado.

Na estrebaria do castelo, Jorge encontrou sete cavalos esplêndidos, de pelo diferente um do outro, e, no meio deles, um totalmente branco, que chamava a atenção por seu porte.

Em outra sala, Jorge notou as mais ricas armaduras que pudesse imaginar que existissem; Kalib selecionou a mais bela e forte e a colocou em Jorge que, apesar da idade, já apresentava um porte musculoso, invejável por seu desenvolvimento harmônico.

Acompanhava a armadura uma fina espada de aço temperado que pela leveza podia ser manejada com destreza e facilidade.

Kalib esclareceu a Jorge o poder da espada que o livraria de qualquer ataque e que denominara de "Ascialon".

Além das armas, do cavalo branco, Kalib culminou Jorge de quanto necessitaria de riquezas substanciosas, e lhe colocou na mão direita uma *varinha mágica* que teria poderes para livrá-lo de qualquer perigo.

Esses tesouros Kalib retirou de uma caverna para onde conduzira Jorge; estavam ambos para sair quando Jorge, mais rápido, tomou a dianteira e com a vara bateu no rochedo, fechando-se a caverna, aprisionando para sempre a feiticeira.

Feito isso, Jorge retornou ao castelo onde libertou os seis cavaleiros que, reconhecidos, prestaram homenagens a Jorge, considerando-o seu libertador.

Todo o grupo, saindo do castelo, em jornada tranquila e sem qualquer incidente, retornou a Conventry, onde permaneceram durante o espaço de nove meses.

Chegado o momento propício, os sete cavaleiros intitularam-se cavaleiros andantes e saíram de Conventry em busca de aventuras.

Depois de andarem durante vários dias, atravessando o canal que separava a Inglaterra do continente, os cavaleiros encontraram, em uma planície, uma estranha encruzilhada formada por sete caminhos.

Cada um deles, após jurarem que um dia se encontrariam, seguiu por um caminho, sendo o de Jorge dirigido para as terras do Egito.

Longa foi a jornada, mas Jorge possuía riqueza suficiente para vencer os obstáculos daquela caminhada.

Nas proximidades de Cairo, Jorge avistou um modesto convento, onde solicitou abrigo para descansar da longa jornada.

Ao seu encontro veio um velho eremita, desconsolado e aflito, que o recebeu com ansiedade, explicando-lhe que aquele lugar era muito perigoso, pois os afligia um terrível dragão cuja voracidade era insaciável, destruindo todos os habitantes daquele lugar e exigindo, para aplacar sua fúria, que lhe fosse entregue uma virgem semanalmente.

Os longos anos de desgraça fizeram com que nenhuma virgem mais existisse, a não ser a última donzela, filha do próprio rei.

O rei fizera anunciar que, se algum cavaleiro se dispusesse a enfrentar o temido dragão e vencê-lo, receberia toda riqueza e a própria donzela como esposa, e em sua morte herdaria o reino do Egito.

Jorge ouviu o anúncio e, entusiasmado em poder mostrar sua valentia e disposição em casar com a princesa que lhe foi informado ser formosa, mandou mensagem ao rei para que depositasse confiança que em breve o monstro seria destruído.

Comunicou sua decisão aos hospedeiros, que passaram a tratá-lo com grande respeito, e na manhã seguinte aprontou-se para iniciar o que seria sua grande aventura.

Chegado ao local onde a princesa aguardava para ser entregue ao dragão, acercou-se dela e lhe assegurou que a salvaria; sua formosura deixou Jorge totalmente apaixonado e, tomando a princesa, colocou-a na garupa de seu cavalo e conduziu-a até o palácio, entregando-a ao rei e dizendo-lhe que voltaria para desposá-la.

O rei, vendo aquele cavaleiro tão estranho, com armadura diferente de tudo o que já conhecia, sua espada e sua lança também muito estranhas, teve momentos de euforia e ansiedade, pois muitos outros cavaleiros tinham se apresentado, mas não haviam retornado para desposar a princesa.

Depois Jorge dirigiu-se ao lago onde habitava o dragão, para desafiá-lo; chegado à beira, subitamente emergiu das águas uma fera de tamanho descomunal, coberto de escamas reluzentes e despejando de sua boca terrível hálito; rugindo como se fora um leão, com suas garras cavocava a terra e com suas asas formava uma nuvem de poeira e uma ventania que por pouco não derrubou Jorge do cavalo, que assustado tentava recuar.

A besta atacou com violência, mal dando tempo a Jorge para atirar-lhe a lança que se desfez em vários pedaços, deixando o mancebo armado apenas de sua espada.

O dragão com sua longa cauda atirou Jorge e sua montaria longe, atingindo-o em cheio; o cavaleiro foi cair sob uma laranjeira.

A laranjeira tinha a virtude de não permitir que nenhum verme ou animal rastejante pudesse ficar sob sua sombra, o que permitiu a Jorge recompor-se e descansar por alguns minutos fora do alcance da fera.

Protegendo-se com o escudo, Jorge desembainhou Ascalon e, com ela, em um movimento rápido e ousado, atingiu o ventre do dragão.

De suas entranhas passou a sair um líquido peçonhento que salpicou o escudo, partindo-o em dois lugares e causando tanta náusea no jovem que o deixou tonto e confuso, mas capacitado a retroceder até a proteção da laranjeira, permanecendo a salvo.

Jorge, temeroso, duvidando de sua habilidade, ajoelhou-se e elevou a Deus uma prece, suplicando que lhe desse forças para prosseguir na luta com a finalidade de salvar a princesa.

O dragão esperava com cautela e quando viu Jorge vindo a seu encontro, a pé, descuidou-se, o que proporcionou ao herói enterrar-lhe a espada sob uma das asas, indo perfurar o coração do malvado.

Exangue, sem forças, o dragão cambaleante tratou de se retirar em busca de refúgio nas águas do lago, mas Jorge não lhe deu essa chance e, com um rápido e imprevisto golpe, decepou a cabeça do monstro.

Depois, subindo em seu corcel, arrastou a enorme cabeça e a conduziu até o palácio.

A multidão entusiasmada tecia louvores ao herói e a princesa, totalmente enamorada pelo jovem e garboso cavaleiro, beijou-o, comprometendo-se com esse beijo a casar com Jorge.

Esse rei era Ptolomeu, que, livre do flagelo, deu sua filha Sabra em casamento a Jorge, cujos festejos nupciais duraram vários dias, e cobriu Jorge de tanta riqueza que passou a ser o herdeiro de seu trono e admirado pelo povo.

Da união, nasceram três filhos: Guido, Alexandre e Davi, com a peculiaridade de ser trigêmeos; nasceram no deserto, em uma cabana, por ocasião de um passeio pelo do deserto.

Esses filhos foram mandados a estudar em três reinos diferentes, retornando à pátria jovens prendados, orgulho de seus pais.

Jorge teve a infelicidade de perder Sabra e assim, vendo-se sozinho, dirigiu-se para Constantinopla em companhia dos filhos; no

Oriente permaneceu pouco tempo, retornando ao seu país de origem, fixando-se em Conventry.

Na charneca de Dunsmore, aparecera um dragão infernal, que incomodava os habitantes da região com suas tropelias e exigências de alimento, dizimando o rebanho dos agricultores.

Quinze valentes cavaleiros tinham perecido ao tentar eliminar o descomunal dragão.

A notícia de que Jorge havia vencido um animal semelhante, nas terras do Egito, fez com que uma representação dos moradores lhe suplicasse que desse combate ao monstro para livrá-los de tão cruel presença.

Jorge concordou e, após preparar-se como convinha, despediu-se de seus filhos e acompanhou a comitiva, em busca do dragão.

O dragão, porém, pressentindo que havia um cavaleiro destemido que poderia vencê-lo, passou a se esconder; longa foi a busca, mas certo dia, justamente 23 de abril do ano 303, Jorge o encontrou e desafiou a fera, fazendo-lhe convites para que aceitasse a luta.

A luta foi renhida e o barulho do embate ecoava pela charneca; Jorge, com destreza, enterrou sua espada, a mesma Ascalon que recebera da feiticeira Kalib, nas entranhas do animal, causando-lhe tal hemorragia que o matou; porém, a fera conseguira atingir Jorge com o ferrão de sua cauda, inoculando-lhe fatal veneno.

Jorge teve forças ainda para retornar a Conventry, onde faleceu nos braços de seus filhos.

Toda a Inglaterra tomou conhecimento da façanha de Jorge, que passou a ser venerado; suas marcas de nascimento foram prenúncio de seu heroísmo e a marca em sua perna em formato de liga inspirou um rei a fundar a Ordem da Jarreteira.

Inúmeros foram os milagres que Jorge realizou; os cruzados levaram sua imagem pintada em seus escudos e durante os combates seu nome foi invocado, tornando-se o protetor do Exército Inglês e hoje patrono de toda a Inglaterra.

Muitos reis foram batizados com o nome de Jorge em sua homenagem.

*

A não ser pelos combates com os dragões, a vida de São Jorge da Inglaterra em nada se assemelha com a lenda tradicional.

Muitas são as versões sobre o “mito” de São Jorge inglês, mas não há referência sobre possíveis sacrifícios e torturas, sobre o proselitismo cristão.

*

A influência de São Jorge na família real inglesa é acentuada, basta verificar que nada menos que seis reis receberam na pia batismal o nome do patrono de seu país, a saber:

Jorge I – 1660-1727
Jorge II – 1683-1760
Jorge III – 1738-1820
Jorge IV – 1762-1830
Jorge V – 1865-1936
Jorge VI – 1895-1952

São Jorge no Brasil

Alguém escreveu que o Brasil possui um São Jorge brasileiro, como a Inglaterra possui o seu e outros países, da mesma forma, o têm como exclusivo.

No entanto, o São Jorge brasileiro assumiu características peculiares, posto que suas raízes sejam do mesmo santo nascido na Capadócia e matador do dragão.

Outros escrevem dizendo que foram os escravos que introduziram o culto a São Jorge no Brasil.

Temos elementos que podem esclarecer essas pequenas confusões para afirmar que foram os portugueses que introduziram São Jorge entre nós, implicitamente na Bahia.

O poeta Plínio de Almeida, em *Roteiro Sentimental de Ilhéus*, expressa:

> "Ilhéus:
> Quanta ternura vejo no correr dos teus rios;
> Na rosa dos ventos, nas palmas dos coqueiros;
> Ilhéus dos pescadores, Ilhéus dos jangadeiros
> Que enfrentam sem temor a fúria do mar,
> Com as velas abertas ao sopro da ventania,
> Quer seja o sol no céu, quer noite de invernia..."

D. João, por graça de Deus rei de Portugal e dos Algarves, d'aquém e d'além mar em África, Senhor de Guiné e da Conquista, Navegação e Comércio, Etiópia, Arábia, Pérsia e da Índia, assinou a CARTA DE DOAÇÃO, em Évora, a 26 de junho de 1534, doando a Capitania de Ilhéus, recém-instalada, a JORGE FIGUEIREDO CORRÊA.

A sede da capitania recebeu o nome de Vila de São Jorge, obviamente em homenagem a Jorge Figueiredo Corrêa.

Em 1556 a vila possuía a Igreja matriz.

Ilhéus era chamada pelos tupis de NHOESEMBÉ.

Ilhéus foi sempre denominada de VILA DE SÃO JORGE DOS ILHÉUS e elevada à categoria de cidade no ano de 1881, no dia 14 de agosto.

Os portugueses, seguindo a tradição milenar de seu país, passaram a construir no povoado que viria a ser denominado São Jorge dos Ilhéus suas casas no mesmo estilo como haviam surgido as vilas em Portugal e com os elementos que o local oferecia, portanto construções modestas, ruas tortuosas, becos e vielas e um largo na parte central destinada à futura praça com sua indispensável Igreja.

Nesse centro da povoação foi construída uma *capelinha,* dedicada a São Jorge, abrigando sua imagem.

Mais tarde, essa *capelinha* fragilmente construída consumiu-se e a imagem do santo foi conduzida para o centro da sede da capitania e colocada na Igreja, hoje conhecida como Catedral de São Jorge; esse templo foi construído em 1556, no mesmo ano da construção da catedral matriz.

A primeira imagem e a primeira Igreja de São Jorge existente no Brasil foram, portanto, na Bahia, centro do culto africanista a Oxóssi.

A presença do culto a São Jorge em Ilhéus sempre foi marcante, posto não chegassem até nós notícias mais detalhadas.

Como exemplo, transcrevemos o que Robert Southley (*História do Brasil*, Rio de Janeiro, 1862, 6º volume) nos diz:

> "No ano de 1581, escreviam da Vila de São Jorge dos Ilhéus que os jesuítas, havia cerca de seis anos, tinham recebido uma relíquia de São Jorge Mártir, enviada pelo reverendo padre geral da Companhia de Jesus.
>
> Até então os aimorés levavam ordinariamente melhor partido em suas investidas contra os colonos.
>
> Mas, desde que a relíquia chegou à vila e foi exposta na Igreja dos padres, a fortuna modificou-se em favor dos cristãos, entrando estes de bater repetidamente os inimigos.
>
> Ao passo que os tapuias perdiam sempre muito dos seus, os brancos não sofriam uma só baixa, e sendo muito poucas as dos índios aliados. Tal se atribuía à valiosa intervenção do valoroso cavaleiro de Cristo.
>
> Por isso celebrava-se agora sua festa com grande aparato e maior júbilo da população".

O comportamento diante de uma *relíquia* dos católicos é repetitivo em todos os países, e não poderia no Brasil, naquela época, deixar de produzir os efeitos peculiares à fé que o povo deposita em uma relíquia, posto que se desconheça em que consistia essa relíquia.

Consoante informação dada por Antônio Henriques Leal em seus *Apontamentos para a História dos Jesuítas no Brasil*, publicados no Maranhão em 1874, em dois volumes, no ano de 1581 residiam na Casa de Ilhéus seis jesuítas.

Essas festividades não vêm descritas com os detalhes que gostaríamos de conhecer, mas Silva Campos, em sua magnífica obra: *Crônica da Capitania de São Jorge dos Ilhéus*, em 536 páginas, publicada pelo Ministério de Educação e Cultura, em 1981, porém escrita em 1936/37, na Bahia, nos informa:

> "De volta a Ilhéus, ensejou-se-lhes oportunidade de testemunharem a reunião de mor parte dos moradores da vila, em uma festa popular realizada na primeira semana de 1819, que acreditavam ser provavelmente análoga aos divertimentos populares, porventura restos das Saturnais, que se celebram no país de Gales durante a semana de Natal, e nas quais São Jorge e seu adversário pagão falam em verso.
> Semelhantes representações também são desempenhadas em verso no norte da Inglaterra e na Escócia pelos chamados *guisards*, que vão de casa em casa, e que representam o adversário pagão comicamente com o nome de animal de gala.
> Os atores brasileiros, porém, não se mostram tão eloquentes como se diz serem os atores populares ingleses.
> Só no banquete festival tornaram-se mais e mais ruidosos, acompanhando a música da dança com estrofes destacadas de canções populares. Cantam, ordinariamente, acontecimentos da própria terra, às vezes de invenção do próprio dançarino.
> Grande número dessas estrofes são muito chistosas, outras porém, lascivas".

*

"Nas franjas do Oceano edificou-se a cidade
Cidade de São Jorge dos Ilhéus
Os tempos passaram,
Os índios sumiram.
Os colonos perderam-se na história
O que ficou foi a história da cidade,

Cidade que teve glória.
Suas dores
Seu atraso."

(Jorge Saraiva de Castro, *Auto da Cidade Glorificada*)

Hoje ainda seu nome é São Jorge dos Ilhéus, tendo sido decantada por muitos; seus historiadores são os mais venerados; seu aspecto é belíssimo; somente quem a conhece poderá sentir seu passado e amá-la.

Os primeiros escravos negros chegados à Bahia são de 1551[15] e, considerando que a vila já possuía uma Igreja dedicada a São Jorge, conclui-se que o culto foi iniciado católico e não africano.

O sincretismo religioso dos negros fez com que alguns santos católicos tivessem seu nome alterado, como por exemplo São Jorge, com o nome de Oxóssi, deus da caça.

Já no Rio de Janeiro, São Jorge é denominado de Ogum, que em Ilhéus corresponde a Santo Antônio.

Oxóssi, no Rio de Janeiro, encarna São Sebastião, e em Cuba ele é São Noberto.

Dada essa diversidade, torna-se um tanto complicado compreendermos o culto africanista a São Jorge.

Oxóssi na África é o deus dos caçadores, filho ou irmão menor de Ogum; o autor Pierre Fatumbi Verger, em sua obra *Orixás*, descreve assim a lenda de Oxóssi:

> "O nome de Oxóssi é derivado de Osówusí. Olófin Odúduá, rei de Ifé, celebrava a festa dos novos inhames, um ritual indispensável no início da colheita, antes do quê ninguém podia comer desses inhames.
> Chegado o dia, uma grande multidão reuniu-se no pátio do palácio Real. Olófin estava sentado em grande estilo, magnificamente vestido, cercado de suas mulheres, de seus ministros, e, enquanto os escravos o abanavam e espantavam as moscas, os tambores batiam e louvores eram entoados para saudá-lo. As pessoas reunidas conversavam e festejavam alegremente, comendo dos novos inhames e bebendo vinho de palma.
> Subitamente um pássaro gigantesco voou sobre a festa, vindo pousar sobre o teto do prédio central do palácio.
> Esse pássaro malvado fora enviado pelas feiticeiras, as Iyámi Osórongá, chamadas também as Eléye, isto é, as proprietárias dos pássaros, pois elas utilizam-os para realizar seus nefastos trabalhos.
> A confusão e o desespero tomaram conta da multidão. Decidiram, então, trazer sucessivamente Oxotogun, o caçador das 20 flechadas de Idô; Oxo-

15. Pedro Calmon, *História do Brasil*, Livraria José Olimpo, 1959, volume II, p. 345.

togí, o caçador das 40 flechas de Moré; Oxotadotá, o caçador das 50 flechas de Ilaré, e finalmente Oxotokanxoxô, o caçador de uma só flecha, de Iremã. Os três primeiros, muito seguros de si e um tanto fanfarrões, fracassaram em suas tentativas de atingir o pássaro, apesar do tamanho deste e da habilidade dos atiradores.

Chegada a vez de Oxotokanxoxô, filho único, sua mãe foi rapidamente consultar um babalaô, que lhe declarou: 'Seu filho está a um passo da morte ou da riqueza. Faça uma oferenda e a morte tornar-se-á riqueza'.

Ela foi então colocar na estrada uma galinha que havia sacrificado, abrindo-lhe o peito, como devem ser feitas as oferendas às feiticeiras, e dizendo três vezes: 'Que o peito do pássaro receba esta oferenda'.

Foi no momento preciso que seu filho lançava sua única flecha. O pássaro relaxou o encanto que o protegia para que a oferenda chegasse ao seu peito, mas foi a flecha de Oxotokanxoxô que o atingiu profundamente. O pássaro caiu pesadamente, debateu-se e morreu. Todo mundo começou a dançar e a cantar: 'Oxó é popular; Oxó é popular! Oxowussi, Oxowussi! Oxowussi!'. Com o tempo, Oxowussi transformou-se em Oxossi".

O culto de Oxóssi encontra-se quase extinto em seu país originário, a África, onde ele foi o rei de Kêto.

Kêto foi um país totalmente destruído pelas tropas do rei de Daomé no século passado, e seus habitantes, dominados e vendidos corno escravos para o Brasil e Cuba.

Portanto, o culto a Oxóssi chegou ao Brasil pelas mãos dos súditos do rei de Kêto.

Esse mesmo rei ressurgiu e, em um sincretismo religioso para manter o Catolicismo dos Senhores, foi escolhido São Jorge para *mascarar* o culto que inicialmente não era permitido aos negros.

O símbolo de Oxóssi conserva os mesmos elementos africanos: um arco e flecha em ferro forjado; seus *iniciados* usam colares de contas azul esverdeadas, sendo a quinta-feira o dia da semana que lhe é consagrado; isso na Bahia.

Conta-se aqui no Brasil[16] que Oxóssi era irmão de Ogum e de Exu, todos os três filhos de Iemanjá.

Exu era indisciplinado e insolente com sua mãe e por isso ela o mandou embora.

Os outros dois filhos se conduziam melhor. Ogum trabalhava no campo e Oxóssi caçava na floresta das vizinhanças, de modo que a casa estava sempre abastecida de produtos agrícolas e de caça.

16. Pierre Fatumbi Verger, abra anteriormente citada.

Iemanjá, no entanto, andava inquieta e resolveu consultar um babalaô. Este lhe aconselhou proibir que Oxóssi saísse à caça, pois arriscava-se a encontrar Ossain, aquele que detém o poder das plantas e que vivia nas profundezas da floresta.

Oxóssi ficaria exposto a um feitiço de Ossain para obrigá-lo a permanecer em sua companhia.

Iemanjá exigiu então que Oxóssi renunciasse a suas atividades de caçador. Este, porém, de personalidade independente, continuou suas incursões à floresta.

Ele partiu com outros caçadores, e, como sempre faziam, uma vez chegados junto a uma grande árvore, separavam-se, prosseguindo isoladamente, e voltavam a encontrar-se no fim do dia e no mesmo lugar.

Certa tarde, Oxóssi não voltou para o reencontro nem respondeu aos apelos dos outros caçadores.

Ele havia encontrado Ossain e este dera-lhe para beber uma poção na qual foram maceradas certas folhas, como *amúnimúvé*, cujo nome significa "apossar-se de uma pessoa e de sua inteligência", o que provocou em Oxóssi uma amnésia.

Ele não sabia mais quem era nem onde morava. Ficou então vivendo na mata com Ossain, como predissera o babalaô.

Ogum, inquieto com a ausência do irmão, partiu à sua procura, encontrando-o nas profundezas da floresta.

Ele o trouxe de volta, mas Iemanjá não quis mais receber o filho desobediente. Ogum, revoltado pela intransigência materna, recusou-se a continuar em casa (é por isso que o lugar consagrado a Ogum está sempre instalado ao ar livre).

Oxóssi voltou para a companhia de Ossain, e Iemanjá, desesperada por ter perdido seus filhos, transformou-se em um rio, chamado Ogùn (não confundir com o nome Ogum, o orixá).

O narrador dessa lenda chamou atenção para o fato de que "esses quatro deuses iorubás EXU, Ogum, Oxóssi e Ossain são igualmente simbolizados por objetos de ferro forjado e vivem todos ao ar livre".

O africanismo brasileiro manteve sua religião com toda a pureza, mas com o passar dos anos ela foi sendo disseminada entre os brancos, primeiramente por meio das *mucamas* junto às suas senhoras que encomendavam os *trabalhos,* para solucionar amores difíceis, e depois com as providências tomadas pelos chefes de religião, de mascarar seus orixás dando-lhes um segundo nome cristão, foi mais fácil para o branco português homenagear São Jorge, em vez de Oxóssi ou Ogum.

Embora com muita reserva, nos altares das casas de nação, nos primeiros tempos, os negros selecionavam pedras, buscando formatos apropriados, e as imergiam em óleo de dendê; quando prontas, colocavam sobre elas o santo de devoção, porém cada pedra simbolizava a presença de um orixá, e os pedidos, as oferendas e os cânticos eram dirigido *às pedras,* disfarçando sua condição de *pedestal* à presença do orixá.

Encontramos ainda hoje em alguns altares essa *camuflagem.*

Toda noite e todo dia.
Quem está de ronda é São Jorge,
É Nossa Senhora da Guia.
Quem está de ronda é São Jorge,
Meu pai, me diga o que é.
Quem está de ronda é São Jorge,
Velando os filhos de fé.
Quem está de ronda é São Jorge,
São Jorge é quem vai rondar...
Abre a porta, minha gente,
Deixa a falange de São Jorge entrar!

A coleção dos pontos é imensa, seja pela tradição, chegados até nós, seja pela renovação constante, surgida pela fecunda inspiração poética do mestiço.

Todavia, o branco participa ativamente do culto a São Jorge nas Igrejas com as orações e nos terreiros com os pontos.

Na Igreja erigida em honra a São Jorge, no Rio de Janeiro, na Rua da Alfândega, esquina da Praça da República, processam-se cultos normais, novenas e festividades.

Eis a "oração oficial", aprovada e abençoada pela autoridade da Igreja Católica.

"Ó glorioso São Jorge, que fostes em vida filho valente da Santa Igreja Católica Apostólica Romana e morrestes mártir de nossa fé, ensinai-me com vosso exemplo a ser fiel à minha santa religião.

Vós que tanto me entusiasmais com a piedosa lenda de vossa luta de cavaleiro contra um fabuloso dragão, animai-me em meus combates de cristão.

Ajudai-me a lutar contra o dragão que está dentro de mim com suas sete bocas ameaçadoras, os sete vícios capitais: soberba, avareza, luxúria, inveja, gula, ira e preguiça.

Ajudai o Brasil a vencer seu dragão inimigo, também ele de sete cabeças: o indiferentismo, o comunismo, o materialismo, a falsa política, a venalidade, a ganância dos patrões, a indolência dos trabalhadores.

Ajudai a Santa Igreja no Brasil a desfazer o engano ou a má-fé dos que, sacrilegiamente, vos invocam como patrono da magia, da adivinhação e de todas as superstições do Espiritismo tantas vezes condenado.
São Jorge guerreiro de Deus protegei-me, defendei a Santa Igreja, salvai o Brasil."

Como se vê, há uma diversidade notável entre Oxóssi e São Jorge para a Igreja Católica, pois em sua oração central é solicitado ao santo que *desfaça o engano.*

Temos, pessoalmente, observado que nas festividades dessa Igreja o comparecimento dos adeptos da Umbanda e do Candomblé superam o dos católicos.

A fé transporta montanhas, sempre foi dito, no entanto são raras as notícias de que, alguma vez, houvesse esse transporte, todavia não devemos descrer.

Quando os jesuítas trouxeram para Ilhéus uma relíquia ligada a São Jorge, essa fé que transporta montanhas reacendeu-se e não mais os indígenas conseguiram vencer os colonos em suas investidas constantes.

Há informações de que a cabeça do santo, mumificada, está guardada na Igreja Velo de Ouro, na Itália; provavelmente a relíquia noticiada seja parte, mesmo mínima, daquela cabeça.

A notícia não está confirmada; a pesquisa a respeito ainda não foi completada, pois está na dependência de informações exatas, difíceis de ser conseguidas.

O autor viu no Museu Imperial de Istambul um *braço mumificado,* coberto de ouro, tendo exposta apenas parte do osso e que seria de São João.

Aquela relíquia não está em uma Igreja, mas no museu, e ela não é venerada.

A cruz de Caravaca, a original, pois a autêntica foi furtada do altar, teria sido formada por cinco pequenos fragmentos da cruz verdadeira; a reprodução, mandada fazer por um papa,[17] também contaria com uma relíquia, um pequeno fragmento da própria cruz de Cristo.

A relíquia de São Jorge despertou no povo de Ilhéus a força que faltava para resistir aos ataques indígenas, força que manteve o povo unido e que o tornou invencível.

17. Vide a obra do mesmo autor, Jacques de Molay.

Deve-se considerar as consequências de o santo *fazer presença corpórea* no Brasil; mínima que fosse a relíquia, significava *parte* do corpo de quem era venerado.

Era a *tradição* palpável; aquela relíquia podia estar nas mãos de quem desejasse; não era uma imagem nem parte de uma imagem, mas a essência de algo muito sagrado.

Na concepção do povo simplório, dos colonos de poucas letras, dos que não podiam contar com uma proteção oficial, com pouca gente e poucas armas, enfrentando um grande grupo de indígenas com seus mitos e ritos, apavorando pelo incógnito, pela sombra da feitiçaria, a *presença* real de São Jorge fortalecia o ânimo e a disposição para a luta na certeza de que o santo guerreiro estaria ao lado da boa causa.

Essa fé que remove montanhas dera certo, e os indígenas com muitas baixas se retiravam até reconhecerem a impossibilidade de expulsar o branco.

Escravos Africanos

O tráfico de escravos, inicialmente livre, mas logo reprimido, portanto passando a ser clandestino, não tem um registro completo, ignorando-se datas iniciais e números de pessoas trazidas.

Existiam registros iniciais, mas foram destruídos pelo Ministério da Fazenda que, no dia 13 de maio de 1891, pretendendo assim apagar a nódoa vergonhosa, mandou queimar os arquivos históricos da escravidão.

Reconstruí-los torna-se tarefa ingente, pois até hoje não se tem qualquer segurança nos dados apresentados.

Os historiadores brasileiros divergem a respeito dos locais de onde foram retirados os negros para aportarem ao Brasil.

No início vieram do sul da África, ilhas de Cacheu, Bissau e Guiné; depois, do Congo, Cabinda, Angola, Contra Costa, vindo os macuas e os anjicos.

Porém, a maioria foi dos negros do grupo bantú. Ao lado desse grupo, pode-se citar os nagôs, vindos de Iorubá, Iorin, Ijesa, Ybadan, Igê, Iebú, e Egbá.

Próximos aos nagôs, por falarem o mesmo idioma, surgem os tapas ou nupês e nifés.

Os gêges tomam o nome de evés para os franceses e ewes para os ingleses; esses egês também são conhecidos como efan e mahis, que é um diminuto povo do Dahomé. Os fulbi passaram a ser denominados no Brasil com o nome de fulas ou filanins.

Os *galinhas* eram os guruncís. Os adamauás eram os bornus muçulmanos.

Os negros minas procederam do forte de São Jorge da Mina, na África; haviam os minas-achanti e os minas-popes, os agoins da África. Os minas da Costa do Ouro eram os fintees.

Os primeiros escravos não aportaram na Bahia, mas em Pernambuco.

O Brasil contava com mão de obra fácil, que eram os índios, mas que não se submeteram ao branco, escapando para o interior das florestas.

A oferta de mão de obra barata, pois era cobrado praticamente o custo do transporte, influenciou para que os navios negreiros encontrassem grande mercado.

A Bahia tornou-se o maior mercado negro; isso tem explicação por causa da indústria da cana-de-açúcar e do cacau. Portanto, Bahia e Pernambuco foram o grande reduto de escravos.

O surgimento do minério com caráter de matéria exportável veio a ocupar o braço do negro, e assim o Rio de Janeiro passou a competir com a Bahia.

No século XIX, com o incremento do cultivo do café, um grande contingente de escravos foi deslocado da Bahia e de Pernambuco para São Paulo e Minas Gerais.

Os entrepostos da escravatura, no entanto, fixaram-se em Belém e São Luiz do Maranhão.

O porto exportador, todavia, fixou-se no Rio de Janeiro, cuja população negra sobrepujava a branca.

Em uma distribuição *grosso modo* dos negros, teríamos os nagôs na Bahia, os gongos em Pernambuco e os angolas no sul (Rio e São Paulo); porém, sem desprezar as dezenas de outros povos, disseminados em todo Brasil.

A língua falada pelos escravos era: nagô ou iorubá, quimbanda, gêge ou ewe, kanuri ou nifê e gurincis.

Duas predominaram: nagô e a quimbondo.

Portanto, o culto religioso não se apresentava uniforme, mas variado de conformidade com a origem dos grupos; não havia muita ligação entre essas tribos.

Nem se poderá cogitar de que esses povos conheciam a São Jorge, com exclusão obviamente dos que procederam do Forte de São Jorge Minas da África, que eram os já referidos Minas.

O traço de união entre Oxóssi ou Ogum com São Jorge é que ambos são "guerreiros", mas entre os escravos aportados ao Brasil, a lenda de São Jorge na matança do dragão era totalmente desconhecida, tanto que inexiste qualquer imagem nos cultos africanos que revivam o dragão.

Não se pode deixar de lado a influência do culto indígena que tanto enriquece nosso folclore.

Desse sincretismo com os portugueses, os índios e os africanos, surgiu uma crença *sui generis*, que, se não causa confusão, pelo menos dificulta uma unidade de comportamento.

O propósito deste trabalho não é descrever ou estudar as manifestações religiosas existentes no Brasil, formadas por esse já referido sincretismo, mas tão somente situar o culto a São Jorge.

A cidade do Rio de Janeiro orgulha-se em possuir no altar da Igreja de São Jorge uma imagem (em gesso) do tamanho natural, o guerreiro a cavalo.

Em Porto Alegre, na Igreja de São Jorge, no bairro Partenon, existe uma imagem também de grandes proporções.

Um fato curioso diz respeito a essa imagem mais comum, mais divulgada, tanto nos terreiros, como nas Igrejas ou para os oratórios que reproduzem a pintura de Rafael idêntica e esculpida nas libras esterlinas inglesas.

Os devotos de São Jorge usam sua medalha, que também é a mesma reprodução.

São dezenas de pinturas e esculturas do santo que existem no mundo inteiro, como veremos em capítulo apropriado; essas imagens que se expõem no Brasil não são exclusivamente estatuárias, mas quadros de todos os formatos imagináveis e possíveis.

Como curiosidade, temos no Museu da Inconfidência em Ouro Preto, Minas Gerais, uma escultura em madeira que é obra de Francisco Lisboa, o Aleijadinho; essa imagem reproduz São Jorge guerreiro, a pé, sem o cavalo, brandindo na mão direita erguida uma lança e na esquerda um escudo redondo colado ao peito; trata-se de uma figura pobre em detalhes, pobre na confecção, pobre no aspecto físico, uma figura humana de porte médio, magra e sem maior atração física.

Vale pelo autor e por fugir ao convencional que representa o cavaleiro montado em branco corcel.

O culto a São Jorge encontra nuanças que servem para criar confusões; milhares são os locais onde o africanismo se reúne, confundindo-se com a religião codificada Umbanda; mesmo dentro dos centros de Umbanda, a orientação dos trabalhos obedece a uma linha geral, contudo cada dirigente dirige os trabalhos imprimindo sua personalidade.

Talvez essa diversificação constitua a atração de tantos, que, após percorrerem vários centros, selecionam aquele que lhe tocou mais e com quem se identificou.

Assim, no que diz respeito exclusivamente a São Jorge, a Umbanda o tem denominado de Ogum, distinguindo-o de Oxóssi, que seria outro orixá.

Para os africanos, orixás eram as forças divinizadas de natureza.

São cinco os orixás mais em evidência, a saber:

Oxóssi – o rei das Matas ou da Caça.

Xangô – o Dono dos Raios, Temporais e Trovões e encontra seu "habitat" nas pedreiras.

Oxum – Senhora dos Rios, Lagos e Cachoeiras.

Iemanjá – a rainha do Mar, das Ondas, da Espuma e das Praias.

Ogum – o orixá das Guerras, das Lutas, das Grandes Jornadas.

Após a assimilação desses orixás com os santos da Igreja Católica, passaram a ser na Umbanda considerados os Orixalás, que constituem as forças divinizadas da natureza.

Portanto, Oxóssi passou a ser São Sebastião no sul do Brasil; no norte é São Jorge, como já foi referido anteriormente.

Xangô absorve vários santos, sendo São Jerônimo, São João, São Paulo, São Pedro, mas, para diferenciar esses santos, o nome Xangô-Caô é São Jerônimo; Xangô-Agodô é São Pedro; Xangô-Agojô é São Paulo e Xangô-Alafim é São João.

Oxum, no sul do país, é Nossa Senhora da Conceição, mas no norte é Iemanjá.

Iemanjá é Nossa Senhora da Piedade, e na Bahia é Nossa Senhora dos Navegantes.

Ogum, no sul do país, é São Jorge, mas no norte, notadamente na Bahia, é Santo Antônio.

Não se há, porém, que confundir *nossa personagem* da Capadócia com a orientação africanista.

São Jorge vem caracterizado pela matança do dragão, pelos sete tormentos e pelos milagres que fez, sendo estes aceitos pela Igreja, através do que foi santificado.

Oxóssi ou Ogum não são referidos pela lenda do dragão nem pelos tormentos sofridos, mas apenas pela "proteção", sendo um orixá de *demanda,* ou seja, invocado para resolver os problemas que exigem *luta* para ser superados.

Analisando-se os compêndios umbandistas, encontraremos expressões próprias, apresentadas em linguagem africana, um misto dos idiomas falados nas regiões de onde procederam nossos escravos, mas nota-se certa preocupação de assimilar o que nossos índios nos transmitiram.

Certos instrumentos de culto são exclusivamente indígenas; outros, africanos e, finalmente, o restante europeus.

As orações e os pontos divergem muito entre si, pois a oração é destinada a São Jorge e o ponto a Ogum.

Apenas para exemplificar, vejamos a diferença:

De lança em punho
Em seu cavalo branco,
Aí vem o militar,
Sempre vencedor,
Ogum, nosso defensor, Ogum, maxô... ê... ê...
Combatei, Ogum,
De lança em punho,
No terreiro de Umbanda, sede nosso protetor,
Ogum maxô... ê... ê... Salve Ogum militar,
Valente justiceiro,
Que não sabe recuar.
Maneja tua espada,
Defendendo teu terreiro.
Chefe de cavalaria
Das falanges de Umbanda,
Não descansa um só dia,
Ogum, nosso defensor,
Ogum, nosso defensor.
Ogum maxô... ê... ê...
Ogum maxô... ê... ê...

Eis uma oração a São Jorge:

Jesus adiante, paz e guia, encomendo-me a Deus e à Virgem Maria, minha mãe, aos 12 apóstolos, meus irmãos.
Andarei neste dia e nesta noite, eu e meu corpo, cercados pelas armas de São Jorge.
Meu corpo não será preso nem ferido, nem meu sangue derramado.
Andarei tão livre como andou Jesus Cristo durante nove meses no ventre da Virgem Maria.
Meus inimigos terão olhos e não hão de me ver; terão boca e não falarão; terão pés e não me alcançarão; terão mãos e não me ofenderão!
Assim seja!

Quem busca o conhecimento sobre a religião da África Negra, por certo há de encontrar subsídios fundamentais e numerosos na literatura especializada, que é vasta.

Essa literatura não foi formada por informações escritas, por meio de livros sagrados, como a História Sagrada dos hebreus, o Livro dos Mortos dos egípcios, o Bagavad dos hindus, o Alcorão, etc., de todos os povos civilizados ou menos civilizados.

A religião da África Negra tem suas raízes na tradição oral, e nada, absolutamente nada, há de escrito.

O conceito *religião* apresenta-se totalmente *confuso* e diferente dos conceitos normais, portanto até o próprio termo que tem o sentido de *religio,* ou seja, *religar, pode* ser inapropriado; mas daremos o nome de *religião* à expressão do culto.

A África Negra, por suas peculiaridades geográficas, de um continente formado por intensas matas, esclarece a grande dificuldade de comunicação entre as centenas de povos que a constituem.

Paralelamente a esse aspecto geográfico, temos a considerar que cada agrupamento formava uma *nação* independente e muito *isolada* uma da outra.

Esses povos raramente se uniam: seja por *rivalidades* inexplicáveis, seja por *proteção,* havia o *grande isolamento,* preservado até por confrontos armados e lutas prolongadas.

No tempo da escravatura, os próprios *vencedores* desses embates vendiam aos traficantes seus inimigos.

Não há um *conceito* religioso formando um *corpus* de doutrina e de práticas, contudo há uma *concepção* de religiosidade universal.

O estudo de cada manifestação religiosa de cada agrupamento nos revelará práticas as mais desencontradas.

A dificuldade em compreender as manifestações religiosas, para nós, reside na inclinação natural determinada por nossa formação religiosa, de querer aplicar ao estudo a *comparação.*

Para entender o *africanismo negro,* devemos nos despir de nosso conceito religioso e partir para uma trajetória nova e tentar compreender uma ética estranha, que se para nós nos parece excêntrica, para aqueles indígenas asteia-se em uma força robusta entre dois elementos: o homem e a natureza.

A essência da religião africana consiste na inclinação que opera no ser humano (todo ser humano) de considerar-se parte *integrante do mundo,* envolvido em uma vida *cíclica.*

Céu, inferno, além, futuro redentor, enfim, o conceito do homem branco é desprezado.

A religiosidade do negro parte da visão que possui de sua condição e de seu papel diante da vida, não há uma finalidade fora do ser humano.

A religião, portanto, pende mais para o humanismo. Na África Negra existe uma espiritualidade real e profunda, bases de uma ética individual e social cujo desenvolvimento culmina na *vida mística.*

Apesar da diversidade de crenças de cada povo, nota-se uma robusta unidade.

O solo, a fauna e a flora formam um sincretismo fortíssimo com o homem, e esses elementos dão unidade ao continente, porque, obviamente, são elementos únicos e genéricos.

No entanto, essas práticas humanistas não excluem o elemento primordial que é o *contato com o invisível.*

Esse invisível, contudo, não é considerado superior ao ser humano.

A própria *origem* do ser humano é desencontrada; assim, vemos entre os povos do Gabão, Fon, Dogon, Kotoko, que o homem *foi feito* diretamente pela divindade.

Para outros, o homem *sai* de uma *cana,* como creem os tongas e os zulus. Ou de uma árvore, na concepção dos hereros e bambaras.

Pode surgir da terra, no conceito dos kurumbas, tswanas e telensis, ou *desce* dos céus.

Estamos referindo essas raízes de forma muito superficial, sem a preocupação de descermos a minúcias, como, por exemplo, o aspecto artístico dos fetiches de barro, representando a *construção* do homem de barro, com o formato da figura humana.

O homem, para esses povos, não possui a unidade que nós lhe damos, mas na concepção deles existe um *elemento* – desconhecido para nós – que permite ao homem *desdobrar-se,* em certos momentos de sua vida.

O negro traz consigo, seja para onde se desloque, de forma física, psíquica e histórica, sua *família,* que compreende seus ancestrais; isso lhe permite o *desdobramento,* encarnando espíritos, na mesma concepção que temos hoje, nas sessões espiríticas abrangendo os cultos das linhas de Umbanda, Candomblé e similares.

A concepção sobre o ser divino é curiosa; inicialmente, Deus vivia entre os homens ou, mais precisamente, os homens viviam junto a Deus, nos céus, concepção semelhante ao início do conhecimento religioso monoteísta, quando todos eram anjos e pertenciam à corte celestial.

Depois, em decorrência dos *incidentes* que surgiam entre os *vizinhos,* Deus tomou a decisão de *afastar-se* dos homens.

Com isso, surgiu um elemento estranho para nós: a influência da *distância!*

Para que possa efetuar-se um *diálogo* entre as duas *realidades,* a *distância* resultou em elemento indispensável, surgindo, então, a necessidade dos *intermediários.*

Todas as práticas ritualísticas africanas concentram-se no arco-íris, nas nuvens e na chuva, portanto, *distâncias* que separam os céus da terra; a distância permite no culto pontos de *intervalo,* portanto, *distância-intervalo* são os elementos de um culto esporádico, deixando de existir a *permanente* presença da divindade.

O contato espiritual, por conseguinte, não mais era o do tempo em que a criatura humana vivia no Paraíso, mas surgiu tão logo houve a separação.

A característica da religião africana negra e que difere das demais, especialmente dos egípcios, que fazem parte da África, é a ausência de templos, e essa característica é observada em todo o mundo onde os africanos escravos fixaram seu culto.

A diferença quanto às demais religiões é acentuada nesse sentido, porque, enquanto o homem constrói templos e constrói a si mesmo, como templo, o negro se limita a cultuar a Divindade dentro de uma natureza que lhe é familiar: a mata.

Em suas aldeias, não há uma cabana especialmente dedicada ao culto. Como este é desenvolvido por danças, há necessidade de espaços maiores. A clareira na mata é o local apropriado às manifestações religiosas; se existem diversidades entre os povos africanos quanto aos seus temas religiosos, há uma unidade quanto ao *templo,* que sempre *é* ao ar livre e sem uma prefixação.

Obviamente, nas Américas, onde o negro passou a se multiplicar e absorver os costumes dos brancos, surgiram as *casas* de religião, destinadas especificamente ao culto religioso; no Brasil, a Umbanda e o Candomblé já possuem locais específicos e fixos para seu culto, mas mesmo assim, mesmo que o salão amplo se destine às diversas manifestações religiosas, eles são denominados de *terreiros,* sugerindo o espaço livre na natureza, tanto que os adornos para as reuniões festivas serão feitos com ramos de palmeira ou outros arbustos considerados apropriados, para que não fique distante a concepção da *mata.*

A religião africana busca aproximar-se do Cosmos; o sol, a Lua, as estrelas, a Terra, a fauna e a flora são elementos reguladores dos ciclos litúrgicos que exercem direta influência sobre os homens que rezam.

O africano fixa-se na terra, pois deseja sentir sua estabilidade, que lhe dá apoio e segurança, aliada à *água doce* dos rios e lagoas, que nutre a terra e o ser humano.

A água salgada serve para a execução de certos rituais, mas essa água é inapropriada para regar a terra e para saciar a sede do homem.

A água doce é a água humana; a água salgada, por inadequada ao consumo, é inumana.

As costas dos mares são utilizadas como *templos marítimos,* onde se realizam sacrifícios, especialmente nos locais onde os pescadores tiram do mar seu sustento.

As rochas constituem locais, quando selecionadas, para o desenvolvimento do culto; então, surge um local fixo, que se transforma em templo. As próprias montanhas tinham grande veneração, como certas grutas e cavernas reveladoras do *caráter feminino,* locais apropriados ao culto.

No Brasil, como já descrevemos, os escravos selecionavam certas pedras para servirem como *pedestal* aos santos, mas que simbolizavam, cada uma delas, os orixás.

A *pedra* é uma expressão relevante da natureza, formando com a flora e a água doce um conjunto perfeito para o culto.

Nós conhecemos muito bem o significado da *encruzilhada,* quando dois caminhos se encontram, e no centro são colocados os sacrifícios e as oferendas.

Mais um elemento da natureza explorado como meio de manifestação religiosa; a bifurcação de um caminho (o caminho é característica da mata), entre os bambaras, por exemplo, simbolizava a dúvida, enquanto para os pigmeus da selva equatorial era o *templo* apropriado para receber o *cordão umbilical* dos gêmeos.

A "trifurcação" de um caminho, para os mesmos bambaras, se denomina de *encruzilhada de pata de galo,* significando o movimento aparente do sol ao redor da Terra.

Considerando que o templo situa-se na floresta, *é* natural que as árvores tenham significados simbólicos e algumas delas, selecionadas, são motivos de culto.

O fogo, sempre presente nas cerimônias, objetivando a iluminação nos cultos noturnos, simboliza a união entre os vivos e os mortos.

O estudo desses múltiplos aspectos é atraente, minucioso, profundo e difícil, que chega a nós totalmente desvendado por meio daqueles que se dedicaram às longas pesquisas.

Não comporta o presente ensaio um aprofundamento dessas manifestações religiosas, apenas uma ligeira incursão para comprovar que, em momento algum, a África Negra manteve qualquer contato com os santos da Igreja Católica e, em especial, com São Jorge.

O sincretismo existente entre a Igreja e o culto africanista ocorreu, exclusivamente, entre o negro escravo e seus senhores brancos.

Não se confunda a África Negra com o restante do continente africano, como os egípcios e os povos do norte da África, onde os *deuses* e os *santos* passaram a ser representados por figuras humanas.

Nem sequer em nossos dias se encontra a presença de São Jorge nos povos negros.

Não se há de criticar a maneira como o africano negro cultua a divindade, sob o ponto de vista do conhecimento do branco e sua religiosidade cristã, budista, maometista e assim por diante.

Qualquer *manifestação* de culto entre o homem e a divindade tem sua validade, porque é inata à criatura humana; nasce a criatura e com ela a tendência de um *contato* com a espiritualidade.

Sob o ponto de vista do africano, a religiosidade do branco passa a ser uma manifestação inadequada, tanto que em seu sincretismo complementa a imagem do santo, com a *pedra-orixá* besuntada com óleo de dendê.

Analisando-se todas essas manifestações, convenceremo-nos de que, em momento algum, Oxóssi e Ogum têm algo a ver com São Jorge.

Folclore

Os livros, geralmente de pequeno porte, publicados no Brasil, sobre a vida de São Jorge, dividem-se entre o santo Jorge da Igreja Católica e o orixá Ogum da religião africanista.

Ambas cometem erros violentos, chegando um deles a confundir o imperador Diocleciano com Vespasiano.

As fontes fiéis a respeito da vida de Jorge são apenas duas: *Flos Sanctorum* e *Legendária das vidas dos santos, ditos Extravagantes*. Todos os demais trabalhos têm suas raízes nessas duas fontes que estão devidamente aprovadas pela Igreja.

Porém, "esses demais trabalhos" ampliam, por conta própria, tanto os fatos históricos como os lendários, transformando assim o santo em um elemento folclórico.

Um bom exemplo disso temos na presença da "imperatriz Alexandra", que, suposta esposa do imperador Diocleciano, tendo-se convertido ao Cristianismo, foi condenada à morte por decapitação e abatida na mesma oportunidade em que foi decapitado Jorge.

Pois bem, essa "imperatriz Alexandra" não existiu; Diocleciano tinha por esposa a Prisca e, com ela, uma única filha, Valéria.

Não se confunda o nome dessa imperatriz com a Santa Prisca, mártir virgem, cujo dia de veneração é 18 de janeiro.

Algumas histórias dão a imperatriz Alexandra como decapitada; outras, que morreu repentinamente quando em prece, Deus atendeu o pedido de São Jorge e lhe arrebatou a alma, livrando-a do suplício.

Vale a pena transcrever, com as homenagens ao autor, Geraldo Serrano, sua versão:

"Segundo a história, Jorge era centurião chefe da guarda imperial de Vespasiano de Roma, um dos mais brilhantes soldados e com uma carreira que o levaria fatalmente a general romano ou senador, uma vez que seu prestígio ultrapassava Roma, chegando a todas as províncias dominadas pela grande cidade.

Jesus de Nazaré era naquela oportunidade uma palavra de amor nos lábios de todos que tinham ouvido falar de suas orações, de seus sermões e, mesmo após seu sacrifício na cruz, sua palavra era levada a todos os rincões por meio de Pedro, Paulo, Mateus, João, Lucas, Ananias e tantos e tantos outros baluartes do Cristianismo.

Cumpridor de ordens, o centurião Jorge, querido e respeitado por todos, chefiava a guarda imperial, obedecendo às determinações do imperador Vespasiano, inimigo da bondade e que, dentro do que pensava, queria apenas mais glórias para seu Império, mais força para Roma, mais fulgor para suas festas.

O fato de concordar ou não com isso não era problema para Jorge nem para ninguém, já que ordens teriam de ser acatadas e até aquele instante não havia nenhuma razão para que o capitão da guarda se propusesse a fazer qualquer coisa que não fosse do agrado do imperador.

A verdade é que não havia soado, ainda, a vez de Jorge conhecer a grande revelação, ainda não estava bastante madura a fruta, para que o Senhor a recolhesse, servindo de grande ensinamento para toda a humanidade.

Um dia, Vespasiano se dispôs a dar uma grande festa, marcando mais conquistas romanas, mais um aniversário de seu governo.

Entre as diversas festividades marcadas, como não poderia deixar de acontecer na época, estabeleceu-se que haveria uma grande corrida no 'circo romano', com cristãos sendo entregues às feras, queimados vivos, mortos por gladiadores, para alegria e satisfação de uma turba ignorante, sequiosa de sangue, alucinada por prazeres incríveis, que, infelizmente, passado tanto tempo, ainda vive aos gritos de sangue na época atual, criando para o mundo atmosferas ainda mais pesadas.

Vespasiano chamou seu capitão Jorge e, depois de conversar, solicitou que ele cercasse os lugares escolhidos pelos cristãos para falar de Jesus e os prendesse, levando para as prisões, uma vez que mais tarde seriam entregues ao circo.

A despeito de nada ter contra os seguidores de Jesus, como soldado cabia a Jorge, que não conhecia o problema, prender os infelizes e levá-los para a prisão.

Afinal, segundo todos sabiam, os cristãos eram os cães perigosos e precisavam ser eliminados a fim de que Roma não tivesse seu prestígio abalado.

Chamando seus soldados, em noite predeterminada, Jorge cercou as catacumbas de Roma, preparando-se para a prisão em massa.

Quando viu todo o recinto cercado, mostrando sempre grande coragem, Jorge encaminhou-se pelos corredores escuros, a fim de dar ordem de prisão, quando notou que um pregador no alto de uma plataforma dirigia-se a dezenas de criaturas que o escutavam embevecidas.

Como que impedido por força superior, Jorge ficou ouvindo os ensinamentos, bebendo aquele manancial de coisas puras e, ante o espanto de seus soldados, voltou bem mais tarde, alegando que não tinha razões para prender nenhum cristão, pois os que compareciam àquelas assembleias ouviam e falavam de momentos extraordinários, ditando apenas amor, renúncia, paz e alegria.

Posteriormente, foi à presença do imperador e, ante o espanto de Vespasiano, esclareceu que não podia de maneira nenhuma prender os cristãos, pois afinal de contas eles não estavam importunando ninguém, parecendo ser pessoas pacíficas, de bons sentimentos e simplesmente defendiam um Deus único, causa primária de todas as coisas, companheiro de todos os momentos de aflição, hóspede invisível de todos os lugares da Terra.

Aquelas palavras espantaram mais do que irritaram Vespasiano, que entendeu que seu grande capitão estava passando por um momento de alucinação, ditado pelas feitiçarias dos cristãos, deixando para outro dia nova conversa com Jorge.

Este, sequioso por novos ensinamentos, voltou às catacumbas e novamente se deixou embevecer por aqueles ensinamentos maravilhosos, fazendo com que toda a Roma soubesse que o grande centurião, chefe da guarda do imperador, estava caído para o lado dos cristãos, exigindo reparo imediatamente.

Gostando ou não de Jorge, e isso nem sempre era importante naquela época, Vespasiano mandou chamar novamente o capitão de sua guarda, exigindo explicações e reparações. Deu mesmo nova ordem para que prendesse os cristãos, exigindo cumprimento da ordem, integralmente.

Jorge nem pestanejou, repetiu o que havia afirmado anteriormente, esclarecendo respeitosamente, corno bom soldado, que não poderia prender inocentes com o fito de causar prazer a outras pessoas menos avisadas a respeito dos seguidores de Jesus.

A resposta causou impacto muito grande e todos chamavam, imediatamente, o grande capitão de louco, organizando-se, naquela época, uma reunião no templo romano, exigindo-se que, em público, Jorge repudiasse suas ideias, declarasse-se contra os cristãos e os prendesse, abjurando suas novas ideias.

Com o templo lotado, suas galerias tomadas, já que Jorge tinha prestígio em todas as camadas romanas, o grande soldado compareceu diante dos sacerdotes, senadores, imperador e figuras de grande prestígio em Roma.

Com a maior tranquilidade ouviu as acusações e, quando julgaram que ele iria se reabilitar perante o imperador, colocou por terra aquelas esperanças, afirmando que não poderia entender o mundo sem os ensinamentos de Jesus e que seu Deus era único e não podia ser entendido pelos orgulhosos romanos, desejando apenas conquistas e festas, luxo e esplendor.

Falou com desembaraço notável, citando parábolas de Jesus e seus seguidores, e a turba enfurecida tentou o linchamento, com o grande soldado mantendo-se imóvel, aceitando tudo com grande tranquilidade, como se já estivesse entendendo que a vida é coisa passageira e que nossa verdadeira pátria é a espiritual, para onde todos vamos, voltando ao planeta apenas para aprimoramento de nossos espíritos.

A ordem foi clara, Jorge não morreria por linchamento, pois como soldado romano tinha direito a certas vantagens. A vantagem, naquele momento, era morrer com a cabeça decepada.

Jorge recebeu a notícia com calma, e dias depois era levado para uma praça pública, onde então iria ser sacrificado.

Uma multidão tomava conta do lugar e o formoso soldado, escoltado por sua ex-guarda, colocou-se diante do carrasco, deixando cair a cabeça no cepo.

A uma determinação do imperador, o carrasco levantou o machado e desceu-o sobre a nuca de Jorge.

Um *frisson* correu na multidão e em todas as autoridades presentes. A lâmina havia partido ao tocar a nuca de Jorge, resvalando e nem sequer ferindo o guerreiro.

Um novo machado surgiu nas mãos de outro carrasco e este titubeou, com medo, antes de fazê-lo descer.

Outra vez repetiu-se o fenômeno, com a lâmina partida e resvalando na nuca de Jorge, que continuava imóvel em seu posto.

Aí já não era mais possível conter o medo ou receio que se apoderava de todos. Aos gritos de feiticeiro, outra lâmina apareceu, novo machado, mas o carrasco recusou-se. Era preciso aparecer outro.

A uma ordem do imperador, um novo carrasco levantou a lâmina, mas ficou com ela no ar, estendida, sem jeito de descê-la.

Para surpresa de todos, Jorge tirou a cabeça do cepo, levantou-se, conversou com o carrasco, mostrou ele mesmo onde teria de atingir e voltou à sua posição inicial.

Aquela vez o golpe foi fatal. A cabeça de Jorge caía para fora do corpo, um espírito de grande luminosidade entrava no espaço e a humanidade ganhava um de seus mais importantes mártires."

*

Essa narrativa contém muitos equívocos; a principiar, Jorge não era um centurião romano; centurião comandaria apenas um corpo de cem soldados.

O imperador não era Vespasiano, mas sim Diocleciano; Jorge não chegou a *chefiar* a guarda imperial.

A função de Jorge não era a de capitão da guarda e os fatos narrados não se passaram em Roma, mas no Oriente Médio, propriamente em Lida, na Palestina.

As catacumbas de Roma foram construídas pelos cristãos com a finalidade de se ocultarem às perseguições, e os que iam morrendo eram enterrados em nichos laterais, naquelas próprias catacumbas. Ninguém tinha fácil acesso a elas e somente com muito cuidado e prudência podiam os cristãos levar outros convertidos. Jamais um soldado e muito menos um *capitão da guarda imperial* descobriria o caminho das catacumbas.

As catacumbas não comportavam um recinto para agrupar pessoas e muito menos *uma plataforma* onde algum orador pregasse a doutrina.

A história transcrita nos conduz a um Jorge que teria se convertido ao ouvir os pregadores dentro das catacumbas, quando é sabido que Jorge nasceu em uma família cristã e foi desde a infância educado no Cristianismo por seus pais e sobretudo por sua mãe.

As reuniões que o imperador convocava não eram realizadas no templo. Lá no Templo de Apolo, o imperador convidara Jorge para que sacrificasse ao ídolo Apolo.

A história omite as torturas a que Jorge fora submetido durante um longo período e fala na pena capital decretada de inopino.

O episódio do machado que deslizava sem atingir Jorge é inédito e ninguém faz essa referência.

O machado para a decapitação passou a ser usado na Idade Média e, para a época, usava-se a espada que dispensava a presença de qualquer *cepo.*

Portanto, mais uma história *folclórica* em torno da vida e morte de São Jorge.

Com as homenagens ao ilustre escritor João de Freitas, sua narrativa sobre o início e final de São Jorge apresenta alguns equívocos, iniciando pelo episódio que descreve a surpresa de Diocleciano diante do ver desfilar o garboso soldado, quando de passagem pela Palestina.

Impressionado Diocleciano com a *bela figura,* convida-o para visitar Roma, pois o imperador já estava informado dos *feitos heroicos* daquele garboso jovem.

A narrativa não diz, mas, entre aqueles *feitos heroicos,* talvez contasse a vitória sobre o dragão.

Segundo o narrador, Diocleciano desejava anular Jorge, seja por temor de que algum dia pudesse empalidecer sua atuação, seja porque talvez cuidasse de retirar da Palestina aquele cristão que era por todos admirado.

A falha histórica fixa-se no fato de que Diocleciano não mais retornara a Roma, de onde retirara a capital do Império que a estabelecera em Bizâncio.

Não havia razão alguma para que o imperador organizasse festejos em honra a um mero soldado.

O cavalo branco de Jorge teria sido um presente de Diocleciano, o que conflita com a lenda, pois o embate com o dragão ocorreu antes da suposta viagem a Roma, quando Jorge já possuía aquele cavalo branco, símbolo da pureza de sua conduta no combate contra as forças do mal. O combate com o dragão ocorrera, justamente, simbolizando a preparação para uma missão relevante, e isso antes de Jorge ingressar no Exército Romano. Apesar de os pintores representarem o santo vestindo armadura, esta ainda não fazia parte de sua indumentária.

A armadura simboliza a *proteção divina* e Jorge não necessitava de qualquer armadura, pois era invulnerável aos ataques do maligno.

Diz um autor que o cavalo de São Jorge passou à Umbanda, e mesmo ao Espiritismo, com o linguajar nos cultos, pois o médium tomado por um espírito é denominado de "cavalo" e o espírito *montaria* o médium.

Inicialmente, a Umbanda tinha a exclusividade do culto a Oxóssi ou Ogum e, somente mais tarde, com a codificação das regras surgidas por meio da tradição oral, é que a Umbanda foi construída com maior preciosismo.

Os que veem o culto a São Jorge, dentro das diversas correntes africanistas, e que dele não participam, seja por ecletismo, vendo os *espetáculos* apenas com visão folclórica, dão-se conta de que pouco resta de São Jorge, quando apresentado como Oxóssi ou Ogum Mecê.

Não se confundam os cultos. Os santos *não baixam,* porque são espíritos de luminosidade suficiente para se apresentarem espontaneamente, sejam ou não invocados.

Os devotos de São Jorge recebem sua *proteção* como as crianças recebem a do anjo da guarda.

Embora o culto católico a São Jorge esteja prenhe de folclorismo, o culto umbandista, no que diz respeito a São Jorge, com seus orixás, se apresenta acentuadamente folclórico.

Quando um católico frequenta uma reunião umbandista dedicada a Ogum estará invocando, em sua mente, São Jorge ou o orixá?

Obviamente, isso fica na dependência da maior ou menor devoção que existe, seja a São Jorge, seja a Ogum.

Um umbandista que assiste a uma cerimônia dentro de uma Igreja católica consagrada a São Jorge o invocará como Ogum?

Essa *dupla personalidade* pode gerar confusões desastrosas.

Os leitores não devem julgar que o autor deste livro tenha qualquer intenção em criticar seja o culto católico, seja umbandista ou do Candomblé.

A preocupação gira em torno, exclusivamente, da personagem Jorge, o vencedor do dragão.

O folclore por sua vez não diminui o valor desses cultos, apenas apresenta nuanças curiosas, cativantes e às vezes surpreendentes.

O folclore não diz respeito somente aos cultos a que se refere, pois traduz os costumes de um povo e às vezes de apenas uma parcela de um povo, de uma região, e percorre a dança, o vestuário, as canções, o comportamento, os alimentos, enfim, um punhado de elementos que distinguem um povo de outro.

Há povos que possuem seu folclore mais rico que outros; no Brasil, dada sua dimensão continental e a miscigenação das raças, o folclore se apresenta riquíssimo.

O culto a São Jorge se presta a enriquecer o folclore, não só brasileiro, como de uma série de outros países.

O Candomblé

Não se confunda a Umbanda com o Candomblé, posto que haja muita semelhança; a Umbanda é um culto mais refinado e se realiza em salões, e o Candomblé tem suas manifestações nos terreiros.

No entanto, há variações múltiplas, pois as sessões de Candomblé podem realizar-se em salões ou *casas* destinadas ao culto.

De forma genérica, o Candomblé é o culto dedicado aos orixás com rituais africanos, e a Umbanda abarca um culto sincrético, misto de Espiritismo e Catolicismo.

No início do século, na Bahia, berço da cultura afro-brasileira, os terreiros eram instalados longe da cidade e só passaram para a zona urbana por causa do crescimento da cidade.

Os terreiros são compostos de uma construção que tem o nome de barracão, com espaçosa sala para danças e cerimoniais, e uma série de casas menores em que são instalados os "pejis", consagrados aos diversos orixás, como também de residências para as pessoas que fazem parte do grupo.

A Umbanda, porém, se instala simplesmente em uma casa onde há um grande salão.

O culto no Candomblé é de responsabilidade de um *pai de santo,* ou de uma *mãe de santo,* com nome de origem "iorubá", ou seja, para o pai a denominação de "babalorixá" e para a mãe de "ialorixá".

No desenrolar do culto, são indispensáveis os sons dos sinos, de percussão, o "agogô", ou seja, de tambores em forma de cones recobertos de pele e são usados outros tambores, de tamanho médio ou pequeno; são os "atabaques" que têm a finalidade de "chamar" os orixás.

A *chamada* de um orixá fica na dependência de uma série de providências que envolvem a espécie do "atabaque", a cor dos panos que os envolvem, o ritmo das batidas, a dança e o cântico. Assim, por exemplo, para *chamar* Oxum, Ogum, Oxalá e Logunedé, são indispensáveis os pequenos tambores cilíndricos com duas peles ligadas uma à outra.

Cada orixá que *chega* pousa em um médium já determinado para recebê-lo.

O Candomblé comporta o sacrifício de animais, enquanto a Umbanda geralmente os dispensa.

São apresentadas oferendas dos mais variados tipos.

Algumas cerimônias são privativas dos membros do terreiro, outras são públicas.

Transcrevemos a cerimônia com seus detalhes:[18]

"O elemento melódico das músicas africanas destaca-se no decorrer das cerimônias privadas no momento dos sacrifícios, oferendas e louvores dirigidos às divindades diante dos 'pejis'.

São cantos sem acompanhamento dos tambores, ficando o ritmo ligeiramente marcado por palmas.

A melodia é rigorosamente submetida às acentuações tonais da linguagem 'iorubá'.

Os dois elementos, ritmo e melodia, encontram-se associados no decorrer do 'xirê', quando os sons dos atabaques são acompanhados por cantos.

Antes de começar o 'xirê' dos orixás no barracão, faz-se sempre o 'padê', palavra que significa *encontro* em 'iorubá'; um encontro, principalmente com 'Exu', o mensageiro dos outros deuses, para acalmá-lo e dele obter a promessa de não perturbar a boa ordem da cerimônia que se aproxima.

Nos terreiros de origem 'kêto', o 'padê' apresenta-se de duas maneiras: pode consistir em alguns cânticos em honra a Exu e em oferenda de farofa amarela, de cachaça e azeite de dendê, depositados fora do barracão ao ter início o 'xirê'.

O 'padê' pode, também, tomar uma forma mais elaborada quando houver o sacrifício de um animal de quatro patas – carneiro, cabra, bode, tartaruga – acompanhado de animais de duas patas – galo e pombos –, bem cedo, ao amanhecer.

O 'padê', nesses casos, faz-se à tarde, algumas horas antes do 'xirê'.

Trata-se, então, de uma cerimônia completa em si mesma e que escapa aos limites desta obra. Não se trata mais de orixás, salvo no que se refere a Exu. Faremos apenas uma breve descrição dessa manifestação,

18. Segundo narra Pierre Fatumbi Verger em seu livro *Orixás*.

pois ela pertence ao domínio da evocação de defuntos ancestrais e das bruxas e não ao culto dos deuses africanos propriamente ditos.

Esse 'padê' é, em princípio, acessível apenas aos membros do terreiro.

As oferendas ficam reunidas no centro do barracão; alguns recipientes contendo farofa amarela, cachaça, azeite de dendê e acaçá, ajoelha-se e arruma as oferendas, de acordo com os cânticos, em pequenas porções dentro de uma cabaça, entregando-a a 'iamorô', que dança em torno dela e leva-a para fora do barracão.

Os 'iaôs' ficam ajoelhados, o corpo inclinado para a frente, com a cabeça pousada sobre os punhos fechados um por cima do outro. O pai ou a mãe de santo entoa os cânticos, que são repetidos em coro pelo conjunto de filhos e filhas de santo.

Exu é saudado como prelúdio e uma série de cantos e louvores dirigidos sucessivamente aos 'essás', fundadores dos primeiros terreiros 'kêto' da Bahia: 'Essá Assiká', 'Essá Obitikô', 'Essá Oburô', que são dessa maneira devidamente honrados em companhia de quatro outros: 'Essá Ajadi', 'Essá Adirô', 'Essá Akessan', 'Essá Akaiodé', sobre os quais não se conhece muito, além dos nomes.

'Iyámi Osbrôngà' (minha mãe feiticeira), também conhecida por 'Iyá Agbá' (velha senhora respeitável), é em seguida saudada para evitar que sua grande suscetibilidade seja ferida e afastar assim a ameaça de uma possível vingança. Uma vez terminada essa parte do ritual, todos se põem de pé, mãos estendidas em forma de saudação, enquanto a 'iamorô' e as outras pessoas que tomaram parte ativa no padê dançam por um momento, para honrar a memória dos portadores de títulos desaparecidos.

Mais tarde, no início da noite, começa o 'xirê'. Os 'iaôs' começam por saudar a orquestra e se prosternar aos pés do pai ou mãe de santo, executando, em seguida, ao som dos atabaques, danças para cada um dos orixás. Danças ora agressivas, ora majestosas, ora graciosas, ora atormentadas.

Para o conjunto dos fiéis, esses cantos e danças são formas de saudar as divindades.

Para os filhos de santo, consagrados a um orixá determinado, quando chega a hora de evocar seu deus, a dança adquire uma expressão mais profunda, mais pessoal, e os ritmos pelos quais foram sensibilizados tornam-se uma chamada do orixá e podem provocar-lhes um estado de embriaguês sagrada e de inconsciência que os incitam a se comportar como o deus, enquanto vivo. O transe começa por hesitações, passos em falso, tremedeiras e movimentos desordenados dos 'iaôs'.

Imediatamente ficam descalços, as joias que usam são retiradas, as calças dos homens são arregaçadas até o meio da perna.

Depois de alguns instantes, eles começam a dançar, possuídos por seus deuses, com expressões faciais e maneiras de andar totalmente modificadas.

Os orixás são recebidos com gritos e louvores e, em seguida, fazem a saudação aos atabaques, ao pai ou mãe de santo, aos 'ogãs' do terreiro, sendo finalmente levados pelos 'ekedis' ao 'peji' de seu deus.

Os 'iaôs' vestem-se, então, com roupas características de seu orixá e recebem as armas e seus objetos simbólicos.

Uma vez convenientemente vestidos, todos os orixás encarnados voltam em grupo ao barracão, onde dançam novamente diante de uma assistência recolhida.

Xangô 'pavoneia-se' majestosamente; Oxum requebra-se; Oxóssi corre, perseguindo a caça; Ogum guerreia; Oxalufã, enfraquecido e curvado pelo peso dos anos, arrasta-se mais do que anda, apoiado em seu 'paxorô'.

Há variações e sutilezas sobre essas entradas em transe que se inspiram em detalhes indicados nas lendas dos deuses. Se a festa é para Xangô, pode-se aguardar sua volta momentânea à Terra, acompanhado por suas mulheres; Oxum, Oiá Iansã e Obá; eventualmente, também seu irmão mais velho, Dàda-Ajàká, participa dessa cerimônia.

Mais raramente aparecem Oxalá ou Nanã Buruku. Se a cerimônia destina-se a Ogum, Oxóssi também estará presente, sendo provável o comparecimento de Oiá-Iansã, frequentemente em briga, a golpes de sabre, com Ogum.

Se a festejada for Oxum, Xangô estará presente, podendo Oxóssi também comparecer, como lembrança de suas aventuras passadas. Isso tende a confirmar o que Bastide escrevia a respeito do transe da possessão: 'O transe não é apenas um simples reflexo condicionado respondendo automaticamente a um estímulo'. O estímulo, nessa circunstância, seria um determinado ritmo que sensibilizou o 'iaô' no decorrer de sua iniciação.

Existiria um controle da comunidade, da qual faziam parte os orixás, que os obrigaria a levar em conta o caráter das relações que existiam entre eles.

Isso é válido, quer se trate de laços hereditários ou de manifestações de arquétipos; de tal modo torna-se rigoroso o conformismo do 'iaô' possuído com o comprometimento convencional esperado do deus modelo.

A diferença entre as cerimônias para os orixás na África e no Novo Mundo decorre, sobretudo, de que na primeira se evoca um só orixá durante uma festa celebrada em um templo reservado para ele, enquanto no Novo Mundo vários orixás são chamados em um mesmo terreiro durante uma mesma festa.

E, ainda na África, tal cerimônia é celebrada geralmente pela coletividade familiar e um só 'elegún' é normalmente possuído. No Novo Mundo, não existindo essa coletividade familiar, o orixá tomou um caráter individual, e acontece que, durante uma mesma festa, vários 'iaôs' são possuídos pelo mesmo orixá, para a satisfação própria e a de todos aqueles que cultuam esse orixá."

Verger pesquisou minuciosamente esses cultos, tanto na África como no Brasil, transformando-se em autoridade no assunto.

Chama a atenção a técnica empregada, que não obedece a ritual escrito, mas à tradição que é transmitida de pai para filho ou de mãe para filho. Não há qualquer distinção entre homem ou mulher e nas cerimônias identificam-se.

Quem conhece e já teve experiências com o hipnotismo, encontrará maior facilidade em compreender o cerimonial do Candomblé. O auto-hipnotismo, ou a sugestão comandada, transforma os fiéis em médiuns.

Nem todos podem ser médiuns, como nem todos são passíveis de ser hipnotizados.

Na Antiguidade, tanto os sons como o incenso eram fatores de submissão do consciente.

Se descermos às minúcias, constataremos que no Candomblé não haveria *ambiente* para a presença de São Jorge, este da Capadócia, este que enfrentou tantas torturas e operou tantos milagres.

No Brasil a preocupação com os negros escravos não se restringia a considerá-los como expressão econômica, instrumentos de trabalho; havia um cuidado para preservá-los de influências que pudessem abalar sua estrutura originária.

Os navios negreiros transportaram sua carga durante 350 anos, tempo suficiente para que os traficantes evoluíssem e permitissem aos africanos manter suas raízes.

Para amenizar o peso das consciências, os traficantes receptores da carga humana cuidavam que, de imediato, os escravos fossem batizados na fé católica.

A desculpa de retirar os negros da África era a de que, afastados do Paganismo, ao ser batizados no Novo Mundo, suas almas estariam salvas.

O perigo da "heresia", contudo, se fez presente no Brasil com a presença dos estrangeiros protestantes, e no final do século XVII o governo proibiu a esses estrangeiros de comprar e possuir qualquer negro para evitar que lhes fossem inculcados erros, e afastados assim da verdadeira fé.

Na Bahia, exemplo do comportamento da política escravagista, todos os santos do Paraíso foram invocados como protetores dos negreiros, que se convenciam de que estavam cumprindo uma sagrada missão.

Os navios lusitanos eram rebatizados, caso não possuíssem nome de santos, e, assim, até o ano de 1800, segundo os registros até hoje conservados, as "corvetas", "galeras" e as "sumacas" levavam sugestivos nomes: Nossa Senhora da Conceição e Esperança, Nossa Senhora May de Deus, May dos Homens, Santo André dos Pobres e Alma, Nossa Senhora da Ajuda, Santo Antônio e Almas.

As naus portuguesas levavam para a África rolos de fumo e na volta os escravos.

Segundo o registro nos Livros de Patentes, constata-se que Nossa Senhora da Conceição figura 324 vezes; Nossa Senhora do Rosário, 105; Nossa Senhora do Carmo, 98; Nossa Senhora da Ajuda, 87; Nossa Senhora da Piedade, 48; Nossa Senhora de Nazaré, 39.

O Bom Jesus encontra-se citado 180 vezes, sob 11 invocações distintas, sendo que o Bom Jesus do Bom Sucesso figura 29 vezes.

O Bom Jesus de Bouças, 26. Bom Jesus do Bom Fim, 24.

Santos e santas aparecem 1.158 vezes, destacando-se dentre os mais prestigiosos Santo Antônio, mencionado 695 vezes, e, acompanhado das Almas, 508. São José, 107. Sant'Ana, 88. João Batista, 43.

Curiosamente... o nome de São Jorge aparece apenas UMA VEZ.

Em Salvador, o culto a São Jorge é pálido; na costa da Bahia, porém, suplanta os demais santos, certamente porque em sua Igreja a relíquia que para lá havia sido levada robustecera a fé.

Não há grande preocupação na inculcação de São Jorge nos negros.

Somente muito mais tarde é que surgiu forte o sincretismo, iniciativa, porém, dos negros e não dos brancos; ao contrário, os religiosos não apreciavam esse sincretismo e tampouco dele desconfiavam, pois os escravos eram astutos no ocultar a fusão dos santos com os orixás.

No ano de 1758 o conde dos Arcos aceitara a sugestão de espalharem as tribos, para evitar que reunidos os povos africanos pudessem oferecer resistência e tentarem uma organização libertária.

A astúcia dos negros, de norte a sul, como se tivesse havido um prévio ajuste, mantinha coesas as tradições e, quando os brancos julgavam que em suas danças e cantos os escravos estavam divertindo-se, não supunham que na realidade estavam absorvidos a elevar preces e louvações aos seus orixás.

Se alguém mais atilado exigia explicações daquele comportamento, a resposta vinha na ponta da língua, de norte a sul: estavam louvando, em suas línguas, os santos do Paraíso.

Desse momento em diante, quando já se tornava acentuada a desconfiança, é que surgiu o sincretismo, e cada orixá recebeu o *apelido* de um santo.

A confusão entre Oxóssi e Ogum deu margem à transformação de Santo Antônio, que é Ogum na Bahia, de pacato monge a *martelador* dos heréticos.

Santo Antônio é apresentado com a aparência de pacatez, trazendo na mão uma flor-de-lis e no braço, o Menino Jesus, enquanto, como é sabido, São Jorge é um guerreiro.

A *associação* feita pelos negros, entre Santo Antônio e São Jorge, teria sua origem em um fato relatado por Daniel P. Kidder, nas recordações das viagens feitas. Este é o relato em forma resumida:

"Uma frota comandada por protestantes deixou um porto da França em 1595, intencionando chegar ao Brasil para conquistar a Bahia.

No caminho, resolveram atacar a Ilha de Argoim no largo da Costa da África, possessão portuguesa; após o ataque e o saque e a destruição, levaram o que puderam, inclusive uma imagem de Santo Antônio.

No meio da viagem, uma violenta tempestade dizimou a frota, e os que escaparam foram acometidos pela peste, tendo muita gente a bordo morrido.

Atribuindo os malefícios à imagem que traziam, após mutilarem-na a golpes de facão, atiraram-na ao mar.

O navio pôde, com grande dificuldade, aportar em Sergipe, onde todos os que estavam a bordo foram presos e mandados para a Bahia, e, lá chegados, a primeira coisa que viram na praia foi a mesma imagem de Santo Antônio que haviam jogado fora.

Os frades franciscanos recolheram a imagem com devoção e a transladaram, em procissão, para seu convento.

Os frades, compungidos com o mau estado da imagem, substituíram-na por outra, copiada do que ainda era visível, e ela foi entronizada com pompa, conservando o nome de Santo Antônio.

Os franciscanos acreditaram ter a imagem recebido as mesmas virtudes da antiga, que permaneceu guardada em lugar seguro e oculto.

Santo Antônio foi alistado como soldado no Forte da Barra, que ainda hoje conserva seu nome.

Como soldado, recebia regularmente seu soldo do Exército até sua promoção ao posto de capitão, em 16 de julho de 1705 pelo governador Rodrigo da Costa.

Durante a última guerra mundial, Santo Antônio foi promovido ao posto de major.

Uma devota presenteou o santo com um uniforme militar de gala; muitos títulos lhe foram dados, alguns sem confirmação histórica, como: "Marechal dos Exércitos do rei João VI"; "Comendador da Ordem de Cristo na Bahia", "Coronel e Gran-Cruz da Ordem de Cristo no Rio de Janeiro" e de "cavaleiro de Cristo no Rio Grande do Sul".

O próprio São Jorge não recebeu tantas honrarias, mas a explicação mais comum é de que a crença nesses santos faz com que um assimile a outro, como Oxóssi assimila a Ogum.

Assim, o pacato Santo Antônio, posto tenha demonstrado em vida ser portador de uma verbosidade agressiva em seus sermões, acusações e defesas, como lemos em sua vida apostólica, ficou transformado em *guerreiro.*

Os orixás não são entidades criadas no Brasil para o culto mantido pelos escravos.

Na África, cada orixá estava ligado a uma cidade ou a um país e faziam parte de cultos nacionais ou regionais.

Sàngó em Oyó, Yemoja na região de Egbá, Iyewá em Egbado, Ogún, em Ekiti e Ondó, Ósun em Ijexá e Ijebú, Erinlé em Ilobu, Lõgunedé em Ilexá, Otin em Inexá, Oyàálá-Obàtálá, em Ifé, subdivididos em Ósàlúfon em Ifan e Ósàgiyan em Ejigbô.

Esses e outros orixás *viajaram* acompanhando os escravos negros africanos, homiziando-se no Brasil.

Os devotos de Ogum convencidos de que esse orixá é São Jorge, receberão as benesses que o santo propicia, pois, no final de tudo, o que vale e subsiste é o Espírito, que é um só e universal.

As Divindades do Candomblé são de origem africana, como aludimos diversas vezes neste "ensaio", tendo os negros escravos as conservado fielmente.

Sabemos que os escravos tiveram duas origens: a primeira, a dos escravagistas que à força, invadindo a África, sequestravam os negros sem distinção, mulheres e crianças, sem escolha e sem a possibilidade de seleção, motivo porque eram trazidos para o Brasil e levados para outros países, tanto o negro comum, como o rei de tribos, o feiticeiro, o sacerdote.

Como inexistia qualquer escrito sobre os diversos cultos, foi observada apenas a tradição e, assim, os escravos tiveram o cuidado de reconstruir e memorizar o seu culto.

Além das naturais dificuldades de conservarem intactas as tradições orais, os escravos tiveram a grande dificuldade de misturar os seus orixás e seus costumes, com o culto católico.

Esse sincretismo obrigou ao exercício uma criatividade que resultou perfeita e de certo modo excepcional, revelando a cultura e inteligência de um povo que, inicialmente, foi desprezado, mas que em nossos dias, *apesar dos pesares,* tende a se igualar com o homem branco, do qual não difere em coisa alguma, afora a cor.

O que falta é a divulgação dessas raízes estupendas, para que o branco, por incrível que possa parecer, se convença de que espiritualmente os negros nos são superiores.

O Candomblé de hoje não difere daquele do século passado em suas raízes; apresenta-se, contudo, pela liberdade que usufrui, mais folclórico, mais luxuoso, mais atraente e com o sincretismo transformado em uso.

Embora a percentagem de frequência ao Candomblé seja de uma maioria de *filiados,* há uma presença volumosa de pessoas que se sentem atraídas e que não distinguem o sincretismo, recebendo o orixá como se fosse realmente santo da Igreja Católica.

Esse aspecto nos levou a relacionarmos todos os orixás, apresentando suas características no sentido de compreendermos o *papel* que Ogum representa em São Jorge.

O Candomblé tem sua crença num Deus supremo, considerado o pai dos orixás, o Criador do mundo, o rei supremo da corte de Obatalá, conhecida também como corte suprema de Aruanda.

Obviamente, teríamos cerca de 20 cultos diferentes, embora essa diferença seja mínima, decorrente de cada povo africano; no entanto, no Brasil, fixaram-se os principais, como já foram referidos neste *ensaio.*

Não temos maior interesse que referir as *linhas gerais,* tão somente para ilustração, sem a preocupação de nos aprofundar.

Eis a relação:

OXALÁ, OBATALÁ, ZAMBI, SENHOR DO BOM FIM, OLURUM, todos sinônimos do chefe supremo da corte celestial, Jesus Cristo para os cristãos. Os fiéis para a prática desse culto usam, a título de fetiches, anel de ouro, chumbo ou prata.

Como insígnia, um bastão de pastor enfeitados com pequenos sinos e uma bolsa confeccionada com pele de carneiro.

Como amalá, são oferecidos carne de cabra e pombos.

As vestes são brancas e as pulseiras de contas brancas e cor de chumbo (grafite) intercaladas.

O dia propício para a evocação é a sexta-feira.

OGUM, OGUM MEGÊ, OGUM DAS SETE ENCRUZILHADAS, OGUM NARUÊ, OGUM ROMPE MATO, OGUM YARA, OGUM MALEI, OGUM NAGÔ, todos sinônimos, representa São Jorge; é considerado chefe das demandas espirituais.

Seus fetiches são: pá, foice, lança, bigorna, malho, enxada, ferro.

As insígnias: lança e espada.

O amalá: carne de bode, cabeça de boi, galinha-d'angola.

Vestes: são de todas as cores, predominando, porém, o vermelho.

Os colares têm contas de todas as cores; pulseiras de bronze e ferro.

XANGÔ-AGODÔ ou BÉRI – São Jerônimo. Rei da cachoeira, chefe das quedas de água, das pedras e deus do relâmpago.

Fetiche: o meteorito.

Insígnia: lança e machadinha.

Amalá: galo, tartaruga, bode, caruru, rabada de boi com agrião.

Vestes: de cor roxa ou vermelho carmim.

Colares: cor vermelha e branca, alternadas. Pulseiras de latão.

Dia de trabalho: quarta-feira.

OXÓSSI, OXÓSSI DAS MATAS – São Sebastião. Rei e Senhor das florestas, chefe das matas, deus da caça. Como já dissemos, confundem-se Ogum e Oxóssi entre nordeste, centro e sul do país; contudo, para classificação genérica, teremos Oxóssi como orixá isolado.

Fetiche: arco e flecha, frigideira de ferro e pedra.

Insígnia: arco e flecha.

Vestes: verdes.

Amalá: carne de carneiro, galo e milho verde.

IBEJI ou IBEIJADA – São Cosme e São Damião, gêmeos, protetores das crianças.

Fetiche: as imagens representando três meninos trazendo nas mãos um bastão e uma palma.

Amalá: bombons, balas ou doces.

Vestes: rosa e branco.

Contas: em várias cores.

OMULU, OMULUM ou XAPANÃ – São Lázaro. Deus da peste, e em especial da varíola. Dono e senhor dos cemitérios.

Fetiche: crânios, piaçava com búzios, velas de sebo.
Insígnias: lança, caveira, tridente de Exu.
Amalá: bode, galo preto, farofa com azeite de dendê, pipoca e orobó.
Vestes: verde e amarela.
Contas: pretas e brancas; verdes e pretas.
Pulseiras: bronze ou latão.
Dia de trabalho: quinta-feira.

INHAÇÃ ou IANSÃ – Santa Bárbara. Deusa do vento e da tempestade; deusa da vingança.

Fetiche: pedra meteorito.
Insígnia: espada e raio.
Amalá: bode, galinha, acarajé.
Vestes: vermelha e verde. Contas: vermelha e coral.
Pulseiras: cobre e latão.

IEMANJÁ ou IAMANJÁ – Nossa Senhora da glória. Deusa dos mares e das águas salgadas.

Fetiche: conchas e estrelas-do-mar.
Insígnias: leque e espada.
Amalá: pombos, milho verde, galos, bode *castrado.*
Vestes: vermelha, azul-escuro, cor de rosa, branco.
Contas: "pingo de água", "águas marinhas".
Pulseiras: alumínio e prata.

OXUM ou AXUM – Nossa Senhora da Conceição. Deusa dos rios e da água fresca.

Fetiche: "pedrinhas raladas".
Insígnias: leques, pequenos sinos, espelhos.
Amalá: peixes de rio, tainha, cabra, galinha, feijão "fradinho".
Contas: amarelas e azuis.
Pulseiras: de latão.

OXUM-MARÉ – Nossa Senhora da Aparecida. Deusa do Arco-Íris.
Fetiche: pedra.
Amalá: galo, bode.
Vestes: azul-escuro.
Contas: alaranjadas.

NANÃ ou NANÃ-BURUCU – Santa Maria Madalena. Deusa das chuvas, protetora das plantações.
Fetiche: pedra.
Insígnias: "espada de São Jorge", vassourinha de palha com búzios.
Amalá: obi, bode, galinha.
Vestes: branca e azul-escuro.
Contas: brancas, vermelhas e azuis.
Pulseiras: alumínio.

IROCÓ: deusa das matas e das cachoeiras. Não foi sincretizada com nenhum santo.
Fetiche: gameleira.
Amalá: galo, tabaco.
Vestes: verde e amarela.

IPÁ – Nossa Senhora das Dores. Deusa mãe que protege as parturientes.
Fetiche: frutos do dendezeiro (cocos).
Vestes: claras.
Contas: verde e amarela.
Amalá: galinha e cabrito.

XANGÔ-AGAJÓ – São Pedro. Protetor dos espíritos que entram no Paraíso ou Aruanda.
Fetiche: chave.
Insígnia: pedras, palmas.
Amalá: bode, carneiro, galinha.
Vestes: brancas.
Contas: azul, branca e roxa.

XANGÔ-CAÔ – São João Batista. Protetor dos injustiçados.
Fetiche: carneiro.
Insígnias: Cruz de Cristo, bandeira e cajado de pastor.
Amalá: cabra, galo e porco.
Vestes: vermelha.
Contas: vermelhas, brancas e cor-de-rosa.

EXU – Satanás, Demônio, deus do mal, rei das trevas.
Fetiche: barro, ferro, madeira.
Amalá: bode, galo preto, cabra, farofa com azeite de dendê.
Vestes: vermelho e preto.
Contas: vermelhas e pretas.
Pulseiras: bronze.

Os orixás, nas diversas regiões do Brasil e em Cuba, apresentam certas alterações:

OXALÁ – Jesus Cristo, na Bahia é representado como Cristo crucificado e é considerado como Senhor do Bonfim. Em Cuba, é denominado de Nossa Senhora das Mercês, ou Santíssimo sacramento.

OGUM – no Rio de Janeiro é denominado de São Jorge. Em Cuba, é São Pedro. Nos candomblés baianos é Santo Antônio.

OXÓSSI – no Rio de Janeiro é São Sebastião; na Bahia é São Jorge; em Cuba é Santo Alberto.

XANGÔ – em Cuba é Santa Bárbara; na Bahia é chamado de Xangô-Agodô, Xangô-Agajô e Xangô-Caô, correspondendo a São Jerônimo, São Pedro e São João Batista; em algumas partes é denominado de Santa Bárbara.

IBEJI NABEIJADA – DOIS DOIS, na Bahia e no Rio de Janeiro são Cosme e Damião; não há diversidade de local.

IEMANJÁ – no Rio de Janeiro é Nossa Senhora da Glória, na Bahia é Nossa Senhora do Rosário ou Nossa Senhora da Piedade. No Rio Grande do Sul, é Nossa Senhora dos Navegantes.

OMULU – no Rio de Janeiro é São Lázaro; na Bahia, São Bento.

EXU – não apresenta qualquer duplicidade.

Oferendas

As *oferendas* feitas a São Jorge, seja para *pagamento* de uma *graça alcançada,* seja para *alcançar uma graça solicitada,* devem ser espontâneas, surgidas de uma intenção criativa do momento, porém, como nem todos os seus adeptos podem agir dessa forma, é dado um exemplo clássico:

O local aconselhado será na entrada de uma mata, bosque, parque, enfim, um lugar longe dos olhos dos curiosos.

Escolhido o lugar, onde *não haja grama,* portanto limpo, cuidadosamente *varrido* e *aplainado,* faz-se mentalmente uma prece a Deus para sua glória, suplicando que permita oferecer a Ogum ou São Jorge a gratidão.

A prece é mental, porque é feita *para o centro* espiritual do homem, que simbolicamente é o coração, onde *reside* o Criador.

Isso feito, em voz alta (não gritante) diz-se:

> "Ogum nhê patacuri Ogum! Ogum nhê saravá Ogum!"

Depois disso, dirige-se a palavra ao santo ou orixá:

> "Pai Ogum, saravá. Meu Pai, vim vos fazer esta modesta oferenda, para que, permitindo Deus, vós me consigais, d'Ele (e é feito o pedido).
> Pai Ogum, vos peço que não repareis no valor de meu modesto presente, no entanto, obtido o que vos peço, maior presente vos darei".

A oferenda não passa de uma "materialização" de fé; indubitavelmente, o santo não necessita nem usufruirá daquele presente; porém, feito o voto, ou seja, a promessa de doar presente maior, o devoto sairá dali preocupado em cumprir a promessa, e isso *robustece* a fé.

Feito o voto, cobre-se o local com sua folha de papel de seda branco e por cima deste uma folha de idêntico papel vermelho. São as cores de São Jorge.

Acende-se uma vela, de cor branca ou vermelha ou de preferência feita de cera pura, e coloca-se no centro do papel, ornamentando seu redor, em círculo, com sete cravos vermelhos e sete cravos brancos.

Coloca-se ao lado, sempre sobre as folhas de papel, um copo contendo *cerveja branca* e ao lado, ainda sobre o papel, a respectiva garrafa, destapada, sendo possível, retiradas as etiquetas.

Junto, um charuto e uma caixa de fósforos aberta.

Depois de preparada a *oferenda,* diz-se:

> "Pai Ogum, saravá. Ogum nhê, meu Pai Ogum! Muito vos agradeço desde já com a confiança de que com a permissão de Zambi (Deus) vós me atendereis. Ogum nhê Patacuri!"

Feito isso, retrocede-se alguns passos e vai-se embora, mantendo a firme convicção de que o desejo será alcançado.

Na Umbanda, a oferenda contém bebidas e charutos; é uma forma de manter a tradição africana, pois as bebidas levemente fermentadas e não destiladas sempre foram praticadas pelos habitantes do continente africano; o tabaco, por sua vez, foi introduzido na África em tempos imemoriais e atua como se fora incenso.

Os que forem católicos ou protestantes, evangélicos ou pertencentes a quaisquer correntes religiosas e espiritualistas, porém, de certo modo, *devotos* de São Jorge, que não sentirem desejos de praticar as oferendas orientadas pela Umbanda ou pelo Candomblé, podem dentro das Igrejas entregar-se às *novenas,* aos *solilóquios* ou às preces previstas para tal santo.

Pontos de São Jorge, Cantados na Umbanda

PONTOS CANTADOS DE OGUM

O som, o perfume e a luminosidade são elementos indispensáveis para a concentração religiosa, especialmente nas seitas tidas como folclóricas.

O som produzido pelos atabaques acompanhados pelos cânticos dos *puxadores* atua como *balanço* das mentes, como um elemento hipnótico.

Assim, os *pontos* cantados nas sessões dos orixás constituem trabalho obrigatório e representam uma grande atração artística, como o é, também, a dança.

Ponto inicial e de cruzamento do terreiro:

Olha, Ogum está de ronda
Quem está chamando é São Miguel
Reu, reu, reu, na mesa de Umbanda
Quem está chamando é São Miguel
Quem está chamando é São Miguel.

Olha, Ogum está de ronda
Eu não sei onde é, é, é,
Eu não sei onde é, é, é,
Miguel está chamando.

Abrindo nossos trabalhos
Nós pedimos proteção
A Deus Pai Todo-Poderoso
E à mãe da Conceição
E à mãe da Conceição.

De defumação:

Povo de Umbanda
Vem ver os irmãos teus,
Defuma esses filhos
Nas horas de Deus.

Ponto de Ogum:

Ogum é Pai de tu,
É Pai de tu!
É rei Congá!
Olha Ogum Sereia!
Ele dá, ele dá, ele dá...
Ogum arriou, Ogum arriou.
Quem quer Ogum a mim, chorou!
Quem quer Ogum a mim, chorou!

São Jorge de Aruanda:

Ó Jorge, ó Jorge!
Vem de Aruanda;
Vem salvar nossos filhos,
São Jorge venceu demanda.
Ogum, Ogum, Ogum, meu Pai
Foi o Senhor mesmo quem disse:
Filho de Umbanda não cai.

Ogum guerreiro:

Em seu cavalo branco ele vem montado
Calçado de botas ele vem armado
Calçado de botas ele vem armado
Ó! vinde, vinde meu Salvador
Ó! vinde, vinde, São Jorge é nosso protetor
Ó! vinde, vinde, São Jorge é nosso protetor.

Ponto de Ogum Megê:

Ogum... Ogum Megê
É de Lei
É de Lei
Olha seus filhos, meu Pai
Ogum Megê, Megê!
Ogum Megê, Megê!

Ponto de Ogum Iara:

Ogum Iara, Ogum Cegê
Olha Ogum Rompe-Mato, auê...
Tranca dira de Umbanda, auê...
Ogum Iara, Ogum Megê.

Ponto de Ogum Beira-Mar:

Beira-mar... auê beira-mar
Beira-mar... quem está de ronda
É militar!
Ogum já jurou bandeira
Na porta de Humaitá;
Ogum já venceu demanda
Vamos todos Saravá.

Ponto de Ogum Rompe-Mato:

Eu vi parar o dia;
Eu vi estrela brilhar
Eu vi seu Rompe-Mato!
Ogum das matas,
Quer morar à beira-mar.

Ponto de Ogum Naruê:

Ogum Naruê chegou...
Ogum Naruê baixou...
Eu sou filho de Umbanda!
Ogum não me saravou!

Ponto de Ogum de Nagô e de Malei:

Saravá Ogum
E a coroa de Lei!
Saravá Ogum

E a coroa de Lei!
Ogum de Malei...
Ogum de Nagô.

Ponto de Ogum na irradiação de São Miguel:

Olha, Ogum está de ronda
Miguel está chamando Eu
não sei onde é, é, é. Eu não
sei onde é, é, é.

Ponto de Ogum-Caboclo:

Na sua aldeia tem seus caboclos
Na sua mata tem a cachoeira
No seu saiote tem pena dourada Seu
capacete brilha na alvorada.

Ponto de Ogum Timbiri:

Ogum, Ogum, de Timbiri
Ogum de mana Zambi dão luanda
As aves cantam quando ele vem de Aruanda
Trazendo pomba para salvar filhos de Umbanda
Ó! japonês, olha as costas do mar,
Ó! japonês, olha as costas do mar.

Outro ponto:

Ogum de Timbiri
Auê, eu vi Nanã
Ogum de timbiri
Ó Nanã de Umbanda
Ó Nanã de Umbanda.

Mais outro:

Funda agulha do mar
Funda agulha do mar
Com seus cavalos meu Pai
Funda agulha do mar.
Funda agulha do mar.

Cantados no "Omolocô":

Se meu Pai é Ogum
Vencedor de demanda

Ele vem de Aruanda
Para salvar filho de Umbanda
Ogum, Ogum Iara
Ogum, Ogum Iara
Salve o povo da Malásia
Salve a sereia do mar!

Ogum, Ogum Iara,
Ogum Dilê, lê-lê
Ogum Dilá, lá-lá
Ogum Dilê
Da costa do mar.

Ogum Iara, Ogum Megê
Ogum Rompe-Mato, auê
Ogum Iara, Ogum Megê
Ogum Rompe-Mato, auê.

Ianga-mê
Caiaca angomá
Ianga-mê
Congo de Angola.

Saravá, Ogum
Saravá!
Saravá, Ogum, meu Pai
Saravá, mina coroa
Saravá.

Ponto de Ogum na irradiação de Exu:

Pisa no gongo ó cangira
Pisa no gongo ó cangira
Ogum, seu cangira Mugongo
Pisa no gongo ó cangira.

Outro ponto:

Baixai, baixai, Ogum de guia
Ó vem, ó vem, com sua espada
Vem salvar vossos filhos
Que se acham em agonia
Que se acham em agonia.

Ponto de Ogum de Aruanda:

Ó Jorge, ó Jorge
Vem de Aruanda!
Vem salvar nossos filhos,
São Jorge venceu demanda.
Ogum, Ogum, Ogum, meu pai,
Foi o Senhor mesmo quem disse:
Filho de Umbanda não cai!

Esses pontos são cantados no início das sessões, enquanto o "ambiente" é preparado para a "descida" dos espíritos.

Infelizmente, embora sejam pontos muito conhecidos e comuns em todas as sessões de Umbanda, não podemos transcrever a música; no entanto, são de melodia muito atraente e efeito "cênico" muito impressionante.

Existem centenas de *pontos* cantados; colecioná-los não é o objetivo deste ensaio. Aqui os transcrevemos como complementação ao estudo.

Carybé

A coleção dos orixás desse desenhista sediado no Brasil, HECTOR JULIO PÁRIDO BERNABÓ, pintor e escultor, é natural de Lanus, província de Buenos Aires, nascido em 9 de fevereiro de 1911.

Filho de pai italiano e mãe brasileira, passou a infância na Itália e chegou ao Brasil com 8 anos de idade.

Desde cedo, seguindo sua inclinação para o desenho, cursou a Escola de Belas-Artes do Rio de Janeiro.

Fez várias viagens de estudo, iniciadas em 1930, visitando a Argentina, o Peru, Paraguai, Bolívia e Uruguai, percorreu todo o interior do Brasil, foi aos Estados Unidos da América do Norte, México e Cuba.

Nome internacional, autêntico baiano, formando ao lado de Mário Cravo Júnior, Genaro de Carvalho, Carlos Bastos, Mirabeau Sampaio e Jener Augusto, grupo de artistas que renovou a arte plástica da Bahia e lhe revelou importância até então acanhadamente difundida.

Os murais de Carybé encontram-se por toda a América, da Argentina ao Canadá, passando por São Paulo e Rio de Janeiro, mas sobretudo na Bahia, em uma grande quantidade de edifícios.

Colaborou em jornais do Rio de Janeiro, da Bahia e de Buenos Aires.

Ilustrador de grande sensibilidade, destacando-se as figuras nas obras de Jorge Amado, *Jubiabá*, de Wilson Lins, *O Médio São Francisco*, e de Odorico Tavares, *Imagens da Terra e do Povo*.

Em 1951, publicou a *Coleção Recôncavo*, série de dez cadernos de desenhos sobre temas baianos, com textos de escritores famosos.

Publicou *As Sete Portas da Bahia*.

Esculpiu para o banco da Bahia um conjunto em madeira de orixás, considerada uma das maiores obras de escultura do Brasil.

Entre seus orixás, obviamente o de Ogum, em um belo aspecto, se tornou a imagem oficial de São Jorge, no traço seguro, ousado e de grande beleza plástica.

Carybé, dentro do culto a São Jorge, tem destaque ímpar, pois seu convívio com a Bahia, durante tantos anos, fez dele um "místico" que soube transportar para a tela obras clássicas e imperecíveis.

Cremos que Carybé deva ser considerado um artista isolado e talvez único a se dedicar a essa espécie de trabalho; no entanto, desconhecemos tenha ele desenhado ou pintado um autêntico São Jorge despido do sincretismo do orixá.

Arte Africana

A primeira impressão que se tem, especialmente para o menos avisado, é de que os africanos escravos vieram para o Brasil despidos de qualquer cultura.

O que trouxeram, contudo, é expressivo, em uma demonstração que a gente africana, por provir de diversas nações, tinha o domínio das belas-artes.

Apesar da simplicidade primitivista, os desenhos, as esculturas religiosas, a decoração dos pegís, madeira talhada, evocam a longínqua pátria e são expressões de nostalgia e amor.

Os gêges, família da costa dos escravos, vindos em grande número, eram um povo que cultivava arquitetura própria, artistas admirados.

Para Pernambuco, os escravos vindos do antigo reino de Ardra, onde era falada a língua gêge, criaram verdadeiras obras de arte, que os conquistadores franceses levaram para o Museu do Trocadero.

Eram os artistas negros do Dahomey que apresentavam, por meio de suas máscaras, estudos do rosto humano com incrível realismo.

A arte foi, pois, dirigida para a religião; os "oxê de Xangô", figuras com forma de mulher, não representavam um ídolo, mas uma sacerdotisa de Xangô, que revela os caracteres étnicos do povo de Dahomey.

Os lábios grossos e caídos, os olhos salientes, o nariz chato, a desproporção entre os membros são peculiaridades da raça.

Infelizmente, essas obras de arte do princípio do século estão enriquecendo os museus europeus como o Instituto de Morfologia Humana de Francfort.

Leo Frobenius, autoridade no assunto, propôs-se reunir toda a documentação artística, procedentes das épocas primitivas, quando o africano pisou o solo brasileiro.

Clouzot e Levei, em seu livro *Le Realisme des Artistes Noirs*, pontifica que a base de toda cultura artístico-religiosa é formada em torno de um só Deus, único e possante, e, logo abaixo dele, o macho e a fêmea, e os vários deuses menores e mesmo inúmeros gênios.

O que seduz na arte dos negros é a mistura extraordinária de abstração e de vida.

Nos trabalhos plásticos, nota-se que o interesse e a preocupação são de revelar os *dons* do artista e não as tradições do passado.

Assim se expressa o comentarista: "Sabem dar um caráter profundo às suas obras plásticas: a expressão que anima o rosto de Oxê, ora de uma gravidade inquietante, despida de beleza, ora de dor, ou, em um milagre de estilização, possante, truculenta e feliz".

Foram esses artistas anônimos que nos legaram as feições dos orixás, as cores de suas vestes deslumbrantes e muito ouro, muito vermelho, pedrarias e riquezas que em seus vilarejos abundavam, pois ao ouro e diamante não davam importância comercial, mas destacavam para sua maneira de adoração.

A inspiração de um Carybé certamente pousa sobre uma relíquia do passado, mesmo vindo por meio de *fluidos* místicos.

Todos os povos indígenas, inclusive os Astecas e os Incas, imprimiam em suas máscaras a personalidade de seu povo, as passagens alegres e as de desespero.

Cada nação africana, de norte a sul, ainda hoje, apresenta habilidade ímpar para a confecção de suas obras artísticas; não aquelas que são destinadas às feiras, mas as que permanecem nos lugares sagrados.

Ogum ou Oxóssi apresentam feições peculiares ao *guerreiro,* ao soberbo mancebo, ao Deus possante que há de vencer por seu porte e porque causa admiração, inspiração instantânea, encantamento, misticismo e muito amor.

Sobretudo os orixás desejam ser amados e, sentindo esse sentimento que supera a veneração, deles se obtém o desejado.

A arte africana, por incrível que possa parecer, ainda não encontrou entre nós o cuidado que merece e as peças que restam da arte antiga encontram-se espalhadas, sem rumo, pelo país todo.

É preciso que nos conscientizemos e vejamos, nas cerimônias que se desenvolvem nos terreiros, essa arte africana que aos poucos vem sendo substituída pelo folclore colorido, mas sem gosto.

Pode-se imaginar um africano reproduzindo dentro de seu conceito artístico, não Ogum ou Oxóssi, mas o tradicional São Jorge, equestre, com seu manto esvoaçante, sua malha de metal e suas armas, e sobretudo seu semblante correspondendo à veneração que tantos lhe dedicam.

A Igreja, proibindo os escravos de cultuarem livremente seus deuses, induziu-os à prática de uma arte totalmente divorciada dos princípios cristãos, que poderiam ter sido um princípio de um novo momento, de um despertar para uma nova cultura.

Já que assim o destino não quis, deixemos livres, totalmente libertas, as expressões artísticas do povo africano, que estão em todo o mundo, e principalmente no Brasil, representadas com soberba pujança.

A Quimbanda

Há uma crença generalizada de que os *trabalhos da Quimbanda* são dirigidos para o mal.

Nas sessões da Quimbanda, os fiéis buscam *neutralizar* seus desafetos, fazendo-os adoecer e até morrer.

Isso não passa de desinformação, pois a Quimbanda é um dos ramos da *religião* que se dedica a trabalhos *mais fortes,* mas nunca de magia negra.

No dialeto Bundo, *quimbondo* significa *curandeiro* e emprega o mesmo ritual da Umbanda, apenas com características próprias de sua *tenda,* eis que inexiste uma uniformidade nas religiões africanas.

Os trabalhos ficam na dependência de maior ou menor inspiração, criatividade e resultados.

A Umbanda vem definida pelos habitantes do norte de Angola como a *arte de curar.*

Essas *curas* não dizem respeito, exclusivamente, aos males do corpo, mas também das ansiedades, das aflições, dos amores, enfim, trata-se de curar o que perturba o devoto e consulente.

Quimbanda *é* o *feiticeiro curandeiro* e ele atuará *possuído* por um orixá de sua predileção, mas será o *centro das atrações* e será ele quem cura, e não o orixá que incorpora.

Os misteriosos *zumbis,* tão decantados nas lendas nossas, dos cubanos e dos haitianos, seriam *mortos-vivos,* total e permanentemente possuídos, trabalhando como autômatos.

O processo usado pela Quimbanda na América Central vem assim descrito por um escritor português cuja identidade é ignorada:

> "No Haiti, fala-se muito de *zombis,* indivíduos que comem, bebem, dormem, trabalham, mas que não têm vontade própria, nem memérias, nos quais, portanto, se conserva íntegro o animal, tendo desaparecido a personalidade.
> Afirmam que há negros *zombis* nas plantações preparados por acordo entre o dono da propriedade e o feiticeiro.
> Este arranja meio de fazer ingerir, ao homem escolhido, certa droga, por exemplo, um copo de aguardente.
> O resultado é uma doença que se vai agravando pouco a pouco até terminar em um estado letárgico que se confunde com a morte.
> Na noite seguinte ao funeral, o feiticeiro e o plantador desenterram o suposto cadáver e transportam-no para a plantação, onde ele acordará de seu sono, mas no estado de *zombi.*"

Passará, então, a ser escravo, pois trabalhará de sol a sol, sem receber salário algum e sem ter o desejo de reivindicar o que quer que seja. É a aniquilação da vontade.

Não temos notícia de que nos dias atuais, no Brasil, isso possa acontecer.

Esse trabalho é executado pela Quimbanda, que, não chegando a ser considerado de *magia negra,* contudo avilta o ser humano.

Entre nós, permanecem em mistério as *aventuras* nos quilombos, vividas pelos *zumbis.*

Nas sessões de Quimbanda, o orixá Ogum é invocado, mas se mostra muito tênue a presença de São Jorge.

Essas nótulas superficiais são apresentadas tão somente visando a dar aos que não conhecem a existência, no culto africano, de muitos mistérios que, aprofundados, revelam a separação total entre orixás e santos da Igreja Católica.

Festividades

Na cidade do Rio de Janeiro, São Jorge é o padroeiro da Assembleia Legislativa do Estado, patrono da cavalaria do Exército e patrono da Polícia Militar.

Seu culto teria iniciado no ano de 1747, tornando-se o santo mais popular carioca.

No Rio de Janeiro, em 1741, por ordem régia de D. João IV, foi criada a Venerável Confraria dos Gloriosos Mártires São Gonçalo Garcia e São Jorge; em 1742, a confraria teve a aprovação do bispo Dom Frei Aquino do Desterro.

Não possuía à época capela própria e por esse motivo foi agregado à Igreja Nossa Senhora do Parto.

No ano de 1758 foi construída uma Igreja para abrigar a confraria, funcionando até hoje, localizada na Praça da República, esquina com a Rua da Alfândega.

A Igreja foi construída graças ao benfeitor Pedro Coelho, doador do terreno.

Essa Igreja encontra-se tombada pelo patrimônio histórico, e, como é pequena, os administradores da Venerável Confraria cogitam em construir, sobre terrenos já adquiridos, localizados em torno da antiga Igreja, um grandioso templo monumental, para que os fiéis e devotos de São Jorge, em breve tempo, possam prestar culto com devoção e conforto a tão estimado santo.

Uma curiosidade para ser lembrada é que a imagem de São Jorge, a cavalo, colocada no altar, é em *tamanho natural,* o que chama a atenção, porque é bem provável que seja a maior do mundo.

Por ocasião do reinado de Dom João VI, a imagem de São Jorge abria a procissão de Corpus Christi,[19] e como a imagem é dividida em duas partes, o cavaleiro (da montaria) São Jorge era retirado de seu cavalo de pedra e colocado sobre um cavalo vivo, também de pelo branco, montaria preparada para essa finalidade devidamente domesticada.

As festividades anuais litúrgicas programadas para os dias 19 a 23 de abril costumam repetir programações anteriores, já tradição na Cidade do Rio de Janeiro. Transcrevemos uma dessas programações, a título de informação:

Festividades Litúrgicas Programadas

"Com a finalidade de festejar condignamente o glorioso São Jorge, do programa elaborado destaca-se o tríduo preparatório à grande data, nas noites de 19, 20 e 21 de abril, com início às 19h.

Na véspera, dia 22, às 15 horas, solene abertura do nicho no saguão do palácio Pedro Ernesto, uma vez que São Jorge é o padroeiro da Assembleia Legislativa da cidade do Rio de Janeiro.

No domingo, dia 23, destaca-se, às 5 horas, a alvorada festiva, com a fanfarra do Regimento de Cavalaria Divisionária, com espetacular queima de fogos de artifício no Campo de Santana, seguindo-se missas de hora em hora em seu louvor.

A missa solene será celebrada às 11 horas, havendo às 19 horas o *Te Deum Laudamus,* encerrando os atos litúrgicos do grandioso dia.

No próximo domingo, dia 30, às 15 horas, a imagem de São Jorge percorrerá em procissão de fé as ruas centrais da cidade, estando, desde já, convidados seus fiéis devotos para acompanhar com o respeito merecido essa imagem tão querida da população que sua Venerável Confraria tanto tem dignificado, zelando por seu culto, por sua devoção e, mais que tudo, pela tradição, impondo-se entre as demais irmandades, como das que mais veneram a religião cristã, nos princípios básicos e fundamentais da Igreja de Cristo.

A procissão deste ano tem dois significados especiais, para os quais chamamos especial atenção.

O primeiro, para que a população da cidade do Rio de Janeiro tenha fé e confiança, não se deixando levar pelo temor das catástrofes que nos têm assolado.

Assim, quem tem fé em Deus, nada deve ou pode temer.

19. Vide capítulo próprio.

É chegado, portanto, o grande momento de os cariocas darem verdadeira demonstração pública de fé cristã, elevando preces e orações ao Altíssimo, pedindo pela intercessão do glorioso São Jorge para que cessem as calamidades e que sejam minorados os sofrimentos do povo.

O outro significado especial diz respeito à solidariedade religiosa que será dedicada à Irmandade de Nossa Senhora do Rosário e de São Benedito, que no domingo de Páscoa teve seu trissecular templo destruído por um incêndio, de modo que sua pujança histórica possa ressurgir das cinzas, para gáudio da população cristã da cidade do Rio de Janeiro.

Finalmente, os festejos serão encerrados no Dia das Mães, no segundo domingo de maio, com a realização da Páscoa coletiva dos irmãos e fiéis devotos de São Jorge, na missa compromissal das 10 horas.

Para todos esses atos litúrgicos em louvor ao glorioso São Jorge, por nosso intermédio, estão convidados todos os legítimos e verdadeiros cristãos para abrilhantar o esplendor dos festejos. Aos integrantes da mesa administrativa, e em particular à comissão encarregada das festas, bem assim aos demais dirigentes da Venerável Confraria dos Gloriosos Mártires São Gonçalo Garcia e São Jorge, são endereçados os mais efusivos votos de louvor pela maneira brilhante e correta com que, nessas festividades, sustentam o fogo sagrado da fé cristã ao glorioso São Jorge."

Apêndice

Flos Sanctorum

F*los Sanctorum* – Nova edição aumentada pelo padre José Antônio da Conceição Vieira – 1869.

"Vendo Diocleciano, imperador de Roma, que tudo lhe sucedia bem, determinou, segundo seu parecer e engano diabólico, sacrificar aos deuses, principalmente a Apolo.

Sabedor das coisas que haviam de suceder, e consultando uma vez a estátua sobre certa coisa que desejava saber, dizem que lhe respondeu o ídolo que os justos que estavam na Terra lhe eram impedimento para dizer a verdade, e por causa deles sucedia, muitas vezes, ser falso o que ele dizia que havia de ser.

Enganado, o mísero Diocleciano com seu erro desejava saber que homens eram aqueles que se chamavam justos na Terra.

Respondeu-lhe um sacerdote dos ídolos: 'Esses, imperador, são os cristãos'.

Folgou muito o tirano em saber isso, e moveu guerra e perseguição contra os cristãos, já quietos das perseguições passadas.

Logo, sem mais tardar, começou a perseguir os inocentes e justos. Era muito para chorar ver os cárceres, feitos para os matadores, adúlteros e ladrões, cheios de santos, que confessavam a Cristo, por Deus e Salvador; e ver que não se contentava o tirano de atormentar os santos com os tormentos antigos e costumados, mas cada dia inventou novos e mais cruéis tormentos com os quais grande multidão de cristãos era torturada.

Indo, cada dia, de todas as partes, muitas acusações contra os cristãos ao imperador, e principalmente referindo-lhe os Procuradores do

Oriente que os cristãos eram tantos que desprezavam seus mandados, e que ou haviam de permitir que vivessem em sua lei, ou estando eles com grande exército e assim os matassem todos, porque de outra sorte não seria fácil.

Ouvindo o perverso Diocleciano essas coisas, mandou chamar todos os governadores e procuradores do Oriente e outras partes.

Estando junto com os senadores, manifestou a crueldade que tinha nas entranhas contra os cristãos, e mandou que cada um dissesse seu parecer.

Sendo alguns de contrária opinião, por último derramou o tirano sua peçonha, afirmando que nenhuma coisa havia mais excelente que a veneração dos ídolos; e assim lhes disse: 'Todos que estimais minha amizade, ponde todas as forças para lançar fora de todo o meu Império a religião dos cristãos e eu vos favorecerei com todo o meu poder'.

Louvaram todos esse parecer do imperador e determinaram que se referissem ao povo três vezes, em três dias.

Estava então no exército o maravilhoso cavaleiro de Cristo, São Jorge, o qual era natural da Capadócia, de pai e mãe cristãos, e muito nobre, e fora criado desde menino na sagrada religião cristã.

Sendo São Jorge ainda moço, morreu o pai em uma batalha. Por ser ele bom cavaleiro, foi da Capadócia para a Palestina com sua mãe que era natural daquela região, onde tinha fazenda. E como esse santo tinha idade para a guerra, foi instituído por capitão, no qual ofício, vendo-o Diocleciano muito destro e excelente cavaleiro, fê-lo conde.

Nesse tempo, faleceu sua mãe e ele, tomando grande parte nas riquezas que lhe ficaram, foi-se para a corte do imperador, sendo de idade de 23 anos.

Vendo o santo mancebo que urdia tanta crueldade contra os cristãos, parecendo-lhe ser aquele tempo conveniente para alcançar a verdadeira salvação, distribuiu com diligência toda a fazenda que tinha aos pobres.

Depois disso, no dia em que o Conselho do Senado havia de ser confirmado contra os cristãos, o santo mancebo, sem temor humano, armado só de temor de Deus, com alegre rosto, pôs-se em pé no meio de todo o concílio, e falou desta maneira:

'Ó imperador e nobres Senadores, acostumados a fazer boas leis, que desatino é este tão grande, que não cessais de acrescentar vossa ira contra os cristãos, que têm a certa e verdadeira lei, para que a deixem e sigam a seita que vós mesmos não sabeis se é verdadeira, porque os ídolos que adorais, afirmo que não são deuses, havendo sido homens perdidos!

Não vos enganeis; sabei que Cristo só é Deus e Senhor, na glória de Deus Padre, e por ele foram feitas todas as coisas, e por seu Espírito Santo, todas as coisas são regidas e conservadas.

Pois esta é a verdade e não queirais perturbar os que a professam.'

Ouvindo isso, todos ficaram atônitos e espantados do valor e atrevimento com que falou o santo mancebo, e esperavam que respondesse o imperador, mas ele, ficando perturbado e refreando a ira, fez sinal ao cônsul Magnêncio, que respondesse a Jorge.

O cônsul mandou chegar o santo mancebo mais perto de si e disse: 'Dize-me, mancebo, quem te deu tamanha ousadia para falar neste consultório?'.

Respondeu o santo: 'A verdade'. Disse o cônsul: 'Que coisa é a verdade?'.

Respondeu o santo: 'A verdade é meu Senhor Jesus Cristo a quem vós perseguis'.

Disse o cônsul: 'Dessa maneira és tu cristão?'.

Respondeu-lhe o santo: 'Eu sou servo de meu Redentor, Jesus Cristo, e n'Ele confiado me pus no meio de vós outros, para que dê testemunho da Verdade'. Com essas palavras se turbaram todos.

Então Diocleciano, pondo os olhos no santo mancebo, o conheceu e lhe disse: 'Sabendo eu há dias tua fidalguia, levantei-te ao mais alto grau da dignidade de minha corte, e, agora, ainda que falaste tão alto, como sou muito afeiçoado à tua prudência e fortaleza, te aconselho como pai amoroso que não deixes o proveito e honra da milícia, nem queiras perder a flor de tua idade com tormentos, antes sacrifica aos deuses e receberás de mim maiores prêmios e mercê'.

São Jorge lhe respondeu: 'Oxalá, ó imperador, que conhecendo tu por mim o verdadeiro Deus oferecesses o sacrifício de louvor que ele pede e deseja; e eu ficarei por fiador de que ele, Senhor de outro mais excelente império que tens, que é do reino que dura para sempre, porque este que agora possuis cedo se há de acabar. E sabes de certo que nenhum desses bens que me prometes poderão de alguma maneira apartar-me de meu Deus, nem algum gênero de tormentos que inventares poderá tirar de mim o amor de meu redentor nem causar em mim temor algum da morte temporal'.

Ouvindo isso, o imperador, cheio de ira, mandou os soldados que o deitassem fora do concílio, com lançadas, e o metessem no cárcere.

Fizeram logo os soldados o que lhes fora mandado, mas a ponta da lança com que lhe tocou no corpo um soldado dobrou como se fora de chumbo e o santo não cessava de dizer divinos louvores.

Sendo o santo posto no cárcere, estenderam-no em terra e puseram-lhe grilhões nos pés, e, sobre seu peito, uma grande pedra.

Tudo isso lhe mandou o tirano fazer; mas o santo, sofrendo o tormento com muita paciência, não cessou até o dia seguinte de dar graças a Deus.

Sendo manhã, o imperador mandou-o vir perante si, e, estando o santo muito atormentado com o peso da pedra, disse-lhe o imperador:

'Tornaste já sobre ti, Jorge?'.

Respondeu o santo: 'Por tão fraco me tens, imperador, que cuidas que um tormento de meninos e tão pequeno havia de me apartar de Cristo e negar a verdade? Primeiro cansarás tu em me atormentar, do que eu sendo atormentado'.

Disse Diocleciano: 'Eu te darei tantos tormentos de meninos que te acabarão a vida'.

Mandou logo trazer uma roda grande e cheia de navalhas e meter o santo nela para ser despedaçado.

Estava essa roda pendurada e, por baixo, tinha umas tábuas nas quais estavam pregadas muitas pontas agudas, como canivetes e algumas como anzóis e outras como trinchetes de sapateiro. Puseram o santo entre as tábuas e a roda, atado com louros e cordas, tão apertado que dentro da carne se escondiam as cordas; e, voltando a roda, todo o corpo lhe ficava ferido mui cruelmente.

Esse espantoso gênero de tormento sofreu o santo com grande ânimo; e fazia oração ao Senhor, e depois ficou como adormecido por um bom espaço de tempo.

Vendo isso Diocleciano, e cuidando que já estava morto, ficou alegre e começou a louvar seus deuses, e dizia: 'Onde está teu Deus, Jorge? Por que não te livrou desse tormento de menino?'.

Mandou, então, tirá-lo do tormento e partiu para ir sacrificar a Apolo; mas logo apareceu uma nuvem no ar, e ouviu um grande trovão e soou uma voz que muitos ouviram, a qual disse: 'Não temas, Jorge, porque eu sou contigo'.

Daí a pouco viu-se grande serenidade e foi visto um varão vestido de branco estar em cima da roda, muito resplandescente no rosto, e deu a mão ao santo mártir e, abraçando-o, mandou desatá-lo.

E logo desapareceu aquele varão de tanta claridade e ficou São Jorge solto, livre e são, dando graças a Deus.

Os soldados que o guardavam ficaram fora de si, espantados de tal visão, e deram logo novas do que se passava ao imperador que se achava no templo.

Vendo o imperador Jorge, dizia que não podia ser aquele o mesmo Jorge, mas outro que se parecesse com ele.

Dois pretores, ou corregedores, um chamado Anatólio, outro, Petroleu, sendo antes criados na fé de Cristo, vendo o milagre, cobraram ousadia, e em alta voz disseram: 'Um só é Deus, grande e verdadeiro, que é o Deus dos cristãos'.

Aos quais mandou, logo, o imperador levar para fora da cidade e cortar-lhes as cabeças.

Muitos se converteram, então, ao Senhor, tendo fé dentro de si, mas não ousavam descobrir-se com temor da morte e tormentos.

Também a imperatriz Alexandra, conhecendo a verdade e começando a querer falar livremente, um cônsul a retirou, e antes que o imperador entendesse a causa, deixou-a em seu paço.

Não sofrendo Diocleciano essas coisas, mandou meter o santo varão em uma fornalha de cal virgem, três dias, e mandou vigiar que não lhe viesse de nenhuma parte ajuda alguma.

Sendo levado a esse tormento, preso, ia fazendo oração a Deus em alta voz, dizendo: 'Senhor meu, ponde os olhos de vossa misericórdia em mim e livrai-me das insídias do inimigo, e concedei-me que até o fim confesse vosso santo nome. Não digam meus inimigos por minhas maldades: onde está teu Deus? Mandai, Senhor, vosso anjo em minha guarda, assim como transformaste a fornalha de Babilônia em orvalho, e os moços que estavam dentro conservaste sem lhes fazer mal o fogo'.

Dito isso, e fazendo o sinal da cruz em todo o corpo, com grande alegria entrou no forno de cal.

Os ministros e soldados que foram mandados para executores desses tormentos, depois de o deixarem no forno, retiraram-se.

Ao terceiro dia, chamou o imperador alguns soldados e disse: 'Não fique memória daquele mal-aventurado Jorge, para que não haja quem honre suas relíquias; portanto, ide e, se achardes algum osso, soterrai-o, que não apareça mais'.

Foram os soldados seguindo-se grande multidão de povo para ver o que se passava. Descobrindo a cal, acharam dentro o varão santo, com o vestido resplandescente, o qual, levantadas as mãos para o céu, dava louvores a Deus por todos os seus benefícios; e, saindo do forno sem algum mal que lhe fizesse a cal, todos se espantaram de tão maravilhosa causa e louvaram o Deus de São Jorge.

Chegou a nova desse milagre a Diocleciano, este mandou chamar Jorge, e muito espantado lhe disse: 'Jorge, com que artes fazes essas maravilhas?'.

Respondeu-lhe o santo: 'Ó cego imperador que chamas artes as maravilhas do Senhor, por isso choro tua cegueira'.

Disse Diocleciano: 'Agora veremos, Jorge, se diante de nossos olhos fazes milagres'.

Mandou, então, o tirano trazer umas chinelas de ferro ardente e mandou-as meter nos pés, e dessa maneira o fez levar ao cárcere, sendo, açoitando e zombando dele, diziam: 'Ó, como Jorge corre, ligeiramente'.

Mas o santo mártir sendo tão cruelmente levado e açoitado, ia muito alegre, dizendo a si mesmo: 'Corre, Jorge, para que alcances o prêmio'.

Depois, orando, dizia: 'Senhor, olhai meu trabalho e ouvi os gemidos de vosso preso, porque meus inimigos se multiplicaram e me tiveram grande ódio por vosso nome; mas vós, Senhor, me sarai, porque todos os meus ossos estão atormentados; e dai-me paciência até o fim, para que não diga meu inimigo: Prevaleci contra ele'.

Dessa maneira, passou o santo mancebo até chegar ao cárcere, indo muito atormentado das chagas que lhe fizeram nos pés os pregos ardentes, que as chinelas de ferro tinham para cima.

Passando o santo todo aquele dia e noite em dar graças a Deus, no dia seguinte foi levado diante do imperador, o qual estava sentado junto ao teatro público, estando presente todo o Senado.

Vendo o imperador o santo varão andar tão bem e tão sem pejo como se não recebera algum mal das chinelas de fogo, disse-lhe: 'Jorge, as chinelas foram para ti refrigério?'.

Respondeu São Jorge: 'Sim, foram'.

Disse o imperador: 'Deixa já tua ousadia e arte mágica, vem para nós e oferece sacrifício aos deuses, pois, de outra maneira, serás atormentado com diversos tormentos'.

Respondeu São Jorge: 'Quão ignorante te mostras, pois chamas feitiços ao poder de meu Deus e por outras partes dás honras aos enganos dos diabos que adoras'.

Logo o tirano com cruel aspecto atalhou a prática ao santo e mandou aos que estavam presentes que o ferissem no rosto, dizendo: 'Assim te ensinaram a dizer injúrias aos imperadores?'.

E, depois disso, mandou que o açoitassem com nervos de búfalo, até que fosse desfeito seu corpo.

Sendo o glorioso mártir tão sem piedade atormentado, e não mudando a alegria do rosto, disse o tirano: 'Certamente não chamarei a isto obras dé virtude, mas arte mágica'.

Disse, então, Magnêncio ao imperador: 'Senhor, mandai chamar um homem que aqui mora, grande mágico, e com ele será vencido Jorge'.

Foi logo chamado o feiticeiro, e lhe disse Diocleciano: 'Todos os que estão presentes sabem o que esse maldito Jorge faz; mas por que arte o faz, tu nô-lo declararás. E rogo-te que destruas seus feitiços e faças obedecer-nos'.

Prometeu, então, Atanásio – assim se chamava o mágico – que no dia seguinte faria tudo que lhe ordenava; e mandou o imperador guardar o santo no cárcere, no qual ele invocava o nome do Senhor, dizendo: 'Seja Senhor vossa misericórdia sobre mim e encaminhai meus passos na confissão de vosso santo nome e acabai minha vida na vossa fé, para que em tudo seja o vosso louvado'.

No dia seguinte, estando Diocleciano no teatro, mandou vir o mágico, o qual veio muito ufano, e mostrando ao imperador umas beberagens, disse: 'Seja trazido aqui Jorge, e verei a força dessas mezinhas; pois se quereis que obedeça deem-lhe essa beberagem que trago neste vaso'.

Mandou o imperador vir perante si a São Jorge e disse-lhe: 'Agora, Jorge, serão acabadas tuas artes mágicas', e mandou por força que bebesse um daqueles vasos; mas o santo sem algum temor o bebeu sem lhe fazer mal e, finalmente, esteve muito constante na fé e ficou a arte do Diabo escarnecida.

O imperador, vendo isso, mandou-lhe dar a outra beberagem que o constrangessem a bebê-la; mas o bem-aventurado santo, não esperando que o forçassem, pela divina virtude bebeu a outra sem lhe fazer mal algum.

Ficou o imperador pasmado e espantado e todo o Senado e o mesmo feiticeiro, de tamanha maravilha, e disse o imperador ao santo mártir:

'Até quando nos há de pôr em espanto com isso que fazes? Por que não acabas de confessar a verdade? Como escapas, tão facilmente, da peçonha que te dão a beber, e como desprezas os tormentos?'

Respondeu o santo: 'Não cuides, imperador, que somos livres por alguma humana providência, mas só pelo poder e virtude de Cristo e confiados nele, não fazemos caso dos tormentos, seguindo sua *doutrina*'.

Disse, então, Diocleciano: 'Que doutrina é a de teu Cristo?'.

Respondeu Jorge: 'Conhecendo o Senhor a diligência que vós outros haveis de ter em perseguir os santos, disse, não temais aqueles que matam o corpo nem façais caso das coisas transitórias, sabei de certo que um cabelo de vossa cabeça não perecerá; e ainda que bebas peçonhas não vos fará mal; finalmente, prometeu-nos dizendo: Aquele que crer em mim fará as obras que eu faço'.

Que obras são essas?, retorquiu o imperador.

Respondeu o santo: 'Dar vistas aos cegos, curar leprosos, fazer andar os mancos, abrir ouvidos aos surdos, expelir os demônios dos corpos, ressuscitar os mortos e outras coisas semelhantes a essas'.

Virou-se, então, o imperador para Atanásio, o mágico, e lhe disse:

'Que dizes tu, a essas coisas?'

Respondeu Atanásio: 'Admiro-me de ver como esse mancebo despreza vossa mansidão com suas mentiras; mas já que ele diz que os que esperam no seu Deus farão as obras que ele faz, ali naquele sepulcro que está diante de nós está um defunto que eu conheci e pouco tempo há que ali o sepultaram; se Jorge o ressuscitar, sem nenhuma dúvida, adoremos seu Deus'.

Então, o imperador fez sinal a Jorge que o experimentasse.

Pediu então Magnêncio ao imperador que mandasse soltar Jorge, e depois de solto lhe disse:

'Agora, Jorge, mostra-nos as maravilhas do teu Deus; e se o fizeres, todos creremos nele'.

Respondeu São Jorge: 'Nobre cônsul. Deus, que todas as coisas criou do nada, poderoso é para, por mim, ressuscitar esse defunto; mas como vossas almas estão cegas, não podereis entender a verdade; porém, por amor do povo circunstante, isso que pedis tentando-me, Deus o obrará por mim, para que não o atribuas a arte mágica. Pois esse mágico que aqui o trouxeste confessa que nem por encanto, nem pelo poder dos vossos deuses, pode um morto ser ressuscitado, eu diante de todos vós outros chamo a meu Deus'. E, dizendo isso, pôs os joelhos em terra, e quase chorando orava a Deus, e levantando-se disse em voz alta: 'Ó Eterno Deus de misericórdia, Deus de todas as virtudes e que todas as coisas pode, que não frustreis a esperança dos que em vós confiam. Senhor Jesus Cristo, ouvi este mísero servo vosso, nesta hora, assim como ouvistes santos apóstolos em todo lugar, dando-lhes poder para fazerem milagres e sinais. Dai, Senhor, a esta geração má, o sinal que pede, e ressuscitai este morto para glória vossa, e do Padre e do Espírito Santo. Rogo-vos, Senhor, que mostreis a estes circunstantes serdes só vós, Deus Altíssimo sobre toda a terra, e que eles conheçam, serdes vós, Senhor poderoso, cuja vontade todas as coisas estão sujeitas a que vossa será a glória para todo sempre. Amém'.

Dizendo o santo *Amém,* ouviu-se um grande som, de maneira que tremeram todos.

Logo se levantou grande alvoroço e tumulto no povo e muitos deles louvaram a Cristo, dizendo que era o verdadeiro Deus.

O imperador e seus familiares, espantados e cheios de incredulidade, diziam que Jorge era um grande mágico e que metera algum espírito naquele corpo para enganar os circunstantes; mas depois que verdadeiramente viram e conheceram ser homem o que ressurgira, e que chamava Jesus Cristo, indo correndo para São Jorge, não sabiam mais o que dizer.

Atanásio, encantado, vendo essa maravilha, lançou-se aos pés do santo mártir, dizendo em alta voz 'que Cristo era Deus Todo-Poderoso' e rogava ao santo que lhe alcançasse o perdão de seus pecados.

Daí a pouco fez o imperador calar o povo, e disse-lhe: 'Veremos o engano e malícia destes feiticeiros? Este Atanásio, semelhante a Jorge, ambos de uma mesma arte, favorecem um ao outro; e as beberagens que havia de lhe dar de peçonha, não lha deu, mas deu-lhe outra cheia de encantamento para nos enganar'.

Acabando de dizer isso, mandou logo degolar Atanásio com o que fora ressuscitado, dizendo o pregão, que era por confessarem a Cristo por Deus; e São Jorge mandou meter no cárcere, onde o santo dava graças a Nosso Senhor, pelas grandes maravilhas que por ele obrava.

E estando ali no cárcere, vinham a ele muitos dos que tinham recebido a fé pelas maravilhas que foram feitas e, desrespeitando os guardas, lançavam-se aos pés do santo, entre os quais alguns enfermos que, em virtude do Sinal e nome do Cristo, foram por ele curados.

Andando um pobre homem, lavrando sua terra, um dos bois com que lavrava caiu em terra e morreu; e ouvindo a fama do santo foi correndo ao cárcere, chorando a perda do boi.

Disse-lhe o santo: 'Vai alegre, porque Cristo meu Senhor tornou teu boi à vida'.

Crendo ele em suas palavras, foi correndo e achou o boi vivo como o santo dissera, e logo, sem mais se deter, tornou esse homem, chamado Glicero, ao santo, e ia pela cidade dizendo em altas vozes: 'Muito grande é o Deus dos cristãos'.

Uns cavalheiros o prenderam e mandaram dizer ao imperador o que se passara; o tirano, cheio de ira, o mandou degolar fora da cidade.

E Glicero, muito alegre, como se fosse a algum convite, ia correndo diante dos soldados que o levavam ao martírio, e com alta voz chamava ao Senhor, pedindo-lhe que recebesse seu martírio.

E dessa maneira acabou a vida.

Nesse tempo, alguns dos senadores foram acusar Jorge ao imperador, dizendo que estando no cárcere abalava o povo e fazia muitos receberem a fé de Cristo.

Ouvindo isso, o imperador tomou conselho com Magnêncio e no dia seguinte mandou aparelhar sua cadeira junto ao Templo de Apolo, para que ali publicamente fosse o santo perguntado.

Naquela noite, orando o santo no cárcere e adormecendo, viu em sonho o Senhor que por sua mão o levantava e abraçava, e lhe punha uma coroa na cabeça, e dizia: 'Não temas, mas tem forte o coração pois já és digno e mereces reinar comigo, não tardes em vir gozar dos bens eternos que te estão aparelhados'. Acordando o santo e dando graças a Deus com muita alegria, chamou o carcereiro e disse-lhe: 'Rogo-vos, irmão, que deixeis entrar neste cárcere um meu moço, porque me importa falar com ele'.

Concedendo o carcereiro seu pedido, entrou o moço que estava fora muito triste pelos tormentos que passava seu senhor.

Levantou-se o santo da terra onde se lançara, chorando, consolou-o, esforçou-o e disse-lhe: 'Filho, muito cedo me chamará meu Senhor para si, mas depois que passar desta vida, tomarás este mísero corpo e levá-lo-ás à Palestina, à casa onde morávamos, e Deus será guia de teu caminho, e não te apartes nunca da fé de Cristo'.

E prometendo-lhe o criado com muitas lágrimas que assim o faria, abraçou-o o santo, e mandou-lhe que fosse dali em paz.

No dia seguinte, assentado Diocleciano em sua cadeira imperial, mandou vir São Jorge perante si, e começou com muita mansidão a falar-lhe desta maneira: 'Dize-me, Jorge, não te parece que sou muito humano e benigo para ti? Testemunhas me sejam todos os deuses como me pesa em extremo de tua mocidade, assim em flor, de tua gentileza e formosura, sendo também, pelo assento de tua descrição e constância de ânimo. E desejo muito, se te apartares da fé cristã, que mores juntamente comigo e sejas a segunda pessoa de meu Império. Agora me responde o que te parece'.

Respondeu São Jorge: 'Razão era, imperador, se tamanho amor e afeição me tinhas que me não perseguisse, como o inimigo capital, e não executarás em mim tantos tormentos por satisfazer com tua ira'.

Ouviu o imperador isso com bom gosto e disse a Jorge: 'Se me quiseres obedecer como pai, eu te compensarei os tormentos que te fiz dar com muitas grandes honras que te farei'.

Disse então o santo: 'Se queres, imperador, vamos ao templo ver esses *deuses que vós outros honrais*'.

Levantou-se logo o imperador, com grande alegria, e mandou lançar pregão que o Senado e todo o povo viesse ao templo; indo o povo para o templo louvava ao imperador pela vitória que, cuidavam, alcançara do santo mancebo.

Entrados todos no templo, e aparelhado o sacrifício, tinham todos postos os olhos no mártir, esperando que sem nenhuma dúvida havia de sacrificar.

O santo chegou à estátua de Apolo e, estendendo a mão, disse: 'Por que coisa queres tu que te ofereça sacrifícios como a Deus?'.

E logo fez o sinal da cruz. O Demônio, que dentro, no ídolo estava, bradava dizendo: 'Não sou Deus e nem algum semelhante a mim é o Deus a quem pregas. Nós, os anjos, fomos feitos diabos, e enganamos os homens pela inveja que lhes temos'.

Perguntou-lhe então o santo: 'Pois como ousais vós outros estar aqui neste lugar estando eu presente, que adoro o verdadeiro Deus?'.

Dizendo isso se sentiu um ruído como choro que saía das estátuas, e caíram todos os ídolos em terra e fizeram-se pedaços.

Levantaram-se, então, alguns do povo acesos em ira e fúria, incitando os sacerdotes a tomarem o santo, e açoitando-o bradavam, dizendo: 'Mata este feiticeiro, ó imperador, mata este mágico'.

E correndo essas novas logo pela cidade, a imperatriz Alexandra, não podendo jamais encobrir a fé de Cristo que tinha, veio com grande pressa e vendo o alvoroço do povo e São Jorge preso, e longe dela, e que pela muita gente não podia chegar a ele, bradou em alta voz e disse: 'Deus de Jorge, ajudai-me'.

Pacificado o alvoroço do povo, mandou Diocleciano trazer diante de si o varão santo e com grande ira lhe disse: 'Mau homem, dessa maneira agradeces a benignidade com que te trato? Desse modo costumas sacrificar aos deuses?'.

Respondeu São Jorge: 'Sem dúvida, imperador, que desse modo aprendi eu a sacrificar a teus deuses; daqui em diante tem vergonha de atribuir a saúde que tens a tais deuses, os quais não podem sofrer a presença dos servos de Cristo'.

Dizendo essas palavras, o santo chegou à imperatriz e disse ao imperador o que tinha dito dantes, e lançou-se aos pés de São Jorge.

Vendo isso, o imperador disse: 'Que novidade é essa, Alexandra, que te afeiçoou a este mágico encantador?'. A bem-aventurada imperatriz não lhe quis responder, tendo-o por indigno de sua resposta. O cruel imperador, cheio de ira e furor pela mudança da imperatriz, deu contra o santo mártir e contra ela a sentença seguinte: 'Mando degolar esse péssimo Jorge, que diz que é Galileu, o qual assim aos deuses como a mim injuriou gravemente e o mesmo fez Alexandra imperatriz enganada com seus feitiços'.

Tomaram logo os soldados o santo varão e o levaram preso fora da cidade juntamente com a nobilíssima imperatriz, que, orando a Deus com alegre ânimo, caminhava para o lugar do martírio; e, indo assim, chegando a um certo lugar, pediu que a deixassem assentar um pouco e assentando sobre seu vestido, inclinou a cabeça sobre os joelhos e assim deu o espírito a Deus. Por essa razão, o bem-aventurado mártir Jorge, louvando e dando graças a Deus, caminhava com grande alegria.

Chegando ao lugar determinado, fez oração ao Senhor, dizendo: 'Bendito sois, Senhor Deus meu, porque não permitistes que eu fosse despedaçado pelos dentes daqueles que me queriam e buscavam, nem consentistes que meus inimigos ficassem alegres com a vitória; porque livrastes minha alma, como pássaro do laço dos caçadores. Pois agora, Senhor, também me ouvi, sede comigo nesta última hora e livrai minha alma da maldade dos malignos espíritos, e todos os males que por ignorância em mim executam, lhes perdoai. Recebei, Senhor, minha alma com aqueles que desde o princípio do mundo vos serviram, e esquecei-vos de todos os meus pecados que eu voluntariamente ou por ignorância cometi. Lembrai-vos, Senhor, dos que decorrem ao vosso santo Nome, porque vós sois *santo, bendito, glorioso para sempre, Amém*'.

Acabando de dizer isso, estendeu o pescoço com alegria e foi degolado, e entregou sua alma nas mãos dos anjos a 23 de abril, fazendo excelente confissão de fé pura e sã pelo ano 303.

De suas preciosas relíquias trouxe São Gusmão, bispo de Paris, um braço, de Armênia a Paris, indo a Jerusalém, em romaria, outro braço seu se guarda em colônia, cidade da Alemanha; e a cabeça foi trazida a Roma, onde o papa Zacarias a colocou em uma Igreja dedicada ao dito santo, a qual reformou São Gregório do reino da Inglaterra e da ilustríssima Ordem Militar da Jarreteira.

Portugal tomou-o por seu defensor e invoca-o na guerra desde o tempo de El-Rey Dom Fernando e Dom João I."

Solilóquios com São Jorge

O devoto que decide homenagear São Jorge, seja para satisfazer seus anseios, seja para lhe pedir *uma graça,* ou mesmo para agradecer *favores* que tenha dele recebido, deve escolher uma data apropriada, para que, no espaço de nove dias (novena) possa cumprir, sem interrupções, sua devoção, com preferência dirigindo-se à Igreja de sua predileção e, obviamente, se houver uma Igreja dedicada ao santo, esse será o local adequado.

Primeiro dia:

"Jorge, como vos considero santo glorioso, ainda nos primeiros progressos da virtude de um perfeito imitador de Jesus Cristo, fazei glorioso santo, que também vos imitemos, e intercedei a Deus por nós, para que, por seu amor, desprezando os bens terrenos, somente aspiremos conseguir o sumo bem da glória".

Rezar, alternadamente, três Pai-Nossos e três Ave-Marias, em louvor a São Jorge.

A seguir, o devoto procede à seguinte meditação:

"Considera, alma devota, que com afeto procuras hoje, por meio desta novena, a proteção do grande mártir São Jorge, o desprezo que ele fez dos bens materiais ou temporais que possuía, para seguir Jesus Cristo Senhor Nosso, a quem queria imitar, repartindo o produto de uma rica sucessão com os pobres, vendendo todos os móveis e os mais ricos trajes que tinha, para espalhar o dinheiro pelos fiéis perseguidos por amor da religião. Ó virtude, a mais elevada do esclarecido mártir São Jorge".

Segundo dia:

"Santo glorioso, ajudai com vosso fervor e patrocínio a quem, neste mundo, flutua em tantas atribulações. Amparai vossos devotos que, nesta novena, suplicavam vossa intercessão, para que, imitando na vida vossas sublimes virtudes, mereçamos, na morte, lograr convosco a visão de Deus".

A seguir, rezar três Pai-Nossos e três Ave-Marias, alternadamente. Complementar com a seguinte meditação:

"Considera como o gloriosíssimo mártir São Jorge, desprendendo as vãs esperanças do mundo, para possuir unicamente os bens eternos; considerou-se uma vítima destinada ao sacrifício, para, com seu sangue, confirmar as verdades da santa fé cristã".

Terceiro dia:

"Ó portento esclarecido da virtude. E quem vos imitará na vida e na morte? Quem, como vós, fugirá aos prazeres do mundo, para gozar dos bens celestiais?
Rogai a Deus, a quem tanto amastes, nos comunique vosso espírito para que, trilhando nós o caminho da virtude, sejamos participantes da glória que para todo sempre lograis nos céus".

Rezar, depois, de forma alternativa, três Pai-Nossos e três Ave-Marias, em louvor ao glorioso São Jorge.
Meditando:

"Considera quanto foi admirável a resolução de São Jorge em preparar-se para o martírio na tenra idade de 23 anos, praticando os atos mais heroicos de todas as virtudes; desprezando as grandezas e honras a que tinha direito pela nobreza de seu nascimento e, por ser dos mais bravos, do exército do imperador Diocleciano, a fim de seguir o estandarte da cruz".

Quarto dia:

"Grande santo! Quem, como vós, prezará a honra de Deus, observando, com inteireza, sua santa lei?
Santo glorioso! Pedi que, confessando nós, até os últimos instantes da vida, os mistérios da santa fé cristã, recebamos sua graça".

Como das vezes anteriores, rezar as Ave-Marias e os Pai-Nossos. Para meditar:

"Considera alma devota, a admirável coragem de São Jorge, que não hesitou em entrar na sala do conselho do imperador Diocleciano e aí demonstrar, com energia, quanto eram injustos os editos que tendiam somente a perseguir cristãos".

Quinto dia:

"Ó maravilha da virtude e verdadeiro imitador de Cristo! Socorrei-nos, santo glorioso, e pedi a Deus que nos dê resignação e a virtude da paciência, para que possamos sofrer, por seu amor, as injúrias de seus inimigos".

Da mesma forma, rezar em seguida os Pai-Nossos e as Ave-Marias. Meditação:

"Considera como São Jorge, abrasado pelo amor de Jesus Cristo, com energia; declarou que era cristão e só este nome era toda a sua glória e felicidade".

Sexto dia:

"Mas, ó, como sois forte no espírito esclarecido, glorioso santo, que nem as imensas dores nem os tormentos vos perturbam esse amante coração em tudo valoroso! Rogai a Deus amorosíssimo santo, uma perseverança firme para nossos corações, para que, procedendo por seu amor, nesta vida, mereçamos alcançar glória".

Novamente, rezar por três vezes o Pai-Nosso e as Ave-Marias. Meditação:

"Considera como São Jorge, sendo carregado de ferro e metido em uma prisão forte, mandou o tirano atá-lo a uma roda de navalhas que dividia em regos todo o seu corpo, tirando-lhe pedaços de carne e cuidando os algozes que já estava morto, o acharam vivo e são de suas chagas".

Sétimo dia:

"Grande e glorioso mártir! Quanto foi sublime vossa constância em sustentar a Lei de Jesus Cristo! Suplicai a Deus para que tenhamos o mesmo valor e, assim, possamos obter os bens celestiais".

Prosseguir com a reza anterior. Meditação:

"Considera a excelência prodigiosa do espírito forte de São Jorge que, sendo uma das primeiras vítimas que o tirano imolava à sua crueldade, imensos tormentos sofreu, tudo servindo para mais confundir os pagãos e manifestar a glória de Deus, que o santo adorava. O ferro, o fogo, a cal viva, tudo foi posto em uso para arruinar sua resolução e sua fé".

Oitavo dia:

"Ó alma bendita, sobe ao céu a lograr a coroa da glória que Deus ter destinado àqueles que sabem dar a vida em defesa da fé. Rogai por nós, ó espírito venturoso! Para que Deus atenda aos rogos dos que buscam vosso patrocínio para que convosco alcancemos e louvarmos no céu eternamente".

Rezar as três Ave-Marias e os Pai-Nossos. Para meditação:

"Considera, alma devota, a inabalável fé de São Jorge, que pediu ao tirano ser conduzido ao templo e ver os deuses do Império, e, logo que a ele chegou, perguntou aos ídolos que os fiéis adoravam como ousavam subsistir na presença de um servo de Jesus Cristo.

A essas palavras, acompanhadas do sinal da cruz, todo o templo soou com gritos espantosos e as estátuas caíram em um instante, por terra, despedaçadas.

O tirano, ouvindo o que tinha acontecido, ordenou que, na mesma hora, lhe cortasse a cabeça, o que foi feito a 23 de abril do ano 303, subindo logo sua ditosa alma ao céu, para ser colocada no coro dos santos mártires".

Nono dia:

"Gloriosíssimo São Jorge, defensor da fé e mártir triunfante do reino dos céus, a quem, senão a vós, havemos de recorrer para conseguir de Deus aquilo que nossa impossibilidade não pode obter?

Sabeis, meu amado santo, do que mais necessitamos, que é a graça e amizade de Deus, amigo fiel.

Porque na vida fizestes o que Ele mandou. Rogamo-vos, santo bendito, por esses vossos merecimentos, alcanceis de Deus o perdão de nossos pecados e remédios a nossas necessidades.

Assim vos pedimos e lembrai-vos de que, nesta novena, vos suplico ansioso.

Nem podemos esperar menos de vosso patrocínio, pois servo fiel de Deus, amigo seu, por vós há de conceder o que pedimos. Assim o permita sua bondade; assim o conceda sua piedade, por vossa valiosa intercessão".

Rezar as três preces como nos dias anteriores. Meditação:

"Considera como achando-se o glorioso mártir São Jorge fruindo por toda a eternidade da clara visão de Deus no Paraíso, onde está rodeado de honra adquirida pelas suas virtudes e, sendo Deus admirado em seus santos, com quanta razão não devemos nós, que ainda peregrinamos neste vale de lágrimas, procurar o patrocínio deste grande e esclarecido santo, a fim de merecermos tê-lo propício por nosso advogado, na presença do juiz supremo, na mais importante causa qual seja nossa eterna salvação".

Impressão Neo Graf